내 마음 누가 이해해줄까?

청소년을 위한 철학 에세이

내 마음
누가
이해해줄까?

• 문지현 정신건강의학과 전문의 | 박현경 문학박사 지음 •

평단

추천의 글

🔑 인생에 답이 있을까?

　인생은 노(NO) 답이다. 중2병을 앓는 청소년들에게는 더욱 그렇다. 여기 인생의 답을 찾아서 열심히 살아가도록 도와주는 책이 있다. 힘들어하고 좌절하는 청소년들이 이 책을 반드시 읽어보길 권한다. 이 책의 구체적인 예화들을 읽고 고민하고, 자신의 마음을 들여다보면 삶의 희망 한 자락이 엿보일지도 모른다. 이렇게 우리가 살아야 할 이유를 알려주는 철학 에세이를 만나게 돼서 참으로 반갑다.

　금수저, 은수저, N포세대…… 등등, 오늘날 청년들의 어려운 처지를 대변하는 신조어들이 숱하게 많다. 그들 중에는 눈만 뜨면 죽음을 생각할 정도로 고통스러워하는 이들도 많다. 이 책의 예화를 읽고 저자가 제시한 대로 고민해 보라. 죽음에 이르는 고통에서 벗어날 방법이 생각날 것이다. 그리고 우리는 왜 살며 어떻게 살아야 하는지 알고 구체적으로 노력하게 될 것이다.

이 책은 나도 살고 남도 살리는 책이요, 청소년의 발에 등불의 역할을 해줄 아름다운 책이다. 다 읽고 나서 자신의 문제를 골똘히 생각하다보면 마음속으로 다짐했던 것들을 실천할 수 있는 용기를 갖게 될 것이다.

-서울 양천구 신화중학교 교사, 한재덕

바르게 생각하는 방법을 배웠으면

필자는 직업상 불행한 사람들을 많이 만난다. 우울해져서 자살을 생각하고 병원에 찾아오는 사람, 대인관계가 힘들어서 소외된 사람들과 매일 진료실에서 만난다. 그때마다 이들이 청소년기에 바르게 생각하는 법을 배웠으면 이런 상황이 되지 않았을 것이라 생각한다.

건강하고 바르게 생각하는 방법이 따로 있을까? 자신이 살고 있는 문화적 환경과 시기에 따라 옳음이 다를 수 있어 절대적으로 옳은 기준이 있을 수는 없다. 하지만 그래도 어려운 일이 있을 때 도움이 되는 보편적인 진리는 있으리라. 개인마다 처해 있는 상황이 너무나 다양하다. 그렇기 때문에 정답을 줄 수는 없지만 지금의 힘든 상황을 다른 방식으로 해석하고, 판단하게 도와주는 것이 있다. 그것이 바로 철학이다.

철학은 과거에 더 현명한 사람들이 인간에 대해서, 인생이 무엇이고, 어떻게 사는 게 좋을지 등에 대해서 생각을 해놓은 것이다. 우리가 인생이란 큰 바다를 여행할 때 아무런 지도나 나침반도 없이 항해를 한다면 곧바로 망망대해에서 길을 잃고 헤매게 된다. 자신의 감만 믿고 무작정 배를 몰다가는 목적지에 도착하기 전에 난파할 수도 있다.

여러분의 삶도 마찬가지이다. 어려운 시기를 맞았을 때, 자신의 위치를 확인하고 어느 방향으로 나가야 할지를 알려주는 지도가 필요하다. 바로 그럴 때 이 책이 필요하다.

제가 보는 환자들에게도 간혹 철학책을 읽어보라고 권한다. 그들의 생각하는 방식이 조금만 바뀌어도 지금의 불행한 상황에서 벗어날 수 있기 때문이다. 그러나 이미 성인이 된 사람들은 굳어진 생각이 잘 바뀌지 않는다. 만약 그들이 청소년기에 이 책을 읽었더라면 지금의 역경을 더 쉽게 헤쳐 나갈 수 있었을 것이다. 아마 병원에도 오지 않고 잘 지내고 있었을지도 모른다.

사람은 역경을 잘 극복하면 오히려 더 강해지는 존재이다. 어려움을 모르고 살았던 사람들은 오히려 나중에 사소한 스트레스에도 힘들어할 수 있다. 그러나 비록 지금 힘든 일이라도 이겨낼 수 있다면 그 경험을 통해 더 유연하고 원만한 성격의 성인으로 성장할 수 있다. 힘든 일을 이겨내는 데는 이 책과 같은 지침서가 필요하다.

이 책의 저자는 전에도 청소년들의 심리에 대한 책들을 여러 번 집필하였기에 청소년들의 고민과 생각을 잘 알고 있다. 이 책을 보면 저자가 청소년 문제를 많이 경험했고 정말로 그들을 걱정한다는 것을 알 수 있다. 각 꼭지에 생생한 사례들과 함께 철학적 관점을 제시함으로써 여러분의 어려운 상황에서 벗어나는 데 나침반 역할을 할 것이다.

—정신건강의학과 전문의 오동재

❖ 과연 철학이란 무엇일까?

처음 이 책을 접했을 때 청소년들이 꿈을 가지고 진취적인 삶을 살아가도록 방향을 제시하는 지침서라고 생각했다. 그런 생각으로 한 꼭지, 한 꼭지 읽다가 마지막 페이지를 덮으면서 생각이 바뀌었다. 이 책은 인간의 삶에 대한 객관적 시각과 깊이 있는 삶의 자세가 왜 필요한지에 대해서 얘기하는 책이다. 항상 어렵게만 들리는 철학이라는 주제를 우리 청소년들의 삶 속에서 찾아낸 예화로 풀고 있어 흥미로웠다. 결국 우리의 삶이 철학이라는 진리가 마음속에 스며들게 하는 책이다.

그렇다면 과연, 철학은 무엇일까? 이 책은 청소년들로 하여금 철학이 무엇인지 알 수 있도록 편안하게 다가가도록 유도하고 어려울 수도 있는 개념을 쉽게 알려준다. 그러면서도 자신의 입장을 돌아보게끔 한다. 일상에서 겪는 문제를 철학적으로 고민해 보는 과정을 통해서 내 삶의 주인공이 바로 내가 되는 시간을 제공한다. 이 책은 청소년뿐만 아니라 삶이 힘든 모든 사람에게 반드시 필요한 책이다.

-분당 내정중학교 교사, 오지은

🎭 인생을 대하는 생각과 태도

요리사는 칼을 가지고 식재료를 썰고 다듬어 맛있는 요리를 만들어낸다. 조각가는 칼을 가지고 나무를 다듬어 멋진 예술품을 창조한다. 흉악범은 칼을 가지고 타인을 해치는 범죄를 저지른다. 똑같은 칼이지만 그것을 쓰는 사람에 따라서 결과는 크게 달라진다.

인생도 마찬가지이다. 자신이 처한 삶의 조건들을 잘 다듬고 활용할 수 있는 사람은 맛난 인생을 맛볼 수 있다. 사람과 자연을 사랑하고 음미할 수 있는 사람은 인생을 하나의 예술품처럼 즐길 수 있다. 반면에 항상 투덜대고 감사할 줄 모르는 사람은 자신과 타인에게 고통을 주는 지옥 같은 삶을 살 수밖에 없다. 어디서부터 이런 차이가 생기는 걸까? 인생을 대하는 생각과 태도가 다르기 때문이다. 인생을 대하는 생각과 태도, 철학을 쉽게 풀어쓴 말이 바로 그것이다.

《내 마음 누가 이해해줄까?》는 인생을 대하는 생각과 태도로 가득 찬 보물창고와 같다. 필자는 우리 청소년이 풍성한 보물창고에서 자신에게 꼭 필요한 보물을 많이 가져가기 바란다. 사회의 여러 여건 때문에 혼란스러울 수밖에 없는 이 시대의 청소년들에게 《내 마음 누가 이해해줄까?》는 훌륭한 길잡이이자 작은 축복이다. 따뜻한 사랑으로 가득 찬 두 저자가 주는 축복을 많은 청소년이 마음껏 누리기를 소망한다.

－인제대학교 상계백병원 정신건강의학과 교수, 최영민

들어가는
말

이 책은 청소년 여러분이 행복하게 살아가는 데 도움을 주기 위한 철학 상담서이다. 수많은 청소년이 감당하기 어려운 고통과 무기력감 속에서 어떻게 살아야 하고 왜 살아야 하는지를 고민하고 있다. 이들이 삶의 목적을 찾고 갈등을 해결하며 용기를 내어 살아갈 수 있도록 돕고자 하는 마음에서 이 책을 썼다.

괴로운 일이나 고민이 있을 때, 사람마다 대처하는 방법은 다양할 것이다. 어떤 이는 친구나 부모님, 혹은 선생님께 조언을 구할 것이고 어떤 이는 게임이나 텔레비전 같은 오락에 빠져서 고통을 잊으려 한다. 또 다른 이는 혼자 고민하고 스스로 문제를 해결하기 위해 분투한다. 이처럼 각자의 방식으로 삶의 난관을 돌파하고 살아갈 의미와 힘을 찾으려고 하지만, 때로는 문제가 지나치게 크고 자신은 너무나 미약해 보인다. 그러다 더 이상 버티기 힘들고 삶의 가치를 도저히 찾을 수 없는 위기의 순간이 올 수 있다.

철학적 성찰은 우리가 삶의 위기를 맞았을 때 어떤 생각과 태도로 살아가는 것이 지혜롭고 바람직한지에 관한 깨달음을 준다. 철학은 어렵기만 하고 우리의 삶과 동떨어진 가치체계가 아니다. 우리는 철학을 통해서 삶의 의미를 깨닫고 생활의 방향과 속도를 조절하는 힘을 얻는다. 이런 이유로 철학은 일찍부터 모든 학문의 처음이자 끝이며 지식의 총화라고 인정받았다. 역사적으로 뛰어난 수학자, 신학자, 천문학자, 의학자, 문학가는 철학자였으며 철학으로부터 무수한 영감을 받았다.

철학은 여러 학문과 연계되어 오랜 시간에 걸쳐 발전해 왔기 때문에 유파도 다양하고 주장하는 바도 각기 다르다. 철학을 우리의 삶에 적용하기 위해서는 먼저 우리가 어떤 삶을 지향하는 것이 바람직한가에 대한 합의가 필요하다. 모든 철학체계를 통째로 적용하려 들면 충돌하는 가치관으로 인해서 모순에 빠질 수밖에 없기 때문이다.

우리가 생각할 수 있는 합의는 크게 두 가지로 요약할 수 있다. 하나는 우리는 죽음의 충동을 이기고 삶을 긍정하기 위해 노력한다는 것이다. 어떤 철학자는 자살을 옹호하기도 하지만 우리는 그 어떤 상황에서도 자신과 타인의 생명을 지키기를 희망한다. 나머지 하나는 우리는 선과 악의 대립과 갈등이 존재한다는 것을 인정하고 선을 선택하기 위해서 적극적으로 힘쓴다는 것이다. 여러분 중 일부는 이러한 생각이 인위적이거나 촌스럽다고 생각할 수도 있다. 하지만 이 책을 읽고 삶의 여러 가지 면과 다양한 철학적 성찰을 접하고 나면 왜 이러한 합의가 중요한지 알게 될 것이다.

이 책은 철학 전문서가 아니다. 청소년들이 철학을 통해서 삶을 개선하고 타인과 세계를 이해하도록 돕는 철학적 상담 교양서이다. 정신의학자와 문학자인 저자들의 지식이 철학 전공자의 그것과 비교했을 때 부족한 면이 없지 않다. 하지만 신선하고 새로운 방식으로 철학에 접근하는 실용 안내서의 기능을 해낼 것이라고 믿는다. 이 책을 통해 독자 여러분이 비판적 사고능력을 다지고 보람 있는 삶을 살길 바란다.

청소년 여러분의 행복을 기원하며
저자 문지현, 박현경

차례

PART 1
존재와 의미

CHAPTER 3 **삶의 목표는 무엇인가?**

PART 2
공동체와 관계

CHAPTER 1 **가족이란 무엇인가?**

PART 3
규범과 가치

존재와 의미

왜 사는가?

'도대체 나는 왜 사는 걸까?'

누구나 살다보면 이렇게 푸념어린 생각에 빠지곤 한다. 사는 것이 너무 고되거나 삶의 의미를 찾기가 어려울 때는 더욱 자주, 이런 생각을 한다. 왜 사는지에 대한 질문이 곧바로 철학적 혜안이나 삶에 대한 긍정으로 이어지면 얼마나 좋겠는가. 하지만 현실은 이와 반대로 죽음을 향한 충동, 자포자기적 심정, 혹은 생명에 대한 분노와 증오로 이어지기 쉽다.

왜 사는가에 대한 바람직한 답을 찾는 과정은 다른 어떤 철학적 답을 구하는 것보다 중요하다. 이 질문을 통해서 삶의 의미를 부여하고 방향을 결정하며 속도를 조절할 수 있기 때문이다. 이제부터 우리 함께 생각해 보자. 왜 사는 것일까? 우리는 왜 죽음이 아닌 삶을 향해서 나아가야 하는 걸까?

자살이 해결책이 될 수 있을까?

● 죽음을 향한 충동과 그 극복 방법 ●

우리나라 십대의 사망 원인 중에서 가장 큰 비율을 차지하는 것이 바로 '자살'이라고 한다. 놀랍고 충격적인 일이 아닐 수 없다. 왜 이토록 비극적인 일이 수도 없이 일어나는지에 대해서 한 번 생각해 보자. 여러분은 지금까지 살면서 한 번이라도 자살 충동을 느껴본 적이 있는가? 더 나아가서 자살을 구체적으로 실천할 계획을 세운 적은? 꼭 이와 같은 일이 아닐지라도 자살과 연관된 일이 주변에서 일어난 경험이 있을 것이다. '죽고 싶다'는 말을 입에 달고 사는 친구, 또는 누가 어디서 어떻게 죽었다는 소식을 인터넷이나 소문을 통해서 전해 듣는 일은 매우 흔하다.

분명한 것은 누구나 최후의 선택을 하기 전에 삶에 대해 고민하고 마지막 몸부림을 친다는 것이다. 이러한 고민과 몸부림에 답을 얻기 위해서 우리는 한 번쯤 삶의 이유와 목표, 그리고 가치에 대해 생각해 볼 필요가 있다. 죽음을 향한 충동에 빠진 사람들이 충동을 이겨내고 아름답고 가치 있는 인생을 살아갈 방법은 없을까? 과연, 우리는 왜 살아야 하는 걸까? 자살 충동에 빠진 민혁의 이야기를 들으면서 질문의 답을 생각해 보자.

●●● 성적표를 받아든 민혁은 한숨을 크게 내쉬었다. 부모님은 늘 "너를 위해서 모든 것을 희생한다"고 하셨고 실제로도 그랬다. 아버지는 담배를 끊고 몇 주째 같은 옷만 입는다. 어머니는 변변한 화장품은커녕 화장대도 없다. 화장실 선반에 둔 로션 하나로 온 가족이 돌려쓴다. 부모님은 물론 할머니, 할아버지까지 민혁에게 사랑과 정성을 쏟았다. 칭찬도 아끼지 않았다. 착하다, 잘생겼다는 기본이고 수재다, 영재다, 심지어 천재라는 칭찬까지…….

민혁은 운동이나 예술분야엔 뚜렷한 재능이 없었다. 공부가 그나마 낫지만 성적이 들쑥날쑥한다. 전과목 A등급을 받을 때가 있는가 하면 A를 찾기가 어려울 때도 있다. 민혁이의 성적표를 볼 때마다 부모님의 마음은 천국과 지옥을 오고 간다.

이번에 본 시험 성적은 정말이지 최악이다. 민혁은 눈을 의심하지 않을 수 없었다. A는 눈 씻고 찾아봐도 없고 C등급도 한두 과목이 아니었다. 부모님의 실망하는 표정이 눈에 선했다. 할머니의 눈에 눈물이 맺히는 게 보이는 듯했고 할아버지의 헛기침 소리도 들리는 것 같았다. 민혁은 이 일을 감당할 수 없다고 생각했다. 마침 집에서 한 시간쯤 떨어진 항구로 가는 버스가 눈에 띄었다. 바다로 가면 이 모든 짐을 내려놓을 수 있을 것 같았다. 민혁은 되뇌었다.

'더는 못 버티겠어. 죽으면 이 모든 것도 끝나겠지.'

많은 학생이 활기 있고 아름다워야 할 청소년기에 민혁이처럼 죽음을 향한 충동을 느낀다고 한다. 이유는 여러 가지이다. 삶의 무게가 너무 버거워서, 갈등이 너무 커져서, 인생의 의미가 없고 공허해서, 누군가가 죽도록 밉고 원망스러워서, 나 자신이 미치게 한심하고 부끄러워서 등등. 그런데 제아무리 훌륭한 사람도 이러한 생각에서 자유로울 수 없다. 어찌 보면 살면서 이런 생각을 한두 번쯤 하는 것, 그러니까 죽음의 충동을 느끼는 것은 지극히 자연스러운 일일 수도 있다.

청소년들의 몸과 마음은 미성숙한 데 해야 할 일이나 해결할 문제는 점점 커진다. 그런 와중에 시련이 너무 크고 극복하기 어려우면 삶을 포기하고 싶은 마음이 생기기 마련이다. 만약에 '죽고 싶다!'고 느끼다가도 충동을 금방 이겨내고 잊는다면 그리 큰 일이 아니다. 문제는 어려움과 고통으로 인한 자살 충동이 점점 강해져, 끝내는 자살을 기도하거나 자살을 실행하는 것이다. 만일 자살에 '성공'해서 죽음에 이르게 되면 그야말로 돌이킬 수 없는 끔찍한 일이 되고 만다.

그러면 어떻게 해야 죽음을 향한 충동을 이겨낼 수 있을까? 자살 충동을 이겨내는 것은 쉬운 일이 아니다. 특히 자살 충동을 느끼는 사람의 마음은 우울하고 불안해서 감정을 조절하기가 매우 어렵다. 자살 충동을 극복하기 위해 평상시에 죽음과 삶에 대한 냉철한 통찰을 해 둘 필요가 있다.

이렇게 한번 생각해 보자. 죽음이 정말 고통의 끝일까? 어느 누가 그렇다고 확실하게 답할 수 있을까? 죽음 이후의 세계는 현실을 사는 인간은 경험하지 못한 영역이다. 그러므로 그 뒤의 세계가 지금보다 낫다거나, 죽음이 모든 것을 해결한다는 식으로 섣불리 단정할 수 없다.

철학자로 명성을 날린 쇼펜하우어(Arthur Schopenhauer)*는 부조리한 세계를 벗어날 수 있는 유일한 방법이 자살이라고 주장했다. 그런 쇼펜하우어조차도 자살하지 않고 93세까지 살다가 늙어 죽었다. 그는 고통을 피하기 위해 자살하는 것은 저급한 짓이라는 말을 남겼다.

지금 힘들다고 해서 죽음을 생각하는 친구들에게 꼭 해주고 싶은 말이 있다. 그건 바로 현재의 고통이 제아무리 힘들다 할지라도 견디다 보면 지나간다는 것이다. 이전에도 힘든 과정을 겪어내고 이겨냈듯이 어려운 시간도 반드시 지나가게 되어 있다. 심지어 나중에는 지금의 괴로운 순간을 기억조차 못할지도 모른다.

'내가 죽으려고 했다고? 도대체 왜 그랬지?'

솔로몬(Solomon)**의 반지에 새겨진 글귀처럼

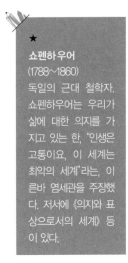

★
쇼펜하우어
(1788~1860)
독일의 근대 철학자. 쇼펜하우어는 우리가 삶에 대한 의지를 가지고 있는 한, "인생은 고통이요, 이 세계는 최악의 세계"라는, 이른바 염세관을 주장했다. 저서에 《의지와 표상으로서의 세계》 등이 있다.

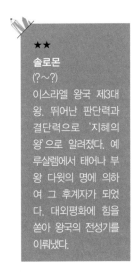

★★
솔로몬
(?~?)
이스라엘 왕국 제3대 왕. 뛰어난 판단력과 결단력으로 '지혜의 왕'으로 알려졌다. 예루살렘에서 태어나 부왕 다윗의 명에 의하여 그 후계자가 되었다. 대외평화에 힘을 쏟아 왕국의 전성기를 이뤄냈다.

말이다.

'이 또한 지나가리라.'

지금 우리 앞에 놓인 기쁨과 슬픔은 너무나 커 보인다. 그 앞에서 인간은 감정적으로 동요되고 휘둘리기 쉽다. 이럴 때 한 발짝 거리를 두고 스스로를 바라보자. 우리의 삶을 좀 더 여유롭게 받아들일 수 있을 것이다.

나를 알아가는 질문

1. 지금 나를 힘들게 하는 문제에서 한 발짝 거리를 두기 위해서 어떤 노력이 필요할까? 구체적으로 생각해 보자.

2. 만약 당신의 곁에 죽음의 충동에 시달리는 사람이 있다면 어떻게 설득할 것인가?

앞날은 아무도 모른다
● 좌절과 의지의 대결 ●

●●● 동준이에게는 하나뿐인 형이 있다. 형은 삼수 끝에 결국 처음에 붙었던 대학으로 돌아갔다. 2년을 더 공부했으나 헛수고만 한 것 같은 형을 보면 동준이의 마음도 심란하다. 열심히 노력하면 못할 것이 없다고 하고, 지성이면 감천이라고도 하는데, 그런 말도 다 거짓이라는 생각마저 들었다. 원하지 않는 학교에 다니며 형은 매일같이 술을 마셔 부모님 속을 썩였다.

고3인 동준이는 집안 분위기 때문에 마음이 조마조마했다. 동준이가 첫 모의고사 점수를 받아온 날, 사건이 터지고 말았다. 동준이가 받아온 변변찮은 점수에 아버지의 표정이 일그러졌다. 그런데 마침 형이 술에 취해 휘청거리며 현관을 들어섰고, 아버지의 불호령이 떨어졌다.

"형이란 놈이 한심하게 구니까 동생도 이렇게 빌빌거리는 거 아니냐!"

고함소리가 아파트 꼭대기까지 쩌렁쩌렁 울렸다. 형이 방으로 들어가자 아버지가 뒤쫓아 가더니 방문을 세게 걷어찼다. 어머니는 울면서 아버지를 말렸다. 동준이는 멍하니 앉아 있었다. 형이 휴학하고 군대에 가겠다고 약속하는 것으로 사건은 일단락되었지만 엄마는 자주 우신다. 게다가 이제는 아빠가 술을 마시고 자주 늦는다. 동준이의 고3 생활은 여러 가지 이유로 순탄하지 못하다.

카뮈(Albert Camus)*라는 철학자의 이름을 들어본 적이 있는가? 많은 철학자가 인간의 의지를 칭송한 바 있지만 카뮈는 그중에서도 단연 두드러진다. 《시지포스의 신화》**에서 카뮈는 비록 삶의 의미를 찾지 못하고 고통 속에서 산다 하더라도, 부조리에 맞서서 저항하는 인간의 태도를 긍정한다. 깨어 있는 의식으로 투쟁할 줄 아는 삶이 진정으로 가치 있는 삶이라고 본 것이다.

동준이의 형은 삼수까지 하고도 원하는 대학에 들어가지 못했다. 그가 겪은 시련을 시지포스의 고난에 비유할 수 있을까? 둘 사이에는 엄청난 차이가 있다. 동준이의 형은 어찌 됐든 대학생이 되었으니 계속 입시공부를 반복할 필요가 없고, 입시에 실패한 것이 신의 저주 때문인 것도 아니니 말이다. 하지만 동준이의 형이 실제로 느끼는 괴로움은 시지포스가 겪는 고통 이상일 수도 있다. 오죽했으면 "재수를 안 해봤으면 인생을 논하지 말고, 삼수를 안 해봤으면 삶과 죽음을 논하지 말라"는 말이 있을까. 영화 〈국제시장〉을 만든 윤제균 감독도 인터뷰 중에 이 말을 인용했다.

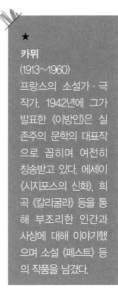

★
카뮈
(1913~1960)
프랑스의 소설가·극작가. 1942년에 그가 발표한 《이방인》은 실존주의 문학의 대표작으로 꼽으며 여전히 칭송받고 있다. 에세이 《시지포스의 신화》, 희곡 《칼리굴라》 등을 통해 부조리한 인간과 사상에 대해 이야기했으며 소설 《페스트》 등의 작품을 남겼다.

★★
《시지포스의 신화》
1942년에 프랑스의 카뮈가 쓴 수필. 인생의 허망함에 눈을 떴지만 부조리 속에서도 창조적이고 정열적으로 살고자 하는 참다운 인간상을 내세웠다. 그리스 신화 속의 인물인 시지포스를 모티프로 쓴 작품.

우리나라처럼 학벌을 중시하는 사회에서 입시 때문에 세 번의 절망을 겪었다고 하면 충격과 실망이 얼마나 크겠는가. 당사자나 가족이 아니면 그 아픔을 알지 못한다. 지나고 나면 고통이 희석되고 결과적으로는 괴로움도 약이 된다고 치자. 그렇다고 해도 일부러 실패를 겪고 싶어 하는 사람은 없다. 이토록 괴로운 절망과 분노, 후회와 아쉬움을 피할 수 없을 때 어떻게 대처하는 게 좋을까?

피하고 싶은데 피할 수 없는 고통이 닥쳐와 좌절을 겪을 때 여러분은 어떻게 할 것인가? 일단 불안과 불만을 있는 대로 표현하면서 공격적으로 행동할 수 있다. 공격적이라고 해서 꼭 무언가를 때려 부수고 망가뜨리는 걸로만 생각해서는 안 된다. 아무것도 안 하며 오히려 더 심한 분노와 공격성을 드러내는 사람도 있기 때문이다. 타인이 아닌 자신을 괴롭히고 학대하며 공격성을 보이는 사람도 있다. 술에 빠져 지내며 자신의 삶을 돌보지 않는 동준이의 형이 이 경우에 해당한다.

동준이와 동준이 가족처럼 고통스러운 좌절을 겪는 사람들에게 들려주고 싶은 이야기가 있다. 대부분의 사람이 좌절을 겪게 되면 그야말로 '이제 끝이구나!'라는 생각 때문에 지레 포기한다. 그렇지만 죽을 만큼 힘든 실망의 순간이 와도 그 때문에 인생이 무너져버리는 것은 아님을 명심해야 한다. 내 인생에 대한 확신이 있으면 아무리 커다란 좌절이 닥쳐도 견뎌낼 수 있다. 예를 들어, 무서운 영화를 볼 때 주인공이 어떻게 될지 전혀 모르는 경우라면 더 무섭게 느껴진다. 그러나 주인공이 살아남고 악당을 무찌르는 결말을 이미 알고 있다면 두려움이 덜해진다. 무서운 장면 때문에 놀라기는 해도 어느 정도 영화를 즐길 여유마저 가질 수 있다.

우리는 우리 삶의 결론이 어떨지 아직 모른다. 그래서 매 순간이 조마조마할 수밖에 없다. 하지만 미리부터 최악의 결론을 가정하고 들어갈 필요는 없다. 왜냐하면 내 삶의 결론은, 내가 오늘 어떤 선택을 하느냐에 달려 있기 때문이다. 꼭 기억하길 바란다. 잘하려고 하는 게 힘이 된다면 잘하려고 노력을 하는 게 맞다. 하지만 만일 잘하려는 마음 때문에 너무나 힘이 든다면 그냥 버티기만 해도 괜찮다. 내가 가진 힘이 적다고 생각되면 그 힘을 아껴서 일단은 나를 지탱하는 것이 현명하다. 버티는 것 역시 삶을 향한 의지라는 것을 잊지 말자. 지금 동준이는 형과 부모님의 갈등 때문에 힘들다. 하지만 이 순간을 버텨내면서 조금씩 힘을 모으면 공부할 수 있는 힘, 미래를 낙관하며 살아갈 힘을 회복할 수 있을 것이다.

인생은 퍼즐 조각으로 완성되는 큰 그림과 같다. 암흑인 줄 알았던 퍼즐 한 조각이 큰 그림의 일부인, 시원한 나무 그늘이었음을 깨닫는 날이 올 것이다.

나를 알아가는 질문

1. 어떻게 하면 내 인생을 낙관할 수 있을까? 그러기 위해서 어떤 자세로 하루하루를 살아야 할까?

2. 살면서 좌절감으로 인해 괴로웠던 적이 있는가? 고난과 맞닥뜨렸을 때 당신은 어떻게 이겨내는가?

애정과 희생 사이
● 생명 존중과 행복추구 ●

●●● 컴퓨터 모니터를 보고 있던 지영이의 손끝이 파르르 떨렸다. 치매에 걸린 노모를 죽인 아들에 관한 뉴스를 보던 중이었다. 지영은 할머니가 누워계신 안방 쪽을 바라봤다. 할머니의 건강이 급격히 나빠진 것은 2년 전부터였다.

그날은 밤새 눈이 내린 데다 기온도 크게 떨어진 날이었다. 할머니는 아침부터 굳이 고모네에 가겠다고 나섰다. 전날 엄마랑 입씨름을 한 탓인 듯했다. 집을 나서는 할머니를 엄마는 말리는 시늉만 했다. 지영이도 할머니의 반복되는 짜증에 질려 그만 모르는 척해버렸다. 아파트를 벗어나기도 전에 할머니는 빙판길에서 크게 미끄러지고 말았다. 그 때문에 고관절이 부러졌고 수술과 재수술, 입원과 퇴원을 반복하며 정신마저 온전치 못한 상태에 놓였다. 간병은 엄마가 전부 도맡았다. 고모는 핑계를 대면서 병원에 찾아오지 않았다. 할머니가 다친 게 다 엄마 때문이라며 눈치만 주었다. 엄마는 죄책감 때문인지 묵묵히 간병을 해냈지만 무척 힘들어 보였다.

이제 지영이의 집은 다투는 소리조차 없이 조용하기만 하다. 폭풍전의 고요처럼 말이다. 엄마의 안색은 나날이 어두워지는데, 아빠는 엄마의 수고에 대해 고맙다는 말조차 없다. 지영이는 텔

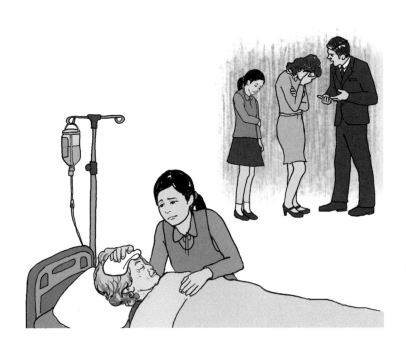

내 마음 누가 이해해줄까?

레비전 뉴스 속 노모를 죽인 그 사람의 마스크 쓴 얼굴을 가만히 들여다보았다. 그가 측은했고 한편으로는 이해된다는 마음마저 들었다. 그러다 깜짝 놀라, '이런 나쁜 생각을 하다니 나도 참!' 하면서 벌떡 일어나 할머니 간식을 준비했다.

집안에 환자가 있으면 건강한 식구들도 덩달아 고통스럽다. 간병살인, 간병자살이라는 말이 나오는 것도 그 때문이다. 단지 아픈 사람을 돌보고 경제적 대가를 지불하는 것만이 문제가 아니다. 정신적인 피로는 환자와 가족, 친인척으로 번지고 누적되어 어느 순간에는 폭발할 지경에 이른다. 그렇게 마음과 몸이 지치는데도 환자에게 소생의 희망이 보이지 않으면 '안락사'라는 말까지도 떠올리게 된다.

안락사와 직접적으로 연관된 건 아니지만, 환자의 죽음에 대하여 병원에 책임을 묻는 사건이 있었다. 1997년, 뇌수술을 받은 환자가 소생 가능성이 희박하다는 판단을 받은 뒤 가족의 요구에 따라 퇴원을 했다. 이 환자는 집에 가서 인공호흡기를 제거한 후 5분쯤 뒤 호흡곤란으로 사망했다. 그런데 다른 가족들이 이의를 제기했고 의사가 살인죄와 살인방조죄로 기소됐다. 오랜 논쟁 끝에 대법원은 살인방조죄를 인정했고 의사는 처벌을 받았다.

소극적인 안락사로 규정되는 존엄사 또한 커다란 논란을 일으

★

생명 존중
생명을 보호하고 살리는 것은 좋은 일이며, 생명을 파괴하고 억제하는 것은 나쁜 일이라고 보는 사상. 인간의 생명과 지구 생태계가 위협받게 되자, 생명의 신비와 존엄성을 강조하는 생명 존중 사상이 등장했다.

★★

행복추구권
국민이 인간으로서의 행복을 추구할 수 있는 권리. 일반적으로 행동자유권과 인격의 자유발현권 및 생존권 등을 뜻한다. 모든 국가기관은 물론, 어떤 개인도 타인의 행복추구권을 침해하지 못한다.

킨 적이 있다. 식물인간이 된 할머니의 연명치료를 중단하도록 자녀들이 소송을 낸 것이다. 자녀들은 할머니의 소생이 불가능하다고 보고 의학적으로 더 이상 의미가 없는 치료를 중단해달라고 요구했다. 병원은 자녀들의 요구를 거절했다. 이 사건은 결국 대법원까지 갔고 2009년에 자녀들이 승소했다. 인공호흡기를 떼어내면 바로 돌아가실 줄 알았던 할머니는 8개월 가까이 더 살다가 숨을 거두었다고 한다.

안락사니 존엄사니 하는 것은 수많은 가치 판단이 개입된 어려운 문제이다. 여기에는 인간의 존엄성, 생명 존중★, 행복추구권(幸福追求權)★★, 재산권 등 권리에 관한 여러 문제가 복잡하게 얽혀 있다. 특히 우리나라 사람들은 가족관계와 효를 중시하는 유교사상에 젖어 있다. 그래서 자신의 삶을 희생해서라도 환자를 극진히 간병하는 문화가 널리 자리 잡고 있다. 가족에 대한 애정을 바탕으로 한 희생은 미덕으로 간주되고, 그런 도리를 잘 감당하지 못하는 사람은 비난을 받는다. 그 때문에 어떤 이들은 간병살인, 간병자살이라는 극단적인 선택을 하는 상황으로까지 내몰린다.

우리나라에서는 2016년 1월에 '호스피스·완화의료 및 임종 과정에 있는 환자의 연명의료 결정에 관한 법률안(웰다잉법)'이 국회에서 통과되었다. 회생 가능성이 없고, 급속도로 증상이 악화돼 사망에 임박해 있고, 치료해도 회복되지 않는 환자에겐 특정한 연명의료를 중단할 수 있도록 하는 내용이다.

여러분이 지영이라면 어떻게 하겠는가? 엄마를 도와 지극정성으로 할머니를 간병할 것인가, 할머니 간병을 친척들이 분담하도록 아빠를 설득할 것인가? 아니면 할머니를 요양병원에 모시자고 주장할 것인가? 쉽지 않은 문제이다. 게다가 지영이가 결정의 주체가 되기도 어려운 상황이다. 하지만 여러분이 문제의 열쇠를 가지고 있다고 가정해봤으면 좋겠다. 어려운 문제의 답을 찾고자 고민하는 동안 내가 평상시에 어떤 생각을 하고 사는지 돌아볼 수 있을 것이다.

인간의 존엄성과 생명 존중을 강조하는 사람들은 주장한다. 자기 목소리를 낼 수 없는 존재의 존엄성이야말로 반드시 지켜져야 한다고 말이다. 예를 들면 낙태를 반대하는 사람들은 태아도 생명인데, 태아는 살고 싶은지 죽고 싶은지 자기 의견을 표할 수 없기 때문에, 오히려 그 생명권을 지켜야 한다고 주장하는 것이다.

지영이네 할머니도 자기 목소리를 뚜렷하게 내기 어려운 상황이다. 할머니가 죽고 싶다고 말한들 그게 정말 죽고 싶어서 하는 말씀인지, 할머니 자신도 가족들도 잘 모를 것이다. 반대로 살고 싶다고 해도 당당하게 말하기 어려울 것이다. 자식들과 손자가 고생하는 것을 지켜보고 있기 때문이다. 실제로 할머니 입장이 되어보지 않고서는 누구도 쉽게 결정을 내릴 수 없다. 그러므로 우리는 "생명을 어떻게 생각하는가" 하는 가장 근본적인 문제로 돌아갈 수밖에 없다. 만약에 생명은 그 어떤 상황에도 보호해야 한다고 생각한다면 안락사나 존엄사를 강력하게 반대할 것이다.

행복추구권을 생각하면 문제가 더욱 복잡해진다. 지금 같은 상황에서 할머니도, 지영이도, 엄마 아빠도, 그 누구도 행복해 보이지 않는다. 생명을 존중하자니 행복이 포기되는 상황이다. 그렇다면 행복을 어떻게 정의할 수 있을까? 행복의 사전적 의미는 '욕구가 충족되어 충분한 만족과 기쁨을 느끼는 상태'이다.

사람들은 매 순간 행복을 위한 선택을 한다. 지영이도 여러 가지 선택을 할 수 있다. 더 적극적으로 할머니를 간병하면서 작지만 소중한 행복을 느낄 수도 있다. 가족이 아픈 건 힘들지만 그 과정을 통해 가족애가 회복되는 경우도 얼마든지 있다. 또 친척들과 책임을 나누는 과정에서 인생과 사람에 대해서 많은 것을 배우게 될 수도 있다. 할머니를 전문적으로 돌볼 수 있는 시설에 모시는 것으로 가족 모두가 행복을 찾을 가능성도 없지 않다.

　지금의 현실이 막막할수록 근본으로 돌아갈 필요가 있다. 근본을 생각한다고 생명이나 행복을 추상적으로나 거창하게 따지자는 것은 아니다. 다만 생명의 가치와 행복의 의미를 생각하며 할머니의 간병문제를 생각해 보자는 것이다. 지영이의 가족 모두가 어려운 시기를 잘 헤쳐 나갈 최선의 선택과 결정을 내릴 수 있기를 바란다.

 나를 알아가는 질문

1. 생명권과 행복추구권이 충돌할 때 어떤 가치를 더 우선시할 것인가? 그 이유는 무엇인가?

2. 여러분이 지영이라면 가족 안에서 어떤 역할을 하겠는가?

상반된 감정의 화해

● 자의식과 죄책감 사이에서 균형 잡기 ●

'자의식(自意識, self-consciousness)' *이라는 말을 들어본 적이 있는가?

자의식이란 자신이 처한 위치나 자신의 행동 · 성격 따위에 대해 깨닫는 일을 의미한다. 다른 말로 '자기의식'이라고도 한다. "자의식이 강하다"고 하면 긍정적인 의미인 것 같지만 상황에 따라 이 말이 부정적으로 쓰이기도 한다. 자의식이 너무 지나치게 강하면 자기애(自己愛, narcissism)**나 자기중심성이 커져 자신을 타인보다 우위에 두려고 하기 때문이다.

실제로 우리 주변에는 자의식을 나르시시즘과 동일시하는 사람이 있다. 자기애가 강한 사람을 보면 그리스 신화의 나르시스가 떠오른다. 물에 비친 자신의 멋진 모습에 반해 그만 물에 빠져 죽고 말았다는 이야기의 주인공 말이다.

자의식이 과잉되면 지나친 자기애 말고도 여러 가지 문제가 생겨날 수 있다. 그 첫 번째가 스스로를 완벽한 존재로 인식해서 환상에 빠지는 것이다. 이렇게 자신에 대한 환상에 빠져 있던 사람이 죄책감을 느끼면 어떻게 될까? 이 문제의 답을 얻기 위해 먼저 죄책감에 대해서 알아보자.

죄책감이란 '저지른 잘못에 대해 책임을 느끼는 마음'이다. 노출과 거부 그리고 조롱에 대한 두려움과 수치심을 함께 느끼는 상태라고 할 수 있다.

지금 들려줄 이야기의 주인공인 민성이는 스스로를 아주 괜찮은 존재라고 굳게 믿고 있었다. 그런데 그만 커다란 잘못을 저질렀고 그 잘못이 탄로가 나 망신을 당할 위기에 처했다. 여러분도 혹시 그런 경험을 해본 적이 있는가? 만약 여러분이 민성이라면 어떻게 할지 생각하면서 민성이의 사연을 들어보자.

★
자의식
자기 자신에 대하여 아는 일, 외계(外界)나 타인과 구별되는 자아로서의 자기에 대한 의식.

★★
자기애
자기 자신에게 애착하는 일. 물에 비친 자신의 모습에 반하여 수선화가 된 그리스 신화의 미소년 나르시스 신화를 모티프로 탄생한 정신분석학적 용어이다. 독일의 정신과 의사 빌헬름 네케가 1899년에 만들었다.

●●● 모범생 민성이가 '변태 김민성'이 된 건 한순간의 실수 때문이다. 수학 학원 휴강날인 걸 모르고 갔다가 시간이 뜨는 바람에 갑자기 할 일이 없어졌다. 빈둥거리며 학원 근처에서 아이스크림을 먹고 있자니, 가끔 학원에서 마주치던 여학생이 지나가는 게 보였다. 민성이는 자기도 모르게 여학생을 따라갔다.

여학생이 들어간 곳은 화장실. 남녀공용 화장실이라 그 여학생이 들어간 화장실 옆 칸에 있어도 그다지 의심받을 일은 없을 듯했다. 민성이는 호기심에 휴대전화를 꺼내 '도촬'이라는 걸

죄책감

자기애

한번 해 보았다. 10초도 채 지나지 않았을 때였다. 누군가 화장실로 뛰어들어와 노크도 없이 민성이 칸의 문을 거세게 잡아 당겼다. 허술한 문고리가 떨어져 나가는 순간, 민성이는 촬영 중인 휴대전화를 바닥에 떨어뜨리고 말았다.

"뭘 찍어, 이 변태XX야!"

휴대전화를 낚아챈 건 성호였다. 성호는 일진으로 유명한 데다 피도 눈물도 없다고 소문난 아이였다. 옆 칸의 여학생은 황급히 화장실에서 나와 서둘러 사라졌다. 비명 한 번 지르지 않고 말이다. 하지만 그 뒤로 민성이와 성호는 종종 이런 대화를 나누어야 했다.

"야, 김민성! 온갖 착한 척, 잘난 척은 다 하더니 알고 보니까 변태구나!"

"왜 그래? 내가 뭘 어쨌다고."

"화장실에서 몰카 찍은 게 누구더라?"

"됐어. 그만 해. 그만하자고."

"되긴 뭐가 돼? 너 영상 지웠다고 문제가 없어지는 줄 아냐? 복구하면 다 나와."

"그래서, 뭐? 나더러 어쩌라고?"

"돈 좀 있냐?"

"돈?"

"왜, 아깝냐? 망신당하는 건 괜찮고 돈은 아깝나 보네."

지금 여러분의 바로 옆에 민성이가 있다면 어떤 말을 해주는 게 좋을까?

"왜 그랬어, 민성아. 모범생이 무슨 할 일이 없어서 그런 이상한 짓을 했니?"

철없는 민성이 안타깝고 불쌍하게 느껴져서 이렇게 말할 수 있다. 그다음으로 해주고 싶은 말은? "괜찮아, 민성아!"인가, "어떡해, 민성아?"인가? "괜찮아, 민성아!"라고 말해준다면 이 사건을 실수로 인정하지만 인생의 치명적인 오점이나 실패가 되지는 않으리라고 생각하기 때문일 것이다. "어떡해, 민성아?"라고 한다면 민성이를 걱정하면서도 돌이킬 수 없는 잘못을 저지른 사람으로 보는 것이다.

민성이를 향한 눈이 여러분 자신을 바라보는 시각일 수 있다. 여러분 자신이 민성이처럼 창피하고 어리석은 잘못을 저질렀다고 가정해 보자. 꼭 화장실 몰카가 아니라도 그렇다. 남들이 알면 부끄러워서 못살 것 같은 그런 잘못을 저질렀다고 생각해 보라. 어떻게 받아들이고 해결하는 것이 좋을까?

우리는 보통 무엇이든 높거나 클수록 좋다고 생각한다. 하지만 감정과 생각에 있어서는 높이나 크기보다 균형이 중요하다. 누구에게나 스스로를 괜찮은 사람으로 의식하는 마음은 반드시 필요하다. 쥐꼬리만 한 근거라 하더라도 '나 정도면 꽤 괜찮은 사람이지' 하는 생각이 있으면 힘이 난다. 그렇지만 이 생각은

'내가 부족한 점이 없는 건 아니지' 하는 생각과 균형을 이루어야 건강하게 유지될 수 있다. 죄책감도 마찬가지이다. 간혹 죄책감을 느끼지 못하는 사람이 있는데 사회는 이들을 '사이코패스'라고 부른다. 사이코패스는 잔인하고 심각한 범죄를 저질러도 양심의 가책을 느끼지 못한다. 이들이 갖추지 못한 것이 바로 '이건 내 잘못일지도 몰라' 하는 균형 잡힌 생각이다.

자의식과 죄책감, 앞서 말한 두 가지 감정은 양쪽 극에 있는 것이나 다름없다. 한쪽 극에서 반대쪽 극으로 순식간에 이동하면 균형을 잃고 비틀거리기 쉽다. 죄책감에 사로잡혀 있다가 갑자기 자의식이 충만해져도 문제가 된다. 반대로 민성이처럼 스스로 괜찮은 사람이라고 자부하다가 죄책감을 강요당하는 상황으로 내몰리는 것도 괴로운 일이다. 모든 감정과 생각이 그렇듯, 내가 알아서 균형을 잡는 것과 강제로 떠밀리는 것 사이에는 엄청난 차이가 있기 때문이다.

다시 민성이가 겪었던 일로 돌아가 보자. 이번에는 왜 그랬냐는 질문은 잠시 접어 두겠다. 아마도 그 질문은 민성이 스스로 수도 없이 던졌을 테니까 말이다. 괜찮다는 위로와 어떡하느냐는 책망 사이에서 나만의 균형을 잡는 시도를 해 보자. 우리는 누구나 크든 작든 잘못들을 저지르며 살아간다. 혹시 잘못을 남에게 들키지 않으면 다행이라고 생각하는가? 들키지만 않으면 정말 괜찮은 것일까?

중요한 것은 남의 시선이 아니다. 그러니 남에게 들키고 안 들키고의 문제보다는, 자신의 삶을 지키기 위해 수치심과 죄책감을 다루는 방법에 더 집중할 필요가 있다. 수치심과 죄책감은 한 사람의 인생이 수렁으로 빠져들지 않게 막아주는 역할을 한다. 이런 감정을 건강하게 받아들이기 위해서는 건강한 자의식이 기초가 되어야 한다. 두 감정이 조화를 이루려면 양쪽 극에 있는 감정이 만나서 화해하는 과정이 필요하다. '내가 그래도 괜찮은 사람이니까!' 하는 자의식이, '내가 잘못했잖아!' 하는 죄책감과 만나야 성숙한 결론을 얻을 수 있다.

이런 생각을 하는 사람만이 잘못을 책임지고 똑같은 잘못을 반복하지 않는 사람으로 성장할 수 있을 것이다.

 나를 알아가는 질문

1. 과거에 저지른 잘못을 똑같이 반복한 적이 있는가? 만약 그렇다면 무엇이 문제이며 어떻게 해야 잘못을 반복하지 않을지 생각해 보자.

2. 민성이같이 수치스러운 잘못을 저질렀을 때 당신은 어떻게 대처할 것인가?

꿈은 이루어진다?
● 현실과 이상의 괴리 ●

흔히 무모하고 저돌적인 사람을 가리켜서 돈키호테 같다고 한다. 원작을 만화나 동화로 만든 요약판 속의 돈키호테는 마냥 우스꽝스러운 인물이다. 그러나 원작의 돈키호테는 무척 진지하고 비극적이다.

《돈키호테》*의 작가 세르반테스(Miguel de Cervantes Saavedra)는 가난과 불법, 약자에 대한 학대를 몸소 겪으면서 살았다. 돈키호테라는 인물은 이러한 작가의 경험이 반영되어 탄생했

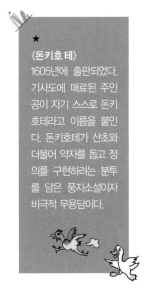

★
《돈키호 테》
1605년에 출판되었다. 기사도에 매료된 주인공이 자기 스스로 돈키호테라고 이름을 붙인다. 돈키호테가 산초와 더불어 약자를 돕고 정의를 구현하려는 분투를 담은 풍자소설이자 비극적 무용담이다.

다. 기사도가 살아 있는 시대를 꿈꾼 돈키호테는 세르반테스의 분신과도 같은 인물이다. 마르고 힘없는 중년 남자가 초라한 말을 타고 기사도의 구현을 위해 끊임없이 분투하는 모습을 상상해 보라. 소설 속에서 '기사 아닌 기사'라고 표현되는 그는 다치고, 속고, 조롱당하면서도 약자를 보호하고 선량한 자를 위로하는 데 온 힘을 바친다.

돈키호테를 두고 '기사 아닌 기사'라고 표현한 것은 그의 모습이 실제의 기사와 한참 동떨어지기 때문이다. 다시 말해, 현실과 이상이 너무나 다른 것이다. 우리는 자주 현실과 이상이란 말을 사용한다.

내 마음 누가 이해해줄까?

그러면 현실은 무엇이고 이상은 무엇인가? 현실은 말 그대로 '현재 사실로 존재하는 일이나 상태'를 뜻한다. 철학적 의미의 현실은 '사유(思惟)의 대상인 객관적이고도 구체적 존재'를 뜻한다. 이상(理想)은 '생각할 수 있는 범위 안에서 가장 완전하다고 여겨지는 상태'로, 흔히 현실과 반대되는 개념으로 사용된다. 그러니까 우리의 현실은 지금 자신의 모습과 상황이고 이상은 내가 바라는 최고의 면모이자 훌륭한 상태라고 할 수 있다. 문제는 이 두 상태의 간극, 즉 격차가 너무 클 때 발생한다.

내가 원하는 내 모습은 더할 나위 없이 멋지고 아름다운데 현재 내 모습은 초라하다 못해 창피할 지경이라면 어떨까? 이상에 대해 그다지 심각하게 생각하지 않거나 이상을 별로 지향하지 않는 사람이라면 현실과 이상의 간극을 고민할 이유가 없다. 하지만 이상은 창대하고 현실은 미약한데 이상을 향한 열망이 너무나 강렬한 경우는 살아가기가 매우 힘들고 고통스럽다.

앞서 얘기한 돈키호테가 바로 이런 경우에 해당한다. 그는 창대한 이상, 미약한 현실, 그리고 강렬한 열망이라는 삼박자가 맞아 떨어진 경우에 해당한다. 그런 이유로 돈키호테는 '광기'에 가까운 굴하지 않는 의지가 필요했다. 그는 자신의 이름도 새로 짓고 기사가 되고자 길을 떠났다. 그런데 이런 돈키호테의 모습은 주변 사람이 볼 때 너무나 이상하다. 마치 평범하고 공부도 그저 그런 중학생이 의사가 되어 인술을 실천하겠다고 가운을 입고 청진기를 두른 채 환자들을 상대하는 격이다. 만약에 정말로 이런 일이 생긴다면 어떻게 될까? 철부지 중학생은 병원의 경비 아저씨 손에 이끌려 쫓겨나지 않을까? 설사 소원대로 병원에 있게 되더라도 신경정신과에 환자로 있을 가능성이 높다.

건강한 삶을 위해서는 현실과 이상의 적절한 조화가 필요하다. 돈키호테는 문학작품 속의 인물이라 그 광기어린 열망을 통해 삶의 의미와 교훈을 전할 수 있다. 하지만 현실에서 그런 행동을 한다면 그야말로 '광인' 취급을 받기 쉽다. 현실과 이상의 조화는 현실과 이상 사이의 거리를 알고 그 간극을 메울 방법을 찾는 데서 시작된다. 아래의 글은 중학생 세 명이 이상과 현실에 대해 이야기한 것을 옮긴 것이다. 이들의 이야기를 들으면서 나는 어떤 쪽에 가까운지 생각해 보자.

●●● 정호: 난 말이지, 높은 곳만 바라보며 이상을 추구한다는 사람들이 참 한심해 보여. 송충이는 솔잎을 먹어야 한다고. 태어난 환경에 맞게, 자신의 능력껏, 생긴 대로 사는 게 제일 편해.

　　재혁: 그래도 인간이라면 꿈이 있어야지! "소년이여, 야망을 가져라!"는 말도 모르냐? 꿈은 일단 커야 돼. 그래야 절반만 이뤄도 근사한 사람이 되지. 난 포부는 가져야 된다고 생각해. 꿈꾸는 데 돈 드는 것도 아니잖아.

상우: 돈이 안 들긴 왜 안 들어? 꿈이 크면 그 꿈을 이루기 위해 노력해야 하잖아. 시간과 돈이 투자되는 거라고. 그뿐 아니라 희생도 해야 되지. 놀고 싶어도 참고 자고 싶어도 견뎌야 하고. 난 그래서 뭐든 적당한 게 좋아. 꿈도 내 상황에 맞게 꾸고, 딱 할 수 있는 정도의 노력만 할 거야.

인생에서 이상을 품는 것은 매우 중요하다. 그렇지만 무턱대고 "꿈은 커야지!" 하는 욕심을 가지는 것은 소화시킬 수 없는 음식을 뱃속에 넣고 있는 것이나 마찬가지이다. 즐겁게 먹었지만 얼마 못 가서 후회한다. 몸은 괴롭고 영양 섭취도 제대로 하지 못한다. 그러므로 정신건강과 마음의 행복을 위해서 이상은 적절히 가질 필요가 있다. 우울증이라는 병에 대해 한 번쯤 들어 보았을 것이다. 우울증에 걸리면 목표도 잃고 꿈도 잃은 채 현실의 고통에 빠져 허덕인다고 한다. 그런데 참으로 이상한 것은 우울증이 생기는 원인 가운데 하나가 바로 '지나치게 높은 목표'라는 점이다.

이러한 아이러니를 어떻게 받아들여야 할까. 에드워드 비브링(Edward Bibring)이라는 정신분석*가의 설명을 들어보면 이 말의 뜻을 이해할 수 있다.

"사람이 지나치게 높은 이상(high ideals)과 그

★
정신분석
무의식에 관계되는 행동에 관한 관찰과 분석을 통해 이론적 체계를 세운 학설. 인간의 무의식의 세계를 파악하고 무의식의 이해를 통해서 신경증을 치료하는 것이 특징이다.

목표를 달성할 수 없는 무능력(inability) 사이의 차이를 깨닫게 되었을 때 나타나는 현상이 우울증이다."

이상을 가진 것까지는 좋은데 지금 처해 있는 상황과 이상의 거리가 멀어도 너무 멀다. 아무리 머리를 쥐어뜯으며 생각에 생각을 거듭해도 이상을 향해서 한 발짝도 가까워질 방법을 찾을 수가 없다면 어떻게 할 것인가? 이러한 괴리를 끝내 극복하지 못한 사람은 우울증이라는 병으로 내몰릴 수 있다. 꿈을 갖는 건 삶을 살아가는 중요한 원동력이다. 그렇지만 달리는 말에 채찍질을 해 보니까 말이 더 잘 달린다고 해서 연신 채찍질만 하면 어떻게 될까? 말이 지쳐서 쓰러져 버릴지도 모른다. 사람의 마음도 마찬가지이다.

그러면 어떻게 해야 할까? 현실이 초라한 사람은 꿈도 꾸지 말아야 할까? 물론 그런 건 아니다. 꿈과 이상의 간극을 메울 방법을 찾는 시도를 하되, 머릿속에서만 찾는 게 아니라 실제 생활 속에서 찾아야 한다는 것이다. 그래야 이상과 현실이 조금씩 가까워지는 경험을 할 수 있다. 꼭 거창한 방법을 찾고자 애쓸 필요는 없다. 작고 실천가능한 일부터 기록하고 실행해 보자.

인생의 선배들이 계획을 세우고 다이어리를 쓰라고 권하는 것은 머릿속의 이상이 땅으로 한 걸음 다가오는 데 기록이 중요하다는 것을 알기 때문이다. 오늘부터 어디까지가 실행 가능한 이상이고 어디서부터가 욕심인지 생각해 보자. 어떤 이상을 현실로 끌어들일지에 대해서도 고민할 필요가 있다. 그리고 어떻게 이상과 목표를 실천할 수 있을지 매일 꾸준히 기록하며 그 지점에 다가가도록 노력해 보자.

 나를 알아가는 질문

1. 나의 이상과 현실의 차이가 얼마나 큰지 생각해 보자. 그리고 그 격차를 줄이기 위해서 어떠한 노력을 할지 구체적으로 기술해 보자.

2. 정말 이루고 싶었던 일인데 힘들어서 포기한 적이 있는가? 다시 그 일에 도전한다면 어떤 자세로 임할 것인가?

죽음을 어떻게 받아들일까?

● 죽음으로 인한 고통과 무기력 ●

●●● 여기 시도 때도 없이 잠만 자는 영식이라는 친구가 있다. 영식이는 평범한 가정에서 태어났으며 아빠와 엄마는 사이가 좋은 편이다. 두 살 많은 형과도 크게 다투지 않고 잘 지내왔다. 하지만 영식이는 수업 시간에 엎드려 자고 심지어 걸어가면서도 깜빡 존다. 밥을 먹다가도 조느라 숟가락을 떨어뜨리곤 했다. 영식이가 처음부터 이랬던 것은 아니다. 한때는 영식이도 열심히 운동을 했고 활기찼으며 100점 맞은 시험지를 들고 엄마를 부르며 집으로 뛰어오기도 했다. 그랬던 영식이가 왜 이렇게 졸기만 하는 사람이 되었을까?

영식이는 부모님과 함께 병원에 갔고 가면성 우울증이라는 진단을 받았다. 툭하면 잠을 자서 세상에서 제일 태평한 사람처럼 보이지만, 실제로는 아주 예민하고 스트레스도 많으며 내면에는 우울감도 심하다고 한다. 부모님도 형도 놀라지 않을 수가 없었다. 영식이는 대체 언제부터 이렇게 된 걸까?

병원 치료를 받으면서 부모님은 영식이가 변한 게 강아지가 죽으면서부터였다는 것을 알게 됐다. 영식이는 초등학교 입학 선물로 할아버지께 강아지를 선물받았다. 이름은 랑이라고 영식이가 직접 지었다. 너무나 귀엽고 소중한 랑이었지만, 영식이가

중학교 2학년 때 그만 암으로 죽고 말았다. 동물병원에서는 수술하고 항암 치료를 받으면 좀 더 살 수 있을 거라고 했다. 그러나 영식이 부모님은 안락사를 선택했다. 치료비가 보통 형편의 가정에서 감당하기 힘들 만큼 컸기 때문이다. 영식이는 랑이의 치료비를 대주면 아르바이트를 해서라도 그 돈을 다 갚겠다고 울면서 부모님께 애원했다. 그러나 영식이의 부탁은 받아들여지지 않았다. 영식이는 랑이를 치료해 주지 않은 부모님이 너무나 밉고 원망스러웠다.

랑이가 떠난 이후로 영식이는 식욕도, 공부할 의지도, 부모님에 대한 믿음도 모두 잃었다. 그저 죽음 같은 잠에 빠져서, 꿈에서나마 가끔 랑이를 만나는 것이 영식이의 유일한 낙이다.

죽음을 대할 때, 특히 사랑하는 존재의 원통한 죽음을 대할 때 사람들은 심각한 고통을 겪는다. 때로는 그것이 자신의 존재를 뒤흔들 만큼 심각한 문제가 되기도 한다. '그토록 사랑하는 이를 잃고 무슨 낙으로 사나', '나도 어느 순간 죽고 말 텐데 이렇게 살면 뭐하나', '내가 사랑하는 존재가 죽을 때 나와 내 주변의 사람은 과연 무엇을 했나' 등등의 생각을 하면서 좌절과 낙심, 후회와 원망에 사무친다.

이러한 자포자기의 순간에는 어떤 철학적 성찰을 해야 좌절을 딛고 일어설 수 있을까? 아니, 철학적 성찰이라는 게 도움이 되기나 하는 걸까? 죽음의 절망 앞에서 철학은 아무런 도움도 되지 못하는 것처럼 보일 수 있다. 하지만 철학의 주요 관심사 중 하나가 죽음의 문제를 다루며 고통스러워하는 이들에게 가르침을 주는 데 있음을 알아둘 필요가 있다.

플라톤(Plato)은 철학을 '죽음을 준비하는 예술'이라고 했다. 로마의 철학자 세네카(Lucius Annaeus Seneca)도 '평생을 통해 배워야 할 것은 죽는 일'이라는 말을 남겼다. 죽음은 철학의 본질적인 문제에 해당한다. 철학이 죽음을 준비시키고 죽음에 대한 가르침을 주기 때문이다. 플라톤과 세네카는 철학자 가운데서도 죽음에 대한 철학적 이해를 중시한 사람들이다. 이들이 한 생각을 좀 더 알아보자.

플라톤은 죽음이란 육체로부터 영혼이 분리되는 것이라고 생각했다. 그는 육체가 사라지더라도 영혼은 영원불멸하다고 보았다. 플라톤에게 있어 죽음은 영혼이 육체라는 감옥을 벗어나 이데아(Idea)*에 더욱 가까워지는 계기가 된다. 그러니 플라톤은 소크라테스(Socrates)가 억울하게 독배를 마시고 죽어도 그것을 나쁜 일로만 생각하지 않을 수 있었다.

또 한 명의 위대한 철학자인 세네카는 자살로 생을 마감했다. 그러나 그는 자살을 적극적

★
이데아
'보다, 알다'라는 뜻의 그리스어 '이데인(ide-in)'에서 비롯된 말이다. 이데아는 플라톤 철학의 중심 개념으로 모든 존재와 인식의 근거가 초월적인 실재를 뜻한다. 근대에는 인간의 주관적인 의식, 곧 '관념'을 나타내는 말로 사용됐다.

으로 옹호하거나 권장하지는 않았다. 세네카의 죽음을 이해하기 위해서는 그의 배경에 대해 먼저 알 필요가 있다. 세네카는 로마인이었고 폭군으로 유명한 네로 황제의 스승이었다. 그가 자살한 것은 네로 황제의 명령 때문이었다. 세네카가 폭군인 네로 황제 곁에 머물면서 자살에 대해서 고민한 것은 어찌 보면 자연스러운 일이었다. 우리도 악하고 잔인한 사람과 오래 가까이 있다 보면 죽음에 대해 철학적으로 고민하게 될지도 모를 일이다. 세네카는 희망 없이 고통만 겪어야 한다면 자살도 할 수 있다고 생각했다. 그리고 자신의 죽음은 고통에 대한 두려움 때문이 아니라, 인생을 더럽힐지 모른다는 두려움 때문이라고 했다.

죽음이란 살아 있는 존재가 필연적으로 경험해야 하는 중요한 사건이다. 자신의 죽음은 한 번만 경험하면 되지만 주변 존재의 죽음은 여러 번 겪을 수 있다. 그 존재가 소중할수록 아픔도 커지기 마련이다. 그러므로 아픔을 이해하고 정리하는 준비 작업이 필요하다.

영식이의 입장에서 생각하면 강아지의 죽음이 억울하고 부모님이 원망스러울 수도 있다. 하지만 이런 감정에 머물러 자신을 돌보지 못하고 잠에만 빠져 산다면 그걸 과연 지혜롭다고 할 수 있을까? 너무나 슬프고 괴로운 사람에게 지혜를 가지라고 한다면 그 말이 따갑게 들릴 것이다. 하지만 철학은 지혜를 사랑하는 학문이고 지금 우리는 철학적 사고를 통해 지혜를 추구하고 실천하는 훈련을 하고 있다. 아프더라도 살기 위해서는 지혜를 추구해야 한다. 아니, 아프기 때문에 더욱 지혜를 찾아야 한다. 그래야만 아픔을 벗어날 수 있기 때문이다.

영식이가 강아지의 죽음을 지혜롭게 이겨낸다면 어떤 일이 생길까? 앞으로 또 겪어야 할 소중한 사람의 죽음을 극복하는 법을 배울 수 있지 않을까? 또 죽음에만 머무르지 않고 삶을 긍정하면서 지금보다 더 의미 있는 삶을 살 수도 있을 것이다.

★
엘자베스 퀴블러 로스
(1926~2004)
미국의 정신과 의사로 죽음에 대한 연구에 일생을 바쳐 미국 시사주간지 《타임》이 뽑은 '20세기 100대 사상가 중 한 명. 죽음에 관한 최초의 학문적 정리를 남겼을 뿐만 아니라, 삶에 대해서도 비할 바 없이 귀한 가르침을 이야기했다

죽음에 대해서 연구한 정신과 의사 엘리자베스 퀴블러 로스(Elisabeth Kübler-Ross)*는 죽음이 다가올 때 사람들이 보이는 반응을 5단계로 정리했다.

첫 단계에서는 쇼크를 받고 부정한다. "아니야, 그럴 리가 없어! 죽긴 누가 죽어?"로 반응한다.

두 번째 단계에서는 화를 낸다. 가족에게, 신에게, 가까운 사람들에게 신경질을 부린다. "왜 하필 나한테 이런 일이 생긴 건가요?" 하고 따지기도 한다.

세 번째 단계에서는 협상을 시도한다. "이제는 부모님 말씀 잘 들을게요. 착하게 살게요. 신을 믿겠어요." 하고 봐달라고 조른다.

네 번째 단계가 되면 우울해진다. 위축되고, 희망을 잃고, 죽고 싶은 마음까지 든다. "무슨 수를 써도 더 이상 방법이 없구나. 정말 슬퍼." 하고 좌절한다.

마지막 다섯 번째 단계가 되어서야 수용(受容)에 이른다.

인간은 마지막 단계에 이를 때 죽음이 불가피한 것이며, 보편적인 체험(universality of the experience)임을 받아들인다. 주의해야 할 것은 이 다섯 단계가 순서대로 차분하게 진행되는 것은 아니라는 사실이다. 단계가 바뀌어서 나타나는 사람도 있고 다음 단계로 갔다가 다시 되돌아오거나 한 가지 단계에 마냥 머무르는 사람도 있다.

이런 과정들은 자신의 죽음을 앞두고 보이는 보편적인 반응이다. 그런데 자신과 가까운 존재의 죽음 앞에서도 비슷한 반응이 나타날 수 있다. 영식이는 랑이의 죽음으로 인해 자신 안으로 움츠려 들어가는, 한없이 우울하고 무기력한 반응을 보이고 있다. 수용의 단계에 들어서는 것은 무척이나 어려운 일이다. 하지만 우리가 겪게 되는 무수한 죽음들을 잘 견디며 살아가기 위해서는 수용의 단계에 이르러야 한다.

만일 랑이의 죽음을 도저히 수용할 수 없다면 최소한 죽음에 대해서 다시 생각할 수 있어야 한다. 부모님이 그저 잔인하고 무관심해서, 이기적이고 돈만 생각해서, 랑이를 포기하거나 버린 것일까? 어쩌면 부모님도 힘들어하는 아들 때문에 부정과 분노의 단계에서 오르락내리락하며 많이 지쳤을지도 모른다. 부모님의 갈등과 아픔에 대해서도 한 번쯤 생각해 볼 필요가 있다. 이런 생각을 할 수 있어야 부모님을 조금이라도 이해하고 원망이나 미움을 얼마라도 덜어낼 수 있기 때문이다.

 나를 알아가는 질문

1. 내가 생각하는 죽음이란 무엇인가? 현실에서 더 이상 그 존재를 만날 수 없다는 것을 어떻게 받아들일까?

2. 소중한 존재가 죽었다고 가정하자. 나는 어떻게 이 상황을 극복해 낼 수 있을까?

진정한 어른이 된다는 것
● 상상의 세계와 현실 ●

●●● 민국이는 몇 년째 독서 삼매경에 빠졌다. 책을 많이 읽는 것은 좋은 일이지만 민국이의 경우는 조금 특별하다. 민국이는 책 중에서도 만화책만 읽는다. 그것도 '~맨'이지만, 인간보다는 초인, 혹은 신에 더 가까운 존재에 대한 만화책 말이다. 신화와 영웅담, 그리고 과학이 적절하게 섞여 만들어진 온갖 캐릭터들은 민국이의 가슴을 뛰게 했다. 그래서 슈퍼맨, 배트맨, 스파이더맨은 기본이고 엑스맨, 아이언맨까지 초인적 영웅이 등장하는 만화라면 닥치는 대로 읽었다. 민국이는 이들의 활약에 열광했고 그들을 닮고 싶어 했다. 정의를 지키고 약자를 보호하며 육체의 한계를 뛰

어넘는 능력, 그 모든 것이 민국이를 열광시키기에 충분했다.

그러는 동안 민국이는 소위 말하는 '오타쿠'가 됐다. 집에 틀어박혀 하루 종일 만화책만 읽다보니 결석도 잦아졌다. 새로 산 만화책을 밤새 읽다 지치면 학교에 갈 기운이 없었기 때문이다. 그렇다고 민국이가 사람을 전혀 만나지 않는 건 아니다. 어벤저스를 사랑하는 이들과 함께하는 인터넷 동호회 오프라인 모임에는 참석한다. 그중에서도 하이라이트는 단연 코스프레이다. 민국이는 일 년에 두 번 열리는 코스프레를 기다리는 낙으로 산

다. 코스프레 축제 때마다 민국이는 아이언맨 분장을 한다. 알코올중독자에다 이기적인 인물이지만 엄청난 과학적 지식과 재산을 가진 아이언맨은 정말이지 너무나도 부러운 존재였다. 아이언맨과 똑같이 분장하면 다른 친구들, 이를테면 헐크나 캡틴 아메리카 같은 애들이 우습게 느껴진다. 민국이의 모든 희망이자 꿈은 어벤저스의 세계 안에 있다.

★
호메로스
(?~?)
고대 그리스의 작가이며, 서사시 《일리아드》와 《오디세이》의 저자이다. 일설에 따르면 시각장애인 음유시인이라고도 한다. 하지만 이 모두는 '사실'이 아닌 전설이다. 그가 누구인지는 불확실하다.

★★
베르길리우스
(BC 70~BC 19)
로마의 시성이라고 불린다. 단테가 《신곡》에서 베르길리우스를 지옥의 안내자로 삼을 만큼 뛰어난 시인이다.

인간은 누구나 영웅에게 매료되곤 한다. 인류의 위대한 고대 서사시인 호메로스(Homeros)★의 《일리아드》와 《오디세이》, 베르길리우스(Vergilius)★★의 《아이네이스》도 주요 내용은 영웅들의 이야기이다. 고대 그리스와 로마의 영웅은 전쟁에서 이겨야하므로 일단 힘이 세다. 그리고 말도 잘한다. 화려한 말재주로 동료 전사를 독려하고 적을 기죽여야 하기 때문이다.

현대사회의 영웅은 어떤 사람들일까? 오늘날에도 훌륭한 지도자, 뛰어난 과학자, 헌신적인 봉사자 등등 영웅으로 불리는 이들이 많다. 사람들은 영웅을 원하고 존경하며 마음 한편으로는 자신도 그런 존재가 되길 희망한다. 그런데 영웅과 영웅주의는 서로 다르다. 사전을 찾아보면 영웅은 '지혜와 재능이 뛰어나고 용맹하여 보통 사람이 하기 어려운 일을 해내는 사람'으로 정의된다. 그러나 영웅주의는 영웅과 다르게 부정적인 의미를 지닌다. 영웅주의는 크게 두 가지 의미로 해석된다.

첫째 의미는, '영웅을 숭배하거나 영웅적 행동을 좋아하여 영웅인 척하는 태도', 둘째는 '일반 대중의 능력을 무시하고 영웅적 개인의 사상과 행동을 으뜸으로 여기는 개인주의(個人主義, individualism)★★★의 하나'이다. 한마디로 영웅만 숭배하고 존중하며 평범한 사람을 무시하는 태도가 영웅주의인 것이다.

그런데 이러한 태도가 개인주의의 일종인 이유는 뭘까? 영웅은 인류를 구하는 사람인데 개인주의라니, 선뜻 이해가 되지 않는다. 따라서 영웅주의의 진짜 의미를 알기 위해서는 개인주의란 말의 의미를 따져봐야 한다.

극단적인 개인주의는 이기주의와 동의어로 사용된다. 그것은 개인주의가 '개인의 권위와 자유를 중히 여겨 개인을 기초로 하여 모든 행동을 규정하려는 윤리주의'이기 때문이다. 공동체나 전체보다는 개인을 우선으로 하다보면 자신의 이익만 추구하기 쉽다. 그게 곧 영웅 한 사람에게 모든 가치를 부여하는 것과 일맥상통한다. 평범한 보통 사람으로 구성되는 공동체는 무시하고 영웅이라는 한 인물에 집중하니, 영웅주의는 개인주의의 또 다른 형태가 되고 마는 것이다.

민국이가 영웅들에게 푹 빠진 것도 영웅주의 때문일 수 있다. 평범하기 짝이 없는 일상에 영웅 한 명이 모든 것을 단번에 해결해주니 이만큼 통쾌하고 간편한 게 또 있을까? 자신은 매일 일찍 일어나서 씻고 밥 먹고 학교에 가서 어려운 공부를 낑낑거리며 해도 성적은 오를 듯 말 듯하다. 그런데 영웅들은 그런 사소한 일에 얽매이지도 않으면서 인류를 위기에서 구해낸다. 평범한 민국이가 영웅을 좋아하는 건 어떻게 보면 당연한 일이다. 하지만 언제까지 민국이가 영웅의 세계에 갇혀 살 수 있을까? 그리고 설령 민국이가 할아버지가 될 때까지 아이언맨 코스프레를 한들 그것을 영웅적인 삶이라고 할 수 있을까?

현대의 진정한 영웅은 민국이가 선망하는 영웅이 아니라 아주 소박한 일상을 성실하게 살아가는 사람이라고 할 수 있다. 그들은 내일을 위해서 정해진 시간에 잠들고 피곤한 몸을 일으켜 학교에 가거나 일하러 간다. 하기 싫은 일도 해야 한다면 기꺼이 하고, 하고 싶은 일도 하지 말아야 하면 참아내는 절제를 실천한다. 작은 열매일지라도 노력의 결과를 기쁘게 나눌 수 있는 보통 사람들의 삶이 가장 힘들고 어렵다. 그런 면에서도 보면 자신과 공동체를 위해서 일상을 묵묵히 살아나가는 사람이야말로 진정한 영웅인 것이다.

민국이가 정말 애타게 원하는 것은 영웅이 아니라 현실도피일지 모른다. 힘든 일이 일어날 때면 '아, 이럴 때 아이언맨이 나타난다면 얼마나 좋을까?' 하는 생각이 들 수 있다. 그러나 상상의 세계는 어디까지나 현실에 발을 딛고 있는 상태에서만 의미가 있는 법이다. 그리고 현실이 만족스러운 사람들은 공허한 상상의 세계에만 매달리지는 않는다. 현실이 어렵고 마음이 괴로울수록 나를 위로하고 기쁘게 해줄 상상의 세계가 절실해지고, 이에 과도하게 집착하게 된다.

물론 상상의 세계가 무조건 나쁘다고만 할 수는 없다. 학자들은 3세에서 10세 사이 어린이들 중 절반 이상이 상상 속의 친구(imaginary companion)를 갖고 있다고 보고했다. 이 친구들은 다정하게 다가와 외로움을 달래주고 불안을 가라앉혀 준다. 이때의 상상은 현실도피의 수단이지만, 해롭거나 병적인 존재는 아니다. 문제는 상상의 친구와 지내는 데 마음이 쏠려서 실제 친구들과 사귀어야 할 시간을 다 포기하는 데에 있다. 그것은 건강하지도 바람직하지도 않은 일이다. 마음이 힘들고 외로워서 상상의 세계가 필요할 수는 있다. 하지만 상상의 세계 속에서 사느라 현실에 관심을 두지 않는다면, 지혜롭고 책임감 있는 사람으로 성장하기 어렵다.

민국이가 세상을 외면하고 있는 동안에도 시간은 어김없이 흘러가고 일상은 부지런히 돌아간다. 그러는 사이에 보호자의 역할을 하던 부모님도 늙고 돌아가실 수 있다. 함께 코스프레를 하던 친구들이 하나 둘 정신을 차리고 일상생활에 복귀할지도 모른다. 현실에 대해 잘 알지도 못하는데 혼자가 된 민국이가 앞으로 제대로 살아갈 수 있을까?

상상의 친구와 상상의 세계는 거절을 모르기 때문에 매력적이다. 상상은 원하는 대로 이루어지며 절대로 싫다는 말을 하지 않는다. 우리가 원하기만 하면 언제든 그 세계로 갈 수도 있다. 현실은 그와 정반대이다. 아무리 노력해도 떠나가는 친구들이 있고 열심히 해도 나아지지 않는 일이 있다. 그래서 상상은 달콤하고 현실은 고통스럽다. 그런데도 우리는 고통스러운 현실을 직시하고 받아들이며 헤쳐 나갈 필요가 있다. 상상 속의 우리는 어린아이에만 머물러 있을 수 있지만, 실제로는 자라나고 스스로 책임져야 할 부분도 늘어가기 때문이다.

원하든 원하지 않든 우리는 성장하고 있고 언젠가 어른이 될 것이다. 몸만이 아니라 마음도 함께 자란 진정한 어른이 되기 위해서는, 원하는 대로 되지 않는 현실을 받아들여야 한다. 그리고 그런 가혹한 현실에 굴하지 않고 부지런히 살아가는 삶을 받아들여야 한다. 지금이야말로 현실과 상상의 세계 사이에 분명한 경계를 둘 때이다. 잠시 상상의 세계로 떠나더라도 늦지 않게 돌아올 수 있기를 바란다.

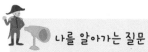 나를 알아가는 질문

1. 감당하기 힘든 현실 때문에 민국이처럼 상상의 세계로 도피한 적이 있는가? 현실로 돌아오기 위해서 어떤 노력이 필요한지 구체적으로 써보자.

2. 당신이 생각하는 진정한 어른은 어떤 사람인가?

나는 누구인가?

스스로에게 "나는 누구인가"라는 질문을 건네 본 적이 있는가? 내 이름이나 성별, 직업이나 주소, 부모님이나 형제를 말하는 것 말고 '자신'에 대한 근본적인 의문을 품으면서 말이다. 자아 정체성이 자리를 찾아가는 중인 청소년기에는 상반된 여러 가지 모습이 동시에 나타난다. 때로는 정의롭고 성실하지만 때로는 이기적이고 치사한 '나'가 있고, 어떨 땐 한없이 친절하지만 가끔은 잔인하고 교활하기까지 한 '나'도 있다. 너무 다른 모습 때문에 진정한 나는 어떤 사람인가 궁금해질 때마저 있다. 과연 나는 누구이고 어떻게 해야 자아 정체성을 확립할 수 있을까?

불타는 시기심

● 환경과 신분 ●

　예영이는 똑똑하고 야무지다. 키도 크고 예쁜 편인데 공부까지 잘해서 외고에 입학했다. 얼핏 봐서는 아무것도 부러울 게 없을 것 같다. 하지만 예영이에게는 심각한 열등감이 있다. 예영이가 쓴 일기장을 보고 그 이유를 짐작해 보자.

●●● 7월 28일 화요일, 찌는 듯 더움.
　　외고에 들어온 것이 잘못된 선택인 것 같다. 이런 생각을 하지 않으려고 노력해 봤지만 소용이 없다. 여긴 단지 공부를 잘하고 외국어를 좋아한다고 버틸 수 있는 곳이 아니다. 다른 아이들은 모두 외국에 몇 년씩 살다 온 것은 기본이고 방학마다 외국을 제 집 드나들 듯한다. 그런 아이들 사이에서 순수 국내파인 내가 뭘 할 수 있을까? 이중국적까지 가진 애들은 미국 입국 심사도 간편하다고 자랑한다. 나는 미국에 가본 적도 없고 출입국 심사를 받아본 적도 없다.

그나마 함께 서민층 출신이라며 위로하던 친구가 두 명 있었다.

내 마음 누가 이해해줄까?

그런데 둘 다 얼마 전 캘리포니아로 떠났다. 대학 탐방도 하고 몇몇 프로그램에도 참여한다고 했다. 돌아오면 자소서에 쓸거리가 늘 테니 무리를 해서라도 가기로 했단다. 자기네끼리 예전부터 의논을 하고 계획을 짜면서도 나만 쏙 빼놓았다. 부담스러워할 것 같아서 그랬다나? 어이없고 배신감마저 느낀다. 과연 내가 여기서 다른 애들보다 앞서 나갈 수 있는 게 있기나 할까? 성적? 노력해봤자 거기서 거기이다. 봉사활동? 그 아이들은 글로벌 발런티어라는데, 난 뭐지?

평범한 부모님을 두고도 공부를 특출하게 잘하면 개천에서 용이 난 거라고 하는데, 과연 내가 용인가 싶다. 오히려 저주받은 이무기가 아닐까? 요즘은 부모님이 원망스럽기까지 하다. 뒷바라지도 제대로 못해 줄 거면서 뭐하러 공부하라고 닦달하고 외고까지 보냈는지 이해가 되지 않는다.

사람에게는 직접 선택할 수 있는 게 있고 선택할 수 없는 게 있다. 진로나 직업은 어느 정도 선택이 가능하다. 친구를 사귀는 것이나 결혼을 하는 것도 마찬가지이다. 하지만 이런 일도 자세히 들여다보면 전적으로 개인의 선택에 달린 것은 아니다. 결혼을 하겠다고 마음먹어도 여건상 어려워지기도 하고 진로나 직업역시 타고난 능력이나 환경에 영향을 받는다.

애초에 선택이 불가능한 것들도 있다. 가장 대표적으로 부모님이나 형제는 선택할 수 없다. 가끔 후천적으로 성별이나 외모를 바꾸는 사람이 있긴 하지만, 이런 드문 사례를 가지고 성별이나 외모가 선택사항이라고 말할 수는 없을 것이다. 우리는 이렇게 선택한 것과 선택하지 않은 것들 사이에서 갈등하고 힘겨워하는 존재이다. 출생과 신분에 대해 고민하다보면 자연스럽게 '나는 과연 어떤 존재인가'라는 의문이 든다.

주변을 한번 돌아보자. 좋은 환경과 훌륭한 부모님 밑에서 자라도 망나니 같은 사람이 있는가 하면, 알코올중독 아버지에 부부싸움이 끊이지 않는 집에서 자란 청렴한 판사도 있다. 출생이 곧 성격이나 신분을 결정하지는 않는다는 얘기다. 하지만 요즘은 돈과 정보, 그리고 가정의 지원이 진학이나 구직에 기여하는 경우가 많다. 출생이 곧 신분은 아니라 하더라도 그것으로 인해 여러 가지가 정해지는 경향이 있는 것은 사실이다. 이 때문에 많은 사람이 환경에 대해 갈등하고 불평하는 것이다.

예영이의 상황이 그렇다. 예영이는 환경이 그다지 좋은 편은 아니지만 재능이 있다. 그런데 그 재능이 혼자 빛을 발하기는 어렵다. 예영이가 생각하기에는 환경이 조금만 도와주면 재능도 꽃을 활짝 피울 수 있을 것 같다. 이런 상황에 처해 있으면 바라는 게 많아지고 그만큼 원망도 커지기 마련이다. 만약 예영이가 현실을 받아들이고 그 안에서 자신이 할 수 있는 최선을 다한다면 큰 문제가 없을 수도 있다. 하지만 '야심'과 그로 인한 '불평'

을 제어하지 못하면 갈등에서 벗어나기가 힘들다. 친구들과 비교하면 자신의 처지가 서글프고 우울해지니까 말이다.

철학자 중에도 출생과 신분에서 엄청난 격차를 겪었던 사람이 있다. 바로 고대 그리스 스토아학파(Stoicism)*의 대표적인 철학자 에픽테토스(Epictētos)이다. 그는 노예 출신인 데다가 다리까지 절었다. 하지만 노예로 살면서도 스토아철학을 배웠고 자유민이 된 다음 니코폴리스라는 곳에 학교를 세워 철학을 가르쳤다. 에픽테토스는 평생을 매우 검소하게 살았고 독신이지만 먼저 죽은 친구의 자녀를 입양해서 돌봐주기까지 했다.

에픽테토스의 삶은 스토아학파의 사상과도 관련이 있다. 스토아학파는 외적 권위와 세속적인 것을 거부하고 금욕과 극기를 중시한다. 또 우주의 법칙과 조화를 이루며 순응하는 삶을 강조하고 정념이나 마음의 동요가 없는 '아파테이아(apatheia)'의 경지를 이상으로 추구했다. 에픽테토스가 노예였을 때 겪은 일화를 보면 아파테이아의 경지가 얼마나 놀라운지 알 수 있다.

하루는 그의 주인이 에픽테토스를 화나게 하려고 팔을 비틀었다. 하지만 그는 웃으며 이렇게 말했다.

"주인님! 그렇게 계속 비틀면 팔이 부러집니다."

★
스토아학파
기원전 3세기 제논에서 시작되어 기원후 2세기까지 이어진 그리스 로마 철학의 한 학파. 그리스 로마 철학을 대표하는 주요 학파이다. 헬레니즘 문화에서 탄생했다. 유물론과 범신론적 관점에서 금욕과 평정을 행하는 현자를 최고의 선으로 여긴다.

그러자 주인이 화가 나서 팔을 더욱 비틀었고 결국 팔이 부러졌다. 그런데도 에픽테토스는 차분하게 말했다.

"그것 보십시오. 계속 비틀면 부러진다고 하지 않았습니까?"

주인은 결국 에픽테토스에게 사과하고 그가 철학을 공부할 수 있도록 도와주었다고 한다.

주변 환경이나 사람에게 영향을 받아서 속상한 것은 인간으로서 매우 자연스러운 일이다. 친구가 나보다 더 좋은 기회를 갖거나 더 빨리 성공하면 샘이 나는 것도 당연하다. 하지만 그런 감정에 휘둘리는 것이 내 삶에 무슨 도움이 될지 생각해 보자. 힘들다고 화를 내고 부럽다고 시기심에 불타면 결국에는 감정이 소모되어 지치기 마련이다. 세상에서 벌어지는 모든 일에 눈과 마음을 열어두고 비교하면서 감정이 오르락내리락하도록 내버려둘 것인가? 아니면 내가 할 수 있고 해야 할 일에 집중하고 그 안에서 의미와 즐거움을 찾을 것인가?

유럽 속담에 "은수저를 입에 물고 태어났다"는 말이 있다. 옛날에는 대부분의 사람이 나무로 만든 숟가락을 사용했다. 일부 부유한 사람들만 은으로 만든 숟가락을 쓰고 아기가 세례받을 때 선물로 은수저를 준 데에서 이 속담이 유래됐다고 한다. 우리나라에선 한 술 더 떠서 은수저를 '금수저'로 표현하기도 한다. 은수저나 금수저를 갖고 태어난 아이들이 나를 지나쳐 앞서 가도 나는 울퉁불퉁한 길을 우직하게 계속 걸어갈 수 있을까? 그러면서도 미소를 잃지 않는다면 당신도 에픽테토스처럼 평정심을 가진 사람이라고 할 수 있을 것이다.

　정리해 보자. 예영이가 고통스럽게 경험하고 있는 감정은 '시기심'이다. 시기심은 자신에게는 없는 장점을 가진 누군가를 향해 울화와 짜증이 뒤섞인 감정을 느끼는 것이다. 《내 감정 사용법》이라는 책에 프랑수아 를로르는 시기심을 이렇게 설명한다. "자신의 상황과 타인의 상황을 비교하게 만들고 적어도 한 분야에서 자신의 열등함을 확인하게 만든 뒤, 적어도 당장은 이 열등함이 수정될 수 없는 것으로 여기게 하는 감정", 이것이 시기심인 것이다. 이렇게 보면 비교와 그로 인해 느끼는 시기심은 누구라도 당장에 불행하게 만들 수 있는 선택이라고 할 수 있다.

　《나니아 연대기》로 잘 알려진 작가 C. S. 루이스(C.S.Lewis)*는 "무언가를 가지는 것만으로는 기쁨이 없고 옆 사람보다 더 가질 때만 기쁨이 있다"고 했다. 남들보다 더 가지면 즐겁고 기쁘다. 그렇지만 언제나 '더' 가질 수는 없는 법이다. C. S. 루이스의 말을 뒤집어 보면 우리가 주변 사람보다 덜 가지면 곧바로 슬퍼질 것을 알 수 있다. 내가 가진 것이 아닌, 갖지 못한 것에 시선을 고정하는 습관은 우리를 고통스러운 감정으로 몰아붙인다. 가지지 못한 것을 바라보는 시선

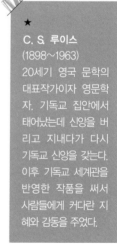

★
C. S. 루이스
(1898~1963)
20세기 영국 문학의 대표작가이자 영문학자. 기독교 집안에서 태어났는데 신앙을 버리고 지내다가 다시 기독교 신앙을 갖는다. 이후 기독교 세계관을 반영한 작품을 써서 사람들에게 커다란 지혜와 감동을 주었다.

은 어두운 감정의 엔진에 불이 활활 타오르도록 연료를 공급하는 것과 같다.

앞에서 예영이는 환경이 좋은 친구들을 보면서 속이 타들어가는 걸 느꼈다. 외국에서 태어나거나 해외여행 경험이 많은 친구들, 부모님의 지원으로 다양한 혜택을 누리는 친구들이야말로 넓은 세상을 마음껏 호령하는 용이라고 생각될 것이다. 그렇지만 과연 예영이가 관찰한 것이 전부일까? 예영이는 공부를 계속해나가는 것을 중요하게 생각하고 부모님의 뒷받침을 핵심으로 생각한다. 지금 예영이가 시기심으로 고통스러운 것도 다른 친구들이 예영이 자신이 생각하는 '핵심적인' 영역에서 우월하다고 믿기 때문이다. 만일 예영이가 이것을 중요하게 생각하지 않는다면 전혀 문제가 될 리 없다.

예를 들어 예영이가 외모를 자신의 핵심적인 영역으로 생각한다면 어떨까? 자기보다 더 예쁜 친구를 보면서 시기심을 느낄 것이다. 혹은 친구들 사이에 인기가 좋은 것을 핵심으로 생각한다면 넉살 좋고 친화력이 있는 애들을 보면서 시기심을 느끼게 될 것이다. 무엇이 자신에게 가장 중요한 영역인지 결정하는 것은 바로 자신이다. 외모가 중요하다, 혹은 타고난 환경이 중요하다 하는 것은 얼마든지 달라질 수 있다. 지금 예영이를 힘들게 하는 것은 아무리 해도 바꿀 수 없는 '출생'이다. 하지만 그것이 정말 예영이를 결정하는 요소일까? 아니다. 예영이가 괴로운 것은 자신을 둘러싸고 있는 상황을 바라보는 예영이 자신의 '시각'이지, 출생 그 자체는 아닌 것이다.

텔레비전 드라마에서는 어느 날 갑자기 출생의 비밀이 드러나거나 엄청난 환경의 변화가 일어난다. 하지만 일상에서는 이런 변화가 무척 드물다. 바꿀 수 없는 출생 환경을 탓하고 부모님이나 신을 원망하면서 보내기엔 시간이 너무 아깝지 않은가? 나는 나 자체로 이미 소중한 존재이지만, 스스로를 바라보는 시각이 달라져야 이런 나의 가치를 알아볼 수 있다. 나의 신분을 바꾸는 것은 출생이 아닌 이를 바라보는 시각이고, 그로 인해 생각과 행동이 변화되어 나의 미래도 달라지는 것이다.

 나를 알아가는 질문

1. 내가 생각하는 핵심적인 영역은 무엇인가?

2. 나는 어떤 면을 남들과 비교하고 시기심이나 열등감을 느끼는가? 그런 감정을 어떻게 다스리고 조절할 것인가?

공부는 왜 하나?
● 잘하는 것과 열심히 하는 것의 차이 ●

●●● 준하는 공부 빼고는 뭐든 자신 있다. 게임도 잘하고 운동도 남들에게 지지 않는다. 친구들과도 잘 어울리고 유머감각도 풍부하다. 하지만 아무리 재능이 많다 한들 부모님께는 그 모든 것이 야단칠 이유일 뿐이다. "그렇게 게임을 하니 공부를 잘 할리 없지, 체력 좋다고 운동만 하냐, 공부도 좀 해라! 친구들한테 인기 있어 연예인 될 거야? 남들 웃길 궁리하는 시간에 차라리 공부를 해라" 등등.

부모님은 준하의 재능을 비난한다. 대체 공부 빼면 다 잘하는 준하를 부모님은 왜 이렇게 못마땅해 하는 걸까? 준하의 재능이 정말 쓸데없고 공부에 방해되는 장애물일 뿐이란 말인가? 준하는 가슴이 답답하고 세상만사가 귀찮아졌다. 학생이니 공부를 하는 건 당연하지만, 다 같이 공부를 하다보면 일등도 있고 꼴찌도 생기는 건 어쩔 수 없는 일 아닌가? 누구나 다 일등을 하면 바닥은 누가 채운단 말인가.

준하는 학생이라는 직업을 어서 빨리 그만두고 싶지만 이제 겨우 중3일 뿐이다. 고등학교 3년에 대학 4년까지 더하면 7년이나 더 남았다. 혹시 재수나 삼수라도 하면 10년 가까이 공부를 해야 할지도 모른다. 돈도 못 버는 이 직업에 부모님은 왜 이렇게 연연하는지 이해할 수가 없다. 도대체 공부를 왜 하는 것일까?

여러분 중에서도 준하처럼 공부를 왜 해야 하는지 궁금해 하는 사람이 있을 것이다. 의무교육은 사회 구성원으로서 기본적인 능력과 소양을 갖추기 위해 반드시 필요하다. 그런데 중학교까지의 의무교육을 받고 나서도 고등교육까지 받고 게다가 그 공부를 잘하기까지 해야 하는 이유는 무엇일까? 이 문제의 답을 얻기 위해서는 '배움' 혹은 '지식'에 대한 철학적 의미를 한번 살펴볼 필요가 있다.

배움과 지식에 관해 명언을 남긴 철학자가 있다. 바로 프랜시스 베이컨(Francis Bacon)이다. 그는 '아는 것이 힘'이라는 명언을 남겼다. 베이컨은 영국의 경험주의(經驗主義, empiricism)* 철학자의 대표적인 인물이다. 그는 자연현상을 관찰하고 사색하여 지식을 얻는 귀납법(歸納法, inductive method)**적인 방법을 중시했다. 귀납법이란 사건의 인과관계를 따져보고 미래를 예측하는 것이다. 그는 만약에 어떤 연쇄적인 상황이 과거에 항상 일어났다면 미래에도 비슷한 일이 일어날 것이라고 주장하며 이러한 논리를 폈다.

베이컨이 어떤 사람인지 조금 더 알아보자. 그는 명문인 케임브리지 대학을 다녔고 하원의원, 검찰총장에 대법관까지 지낸 인물이다. 그

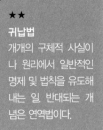

★
경험주의
이성적인 것이 인식에 있어서 가장 중요하다고 보는 이성주의(理性主義)와는 반대되는 입장에 서는 철학사조. 권위나 직관 또는 상상적 억측 따위를 신념의 근원으로 하는 것을 반대하고 모든 인식은 감각적 경험에 있다고 본다.

★★
귀납법
개개의 구체적 사실이나 원리에서 일반적인 명제 및 법칙을 유도해내는 일 반대되는 개념은 연역법이다.

러니까 학문, 정치, 법률에서 모두 탁월한 것이다. 그런데 그가
그만 뇌물사건에 휘말려 공직에서 물러나고 명예와 지위를 잃고
말았다. 그런데도 학구열은 남달랐던 그는 연구와 저술활동을
포기하지 않고 지속했다.

베이컨은 '아는 것이 힘'이란 말 말고도 또 다른 특별한 주장
을 했다. 그것은 바로 '철학은 인간의 행복을 위해서만 사용되어
야 한다'는 것이다. 요컨대 베이컨은 경험과 관찰, 귀납법을 통해
얻은 지식을 힘으로 생각했고, 철학적 지식이란 인간을 행복하
게 위한 것이라고 믿었다.

이쯤에서 우리는 다시 원래의 주제로 돌아가, 왜 공부를 열심
히 해야 하고 잘해야 하는지에 대해서 생각해 보자. 모든 일이 마
찬가지이겠지만 특히 공부는 집중력과 끈기가 필요하다. 열심히
해야만 정확하게 이해하고 제대로 정리해서 오래 기억할 수 있
다. 제대로 공부해야 '힘'을 얻을 수 있는 것이다. 가령 과학 시
간에 수증기가 생기고 김이 서리는 원리를 배웠다고 하자. 그것
을 잘 이해해서 나의 지식으로 갖고 있으면 나중에 필요할 때 그
것을 활용할 수 있다.

예를 들어 운전을 하다가 유리창에 습기가 끼어 앞이 잘 안 보
이는데, 자동차의 김 서림 제거 기능은 고장이 났다고 생각해 보
자. 김이 서리는 원리를 아는 사람은 습기를 제거하기 위해서 여
러 가지 시도를 할 수 있다. 창문을 열어 환기하거나 바깥 공기와

차 안의 공기 온도를 맞춰보려고 하고 창문 쪽으로 에어컨을 틀 수 있다. 마트를 발견하면 물비누나 샴푸를 사서 창문 안쪽에 발라 코팅제로 사용할 수도 있을 것이다. 사소한 지식 하나도 이렇게 우리 생활에 도움을 준다. 깊고 결정적인 지식이라면 인생에서 크고 엄청난 힘을 발휘하게 될 것이다.

지금까지 살아오면서 나의 삶에 힘을 주는 지식이 있었는지, 그것이 없었을 때 내가 어떤 손해나 피해를 입었는지 생각해 보자. 공부에 치인 청소년기에는 감이 잘 오지 않을 수도 있다. 하지만 살아가다 보면 쓸데없는 암기과목이라고만 여겼던 사회 과목에서 중요한 정보를 얻고, 어렵고 지루한 수학에서 인생의 해법을 찾는 순간이 오기도 한다. 지도도 읽고 계산도 하고 확률도 따져보면서 문제를 해결하는 능력이 형성되는 것이다. 이런 지식을 나와 타인의 행복을 위해 사용한다면 공부가 현실과 동떨어진 뜬구름 잡는 이야기가 아니라는 것을 깨닫게 될 것이다.

물론 열심히 해도 공부를 잘하지 못할 수도 있다. 이해하고 외웠어도 문제의 함정에 빠지고 컨디션이 좋지 않아 시험을 망칠 수도 있다. 하지만 학생이라는 신분을 족쇄가 아닌 특권으로 받아들이고 게으름의 유혹을 이겨가며 지식을 추구하면 그것은 분명 힘이 될 것이다. 그 지식과 힘으로 나는 물론이고 다른 사람의 행복에도 기여할 수 있다.

신경정신과에는 치료를 받으려는 이들의 상태를 점검해 보는 설문지가 있다. 이 가운데 '문장 완성 검사'라는 것이 있다. 앞 문장만 주어지고 뒤의 문장은 작성자가 직접 쓰는 검사이다. 일종의 주관식 검사라고 생각하면 된다. 여기에서 주어지는 질문들 가운데에는, "다시 젊어지거나 어려진다면 무엇을 하고 싶은가?" 하는 것이 있다. 그리고 꽤 많은 사람이 어린 시절로 돌아간다면 공부를 열심히 하겠다고 답한다.

그들은 왜 이렇게 대답을 했을까? 아마도 자신이 지나온 길을 더듬어 보면서 '다르게 살았더라면 어떠했을까'라고 생각했을 것이다. 현재가 힘들고 지치는 이들은 최선을 다하지 못했던 과거를 크게 후회하기 마련이다. 그 후회의 핵심에 공부에 대한 태도가 있는 것이다.

무조건 공부를 잘해야 한다는 말이 아니다. 다만 여러분이 공부에 대한 태도로 후회하는 일이 없고, 힘차고 행복한 인생을 살아가길 바랄 따름이다. 이 글을 읽는 여러분은 공부를 잘하겠다는 결심보다는 열심히 하겠다는 결심을 했으면 좋겠다. 공부를 잘하겠다는 다짐과 공부를 열심히 하겠다는 다짐에는 많은 차이가 있다. 《공부는 내 인생에 대한 예의다》라는 책이 있는데 이 책의 이형진은 "공부는 단순히 책을 파고드는 것이 아닌 세상과 교류하고 소통하는 과정이다"라고 말했다. 공부하기 싫다는 생각에 사로잡혀 아무것도 듣지도 보지도 말하지도 못하고 있는 건 아닌지 스스로를 돌아보자.

끝으로 공부에 집중하지 못하고 다른 사람이나 사회제도만 비판하는 사람에 대해 이야기하려 한다. 그들은 그것이 꼭 필요한 비판인지, 아니면 현실을 외면하고 회피하기 위해 그저 비판을 위한 비판을 하는 것인지 돌아볼 필요가 있다. 비판을 통해 더 나은 세상을 만들려면 대안적 노력이 동반되어야 한다. 여러분이 옳다고 생각하는 바를 건강하고 성숙한 방법으로 이야기할 수 있기를 바란다. 여러분 모두가 이 땅을 조금이라도 더 살 만한 곳으로 변화시킬 수 있는 존재로 성장하길 기대해 본다.

 나를 알아가는 질문

1. 나는 공부를 좋아하는 편인가? 싫어한다면 이유가 무엇인가? 평소 공부에 대해 어떻게 생각하는지 기술해 보자.

2. 이 글을 읽고 공부에 대한 생각이 달라졌는가? 그렇다면 앞으로는 어떤 자세로 공부에 임할 것인가?

내 성격이 마음에 들지 않는다면?
● 성격검사 결과와 내가 생각하고 바라는 나 ●

●●● 중혁이는 성격검사 결과를 받고 충격과 실망에 빠졌다. 중혁이

반에서 중혁이와 똑같은 성격 유형에 해당하는 사람은 한 명도

없었다. 독특한 유형이라는 생각에 처음에는 으쓱했다. 하지만

성격 유형에 관한 설명을 읽자 중혁이는 창피해서 어딘가 숨고

싶어졌다. '임금님 뒤편의 권력형'이라니. 내시도 아니고, 실권

자에게 빌붙어 권력을 누리려는 존재란 말인가?

그러고 보면 중혁이는 늘 2인자였다. 임원선거를 해도 만년 부

회장이었다. 담임선생님께 칭찬이나 신뢰를 받아도 부회장은

부회장이다. 그런데도 지고는 못 사는 성격 때문에 권력형 같기

도 하다. 중혁이는 속마음이 들킨 듯 창피했고 자신이 못나고 야비하게 느껴졌다. 잔 다르크처럼 세상을 바꾸는 이상가는 아니라도, '지도자형'이나 '세상의 소금형'이면 얼마나 좋을까? 마음 같아서는 결과지를 쫙쫙 찢어서 휴지통에 버리고 싶었다.

선생님께서 집으로 가져가 부모님께 보여드리고 확인 서명까지 받아오라고 하시니, 어쩔 수 없이 접어 가방에 넣긴 했지만 말이다.

여러분은 스스로를 어떻게 평가하는가? 심리검사나 적성검사에서 원하는 결과가 나오지 않아서 실망한 적이 있는가? 중혁이는 주인공이 되지 못하고 들러리에 머무는 자신에게 화가 났다. 선거에 나가도 회장은 못 되고 늘 부회장에 머무는데 '임금님 뒤편의 권력형'이라는 유형으로 분류됐으니 얼마나 실망스럽겠는가. 선거 때마다 "봉사하겠다!"고 외쳤지만 사실은 권력을 추구하는 속마음을 들킨 것 같기도 했다.

흔히 "세상의 중심은 나"라고 한다. 하지만 세상에 대한 나의 지배력은 미약하기 그지없고 나보다 잘난 인간들이 한둘이 아니다. 그럴 때일수록 내가 어떤 존재인지 확인하고 주변과 나의 관계를 정리하는 작업이 필요하다.

중혁이는 자신이 들러리 혹은 2인자같이 느껴진 점과 권력을 지향하는 인물임이 드러난 것 같아 부끄러워졌다. 그런데 '임금님 뒤편의' 존재가 중혁이가 생각하는 것처럼 그렇게 나쁘기만 한 것일까? 들러리나 2인자는 주인공보다 상대적으로 주목받지 못하고, 능력도 부족한 존재로 인식되기 쉽다. 하지만 역사를 조금만 들여다보면 2인자가 결정적인 역할을 해낸 사례가 무수히 많다.

《성경》에는 사울왕의 아들인 왕자 요나단이 등장한다. 그는 자신의 왕위계승보다 친구 다윗의 생명과 그와의 우정을 더 중요하게 여겼다. 다윗은 요나단의 도움으로 사울왕을 피하여 결국엔 왕이 될 수 있었다.

다음으로 중혁이를 불편하게 만든, '권력형'이라는 말의 의미를 다시 생각해 보자. 만일 권위주의자라든가, 권력지향형이라면 중혁이가 권력을 탐하거나 행사하는 인물이라고 할 수 있다. 그러나 권력형 인물이라는 표현은 권위를 인정하고 그 안에서 자신의 역할을 잘 수행하는 사람이라는 뜻이다. 임금님 뒤편의 권력형을 설명하는 문장을 살펴보면 '성실하고 온화하며 협조를 잘하는 사람, 희생정신이 강하며 천천히 일하는 것처럼 보여도 확실하게 헌신하는 사람'이라고 적혀 있다.

무엇보다도 중요한 것은 세상의 수많은 사람을 16개의 유형으로 단순화해서 설명할 수 없다는 점이다. 그러니 검사로 나타난 성격 유형을 그 사람들의 성격이라 단정 짓는 것은 어리석은 짓이다. 단지 이런 성향이 강하니 이런 범주에 가깝다는 분석 정도로 이해하는 것이 좋다. 그리고 그중에 장점으로 인식되는 것은 더욱 계발하고 부족한 점은 고쳐 보완하면 된다.

누군가가 나를 어떤 사람이라고 규정할 때, 그리고 그 규정으로 내 마음이 흔들릴 때, 소크라테스의 명언 "너 자신을 알라"는 말을 떠올려 보라. 이 말은 본래 자신의 무지를 깨닫고 지혜를 추구하라는 뜻으로 사용됐다. 하지만 이 말은 정체성에 대한 질문이기도 하다. 소크라테스(Socrates)*에 의하면 정체성, 곧 자아인식이란 스스로의 욕구와 능력, 그리고 당위를 제대로 가늠하고 한계 내에서 이를 실천하는 것이다.

실천 방법은 다음과 같다. 내가 원하는 것(욕구)이 어떤 것이고 나의 능력은 어디까지이며 내가 마땅히 해야 할 바(당위)는 무엇인지를 깨닫는다. 그리고 적정한 범위 안에서 이를 행동으로 옮긴다. '나는 이런 유형이라서 이렇게 사는가봐' 하고 수동적으로 생각할 것인가? 아니면 이를 계기로 내 삶의 목표를 찾고 능력을 키워가며 매 순간을 성실하게 살아갈 것인가?

중혁이가 받은 검사는 MBTI(Myers-Briggs Type Indicator)라고 불리는 성격검사의 일종이다. 위키피디아(Wikipedia)에 의하면 이 검사는 포춘 100대 기업 가운데 89개 회사에서 사용되고 있을 만큼 널리 사용된다. 이 검사는 칼 융(Carl Gustav Jung)**의 이론을 바탕으로 제작됐다. 융은 프로이트로부터 분리되어 나온 뒤 자신의 독자적인 영역을 구축한 심리학자이다. 사람의

★
소크라테스
(BC 470~BC 399)
기원전 5세기경 활동한 고대 그리스의 대표적인 철학자. 그는 다양한 사람들과 토론하는 것을 즐겼는데 일반적인 교사들이 제자들이 던진 질문에 답을 주고자 했던 것과는 달리 거꾸로 질문을 던지며 깨달음을 유도했다.

★★
칼 융
(1875~1961)
스위스의 정신의학자, 심리학자. 프로이트의 심리학에 영향을 받았지만 프로이트에 반대하고 아들러(A. Adler)의 사상을 받아들였다. 성격에는 내향형과 외향형이 있다고 주장했다. 그는 인간 심리에는 단순히 개인적인 것뿐만 아니라, 집단생활에 의해 형성된 '집단무의식'이 있다는 사실을 밝혀냈다.

성격 유형을 네 가지 척도로 구별한 것으로 유명하다. 그 네 가지 유형은 '이 사람이 외향적인가 내향적인가, 감각적인가 직관적인가, 사고 중심인가 감정 중심인가, 판단위주인가 인식위주인가' 하는 것이다.

MBTI는 2차 세계대전 무렵부터 사용되어 온 엄연한 정식 심리검사임에도, 심리 전문가들로부터 "과연 믿을 만한가?" 하는 질문을 수없이 받고 있다. 한마디로 이 검사의 결과가 '진리'는 아닌 것이다. 이것은 수많은 심리검사가 가진 한계이기도 하다.

심리검사는 마음 상태를 측정하는 도구이다. 우리 마음은 눈에 보이는 대상이 아니기 때문에 측정하기 어렵다. 마음을 측정하다니, 좀 이상하게 들릴지도 모른다. 하지만 많은 사람이 자기 마음의 상태를 알고 싶어 하고 호기심과 기대를 안고 검사에 임한다.

검사 결과가 긍정적으로 작용하면 자신을 더 잘 알게 되는 계기가 된다. 예를 들어 적성검사를 받고 난 뒤 자신에게 예술적 성향이 강하고 그런 쪽에 재능도 많다는 걸 알게 되어 이를 계발할 수 있다. 또 기분이 우울해서 힘들어하던 사람이 우울 척도 검사 결과 치료가 필요한 상태라는 것을 확인해서 전문가의 도움을 받을 수 있다.

앞에서 열거한 예만 보면 검사가 자기 역할을 충분히 잘해냈다고 볼 수 있다. 그렇지만 검사로 이 사람의 상태를 100% 설명할 수는 없다. 우울 척도 점수가 높이 나온 사람에게 결과를 설명해주면서 이유를 물었다고 가정하자. "반려견이 지난주에 세상을 떠났어요" 하는 답변을 듣는다면 어떻게 할 것인가? 이 경우 특별한 이유 없이 높은 우울 점수가 나온 사람과는 다르게 접근해야 한다.

심리검사의 역할은 우리가 어떤 성향의 사람인지 알게끔 도와주는 데에 머물러야 한다. 내가 어떤 사람인지, 어떻게 변화하고 성숙할 가능성이 있는지, 내 꿈과 상처가 무엇인지 전부 읊어줄 수 있는 검사는 존재하지 않는다. 결과에 일희일비할 이유 역시 없다. 나는 나로서 가치가 있는 것이고, 그것은 다른 사람이나 검사가 모두 알려줄 수 없는 신비롭고 소중한 의미를 갖는다.

 나를 알아가는 질문

1. 자신의 성격에 대해서 특별히 불만을 가져본 적이 있는가? 있다면 이유가 무엇인가?

2. 자신의 성격이나 성향의 긍정적인 측면은 무엇일까? 생각해 보자.

이것은 나이고 저것은 내가 아니다?

● 나를 둘러싼 평가들에 대한 나의 판단과 반응 ●

●●● 윤서는 매일 칭찬과 비난을 한몸에 받는다. 선생님께 칭찬을 받

는 이유는 다양하다. 그림을 잘 그려서, 숙제를 잘해 와서, 공부

를 열심히 해서, 친구들을 도와줘서, 봉사를 꾸준히 해서, 글을

잘 써서 등등이다.

하지만 친구들에게는 자주 비난을 받는다. 비난의 이유는 하나

로 정해져 있다. 바로 선생님께 칭찬을 받기 때문이다. 선생님

들의 칭찬이 더해갈수록, 윤서는 밉살스럽고 보기 싫은 아이로

취급받았다. 더욱 겸손한 태도로 친구들에게 다가가고, 더 많은

친구를 도와주고, 심지어는 일부러 망가져보기도 했지만 친구

들의 냉랭한 태도와 비난은 점점 더 거세졌다. 윤서라는 사람은 하나인데 어떻게 이렇게 다르게 인식되는 걸까? 이런 반대되는 평가와 대접을 윤서는 어떻게 받아들여야 할까?

누구나 비난을 받으면 움츠러들거나 화가 나고 칭찬을 받으면 으쓱해지거나 신이 나기 마련이다. 더군다나 선생님은 교실의 권력자라서 선생님께 인정받고 칭찬을 듣는 것은 뿌듯해 할 일이다. 하지만 칭찬의 기쁨은 잠시이고 곧이어 비난과 따돌림

이 이어진다면 어떨까? 그것도 교실의 절대다수인 친구들에게 말이다.

'나'라는 사람에 대한 평가와 반응이 극단적으로 달라질 때, 무슨 생각을 하고 어떤 태도를 취해야 하는지는 상당히 고민되는 문제이다. 친구들의 미움을 받지 않으려고 칭찬받을 만한 모든 활동을 중단하고 대신 혼날 행동만 골라 해야 할까? 아니면 선생님께 찾아가 친구들이 나를 미워하니 이제 칭찬하지 말아 달라고 부탁을 해야 할까? 그것도 아니라면 친구들에게 자신도 냉랭하게 대하거나, 일일이 따지며 시시비비를 가려야 할까? 어느 쪽도 쉬워 보이지 않을 뿐더러 효과가 확실하다고 장담할 수 없다.

교실 안에서의 상황이 아니라도 이런 문제는 생길 수 있다. 가령 집에서는 천덕꾸러기인 아이가 학교에서는 모범생 대접을 받기도 한다. 부모님의 기대 수준이 높고 다른 형제들이 탁월하게 우수하다면 집에서는 작은 실수에도 비난을 면치 못한다. 하지만 학교에 가서는 착실하고 기특한 학생으로 인정받을 수 있다. 반대로 집에서는 귀염둥이로 사랑을 독차지하는데 학교만 가면 문제아 취급을 받는 경우도 있다. 부모님이 관대하게 넘어가주는 문제를 학교 선생님이나 친구들은 기막혀 하면서 화를 낸다.

그렇다면 칭찬받는 나와 비난받는 나 중에 대체 누가 진정한 나일까? 결론부터 말하자면, 여러분도 예상하듯 이 둘 다가 모두

나이다. 특정한 면모가 부각되고 상대방의 가치 기준이 달라서 다르게 인식되는 것뿐이지 이 모든 평가가 합해져서 나를 이루는 것이다.

그렇다면 나에 대한 비난과 칭찬 속에서 균형 잡힌 자아인식을 갖추기 위해 무엇을 해야 할까? 이런 과제를 해결하기 위해서는, 자아가 무엇인지에 대한 철학적 이해가 도움을 줄 수 있다. 자아에 대한 대표적인 철학적 견해로는 '진주관점'과 '묶음이론'이 있다. '진주관점'은 자아를 구성하는 핵심이 있다는 견해로, 변하지 않는 나의 성질이 있다는 관점이다. 반면에 '묶음이론'은 자아는 변화하는 것이며 그것을 구성하는 여러 요소들의 묶음에 가깝다는 관점이다. 최근에 관심을 모았던 《에고 트릭》*이란 책에서 영국 철학자인 줄리언 바지니(Julian Baggini)**는 진주관점의 허점을 지적했다. 그는 묶음이론을 지지하는 입장을 보였고 이러한 견해는 여러 사람의 공감을 얻었다. '이것은 나이고 저것은 내가 아니다'라며 고유한 나를 주장하기보다 변하는 과정 가운데 진정한 자아가 나타난다고 생각하는 것이 어찌 보면 타당한 듯하

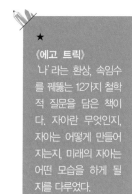

★
《에고 트릭》
'나'라는 환상, 속임수를 꿰뚫는 12가지 철학적 질문을 담은 책이다. 자아란 무엇인지, 자아는 어떻게 만들어지는지, 미래의 자아는 어떤 모습을 하게 될지를 다루었다.

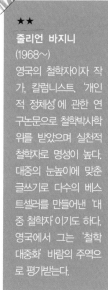

★★
줄리언 바지니
(1968~)
영국의 철학자이자 작가, 칼럼니스트. 개인적 정체성에 관한 연구논문으로 철학박사학위를 받았으며 실천적 철학자로 명성이 높다. 대중의 눈높이에 맞춘 글쓰기로 다수의 베스트셀러를 만들어낸 대중 철학자이기도 하다. 영국에서 그는 '철학 대중화' 바람의 주역으로 평가받는다.

다. 그런 입장이라면, 나는 더욱 적극적으로 내가 원하는 나의 모습을 만들어갈 수 있을 것이다.

사람은 겉으로 보기에는 달라지지 않는 것 같으면서도 끊임없이 달라진다. 이것은 불특정 다수로 구성된 '사람들'에만 해당되는 이야기가 아니다. 제일 가까운 사람인 나부터 생각해 보자. 자아를 관찰하기 어렵다면 눈에 보이는 나를 보자. 매일 세수하고 들여다보는 거울 속의 내 모습은 큰 변화 없이 날마다 비슷해 보인다. 그러나 일 년 전의 나와, 3년 후의 나는 똑같지 않을 것이다. 머리를 짧게 자를 때도 있고, 유난히 피곤한 날에는 안색이 어두울 수도 있고, 볼에 여드름이 생기거나, 이마가 찌푸려지기도 한다. 내 모습은 분명히 달라진다. 그런데도 나라는 사람은 달라지지 않았다.

왜냐하면 외모의 변화와 상관없이 유지되는 내가 있기 때문이다. 심지어 할머니 할아버지가 되어서 어린 시절의 얼굴이 사라졌다고 해도 나는 아기 때부터 노인이 될 때까지 동일한 나이다. 눈에 보이는 나는 이렇게 매일 달라지는 동시에 매일 같은 사람이기도 하다. 그러면 눈에 보이지 않는 나는 어떨까? 일 년 전의 나를 돌아보면 스스로 생각하기에도 철없는 아이 같았다. 그런데 일 년 사이 나의 마음은 부쩍 자랐다. 3년 후의 나는 또 어떤 것을 알게 되고, 어떤 것을 잃게 될까? 눈에 보이지 않는 나도 매일 달라지는 동시에 한결같다.

나를 칭찬하는 소리를 들으면 거울 속의 내가 싱긋 웃는다. 누가 나를 욕하고 비난한다면 거울 속 얼굴이 일그러진다. 그런데 우리가 살아가는 동안 듣는 평가는 실제 내가 어떤 사람인지 정확하게 분석한 결과가 아니다. 그건 남이 자신들의 생각 속에서 자기 뜻대로 평가해서 말한 것이다. 그들이 나를 향해서 좋은 이야기를 한들 실제 나는 달라지지도 크게 영향을 받지도 않는다.

마찬가지로 나를 향해 나쁜 이야기를 한다고 내가 나빠질 리도 없다. 칭찬을 들으면 기쁘고 욕을 들으면 슬프다. 그렇지만 그건 내가 그 말을 칭찬으로 듣기로 결심하고 그에 대해 반응한 결과이다. 욕도 마찬가지이다. 슬픈 것은 욕을 받아들이고 그로 인해 불쾌함으로 반응한 결과이다. 그러니 그들이 나를 바꾼 게 아니라 결국엔 내가 나를 바꾼 것이다.

윤서처럼 비난에 지친 사람에게 해주고 싶은 말이 있다.

"그 친구들이 보는 시각으로 자신을 보지 마세요."

친구들이 말하는 윤서는 진짜 윤서가 아니다. 선생님들이 보고 계시는 윤서도 마찬가지이다. 그러니 나를 잘 알지 못하는 사람들이 나를 마음대로 휘두르도록 내버려 두지 말라. 이를 위해서는 결심이 필요하다. 남의 말에 쉽게 흔들리지 않는 내가 되겠다고 말이다. 이 결심은 쉽지 않지만 그 열매는 가치가 있다. 왜냐하면 다른 누구도 아닌 나의 결심으로 맺어진 나의 가치가 담긴 결실이기 때문이다.

나를 알아가는 질문

1. 윤서의 친구들처럼 다른 사람을 내 기준에서 비난한 적은 없는가?
   누군가를 평가할 때 어떤 생각과 기준이 필요한지 고민해 보자.

2. 수많은 사람이 당신을 비난하는 상황에 처한다면 어떻게 대처할
   것인가?

게으름은 왜 달콤할까?
● 하고 싶은 일과 해야 할 일 ●

●●● 채영이는 모레 시험이 있는데 지금 영화에 푹 빠졌다. 영화 속의 장면들은 너무나 멋져 눈을 뗄 수가 없다. 쿵푸를 하며 날아다니는 주인공처럼 자신도 수련만 하면 나무라도 뽑을 만큼 강력한 장풍을 쏠 것 같다. 3층 높이에서 뛰어내려도 가뿐하게 살 수 있을 것 같기도 하다. 주인공이 쫓기는 장면에서 채영이는 숨을 죽였다. 조마조마하게 바라보는 순간, 갑자기 방문이 벌컥 열렸다.

"너 정말 정신이 있는 거니, 없는 거니? 시험이 코앞인데 어떻게 영화를 볼 생각을 하니? 아까도 그랬잖아. 어떻게 혼나고 십분도 안 지났는데 또 이럴 수가 있니? 자꾸 이렇게 엄마 뒤통수칠 거니? 너 정말 내 딸 맞니?"

엄마가 있는 힘껏 소리를 질렀다. 들켜서 놀라기도 했지만 방금 전에 혼나고도 다시 영화를 보고 있는 자신이 스스로 생각해도 어이가 없었다.

엄마가 한바탕 화를 내고 나가버린 다음, 채영이는 생각했다. 대체 난 왜 이럴까? 왜 정직하고 성실해지려는 결심은 번번이 실패하고 마는 걸까? 나는 정말 거짓말쟁이에다 게으름뱅이인 걸까? 마음 한편에서는 목표를 향해 노력하려는 마음이 있다.

하지만 다른 한편에서는 눈속임을 해서라도 지금 내가 하고 싶은 일을 하려는 욕심이 자라고 있다. 대체 나는 누구인가? 어느 쪽이 진정한 내 모습일까? 만일 둘 다 나라고 하면 앞으로 이 두 개의 내가 어떻게 합쳐지는 것일까?

시험을 코앞에 둔 채영이는 공부를 해야 한다는 걸 잘 알고 있다. 하지만 시험 기간만 되면 텔레비전이 더 재미있어지고 제목만 들어본 영화가 갑자기 못 견디게 보고 싶어진다. 방은 왜 그리 지저분해 보이는지, 정리와 청소를 하지 않으면 공부가 손에 잡히지 않는다. 이뿐만이 아니다. 잊었던 친구에게 전화도 하고 싶고, 먼저 낮잠부터 푹 자야 밤늦게까지 공부할 수 있을 것 같다.

왜 시험 때마다 이런 일이 일어나는 걸까? 그건 중요한 일로 부담이나 의욕이 커지면 오히려 그 일을 회피하려는 경향이 있기 때문이다. 마음으로는 정말 잘해내고 싶지만 행동은 오히려 안 되는 쪽을 선택하는 것이다. 그래서 게으름을 극복하고 절제하는 법을 배워야 한다.

철학자 버트런드 러셀(Bertrand Russell)*이 쓴 많은 저서 중에 《게으름에 대한 찬양》이라는 책이 있다. 이 책에서 버트런드 러셀은 게으름 자체

★
**버트런드 러셀
(1872~1970)**
영국의 논리학자, 철학자, 수학자, 사회사상가. 논리학자로서 19세기 전반에 비롯된 기호논리학의 전사(前史)를 집대성했다. 철학자로서 오랫동안 활동하면서 실재론, 경험론, 논리실증주의, 마르크스주의 등을 연구했다. 여러 가지 사회운동을 한 것으로 높은 평가를 받으며 1950년 노벨문학상을 수상했다.

를 이상화한 것이 아니다. 미친 듯이 일하며 건강과 젊음을 희생하고 우정과 사랑을 생각할 겨를 없이 사는 현대인을 비판하며 게으름도 필요하다는 주장을 펴기 위해서 이 책을 쓴 것이다. 그는 일 중독자가 되어 건강, 젊음, 친구, 사랑을 잃어버리는 우를 범하지 말라고 했다.

러셀은 공교육을 받지 않았지만 가정교사를 두고 어린 시절부터 엄청나게 많은 공부를 했다. 역사가, 수학자, 철학자, 사회비평가라는 다양한 직업만 봐도 그가 얼마나 열심히 학문에 매진했는지 짐작이 된다. 그런 러셀은 친구를 사귀지 못해 다른 사람과 말하는 것도 힘들어했고 사춘기 시절엔 특히나 더 고독했다고 한다. 몇 차례 자살 충동을 느낀 적도 있었단다. 그런데도 자살을 하지 않았던 이유는 수학을 더 알고 싶은 마음 때문이었니, 그의 학구열에는 경의를 표할만하다.

러셀같이 강렬한 학문적 호기심이 없고 무기력하게 게으르기만 한 사람은 어떻게 사는 게 좋을까? 채영이처럼 혼나면서도 틈틈이 눈속임으로 영화를 보고 공부는 뒷전에 미뤄 두는 게 나을까, 아니면 공부도 찔끔하고 영화도 찔끔 보면서 두 가지 다 대충은 해내야 할까? 교과서적인 정답이 무엇인지는 아마 다들 잘 알고 있을 것이다. 시험 기간에는 시험에 전념하고 평상시라면 공부와 오락에 균형을 잡는 것이 답이 될 수 있다. 그런데 우리가 이러한 답을 몰라서 실천을 못하는 것일까? 답은 알지만, 실천이 어려워 게으름이 문제가 되는 것이다. 이 게으름을 이기기 위해 우리에게 필요한 것은 바로 절제하는 힘이다.

누군가 절제에 대해 이렇게 말했다. 아무리 하고 싶은 일도 중단해야 할 때 멈출 수 있고, 아무리 하기 싫은 일도 해야 할 때 지속할 수 있는 능력이 절제라고 말이다. 그런 힘은 대체 어떻게 해야 생겨나는 것일까? 스토아학파의 철학자 에픽테토스의 이야기를 또 한 번 들어보자. 그는 절제를 하기 위해 쾌락과 거리를 두고 깨어 있는 지성을 갖추라고 했다. 또 욕망에 끌려다니지 않도록 연습을 하라고 말했다. 그러니까 오락의 매력에 지나치게 빠져들지 말고 배우기를 즐기며 유혹에 굴하지 않도록 훈련을 해야 하는 것이다.

에픽테토스의 말을 실천하려면 우리는 무엇을 할 수 있을까? 컴퓨터는 안방에 갖다 놓고 책은 펼쳐 바른 자세로 읽으며, 눈은 부릅뜨고 부지런히 손을 놀려 공부를 시작해 보는 건 어떨까? 이 말을 듣자니 갑자기 숨이 막히고 답답해지는가? 물론 실천하기 괴롭고 어려울 것이다. 하지만 이것이 하루에 머물지 않고 오늘과 내일, 그리고 앞으로의 습관이 되도록 부지런히 훈련해 본다면 달라질 수 있다. 습관이 되면 고통 없이도 자연스레 절제하는 삶을 누릴 수 있고, 그 와중에 충분한 행복과 보람을 느낄 수 있다.

빵을 식탁 위에 두고 랩을 씌워 놓으면 하루 이틀은 멀쩡한 것 같다. 하지만 시간이 지나면서 어디서 비롯되었는지 알 수 없는 곰팡이들이 빵에서 자라기 시작한다. 가만히 내버려 두면 곰팡이는 무럭무럭 자라나서 나중엔 이게 빵인지 곰팡이 덩이인지 알 수 없을 정도로 변해버린다. 게으름은 곰팡이와 닮은 점이 많다. 사람들은 누구나 일상에서 게으름의 달콤함이 곰팡이의 포자처럼 퍼져나가게 만드는 속성이 있다. 아니, 게으름 자체가 아주 강력하게 퍼져 나가는 습성을 가졌다고 하는 게 더 정확할 수도 있다. 이런 게으름을 가만히 두면 그것은 점점 더 무성하게 자라난다. 무슨 일을 해도 귀찮고 나중엔 아무것도 하기 싫은 상태가 된다.

곰팡이가 핀 걸 모르고 그 빵을 먹으면 배탈이 난다. 게으름의 곰팡이가 핀 사람 역시 겉모습만 달라지는 게 아니라 성품도 달라지고 주변이나 자신에게 문제를 일으키게 된다. 원래 좋아하고 즐기던 것들로부터 멀어지고 둔하고 무기력한 상태가 되다가, 결국에는 자기 자신도 마음에 들어 하지 않는 특성으로만 가득 차 버리게 된다.

다시 채영이의 이야기로 돌아가서 생각해 보자. 채영이는 정말, 누구도 못 말릴 정도로 영화를 좋아하는 것일까? 엄마가 화를 낸 뒤에 채영이는 '그래도 재미있는 영화를 봤으니까 좋아'라고 생각하며 만족하지 않았다. 오히려 채영이는 자기 자신도 정직과 성실을 원하지만 현실은 거짓말과 게으름으로 범벅이 되어 있다며 답답해했다. 결국 채영이도 영화를 보는 것이 취미가 아닌, 한심한 게으름이라는 것을 알고 있는 셈이다. 채영이의 영화감상은 공부를 해야 하는 답답함과 부담감으로부터 도피*하고 싶은 마음에서 비롯된 것이라고 볼 수 있다. 누군가는 이럴 때 잠으로 도피하고 또 다른 누군가는 갑자기 몸살을 앓거나 배탈을 일으킨다.

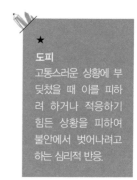

★
도피
고통스러운 상황에 부딪쳤을 때 이를 피하려 하거나 적응하기 힘든 상황을 피하여 불안에서 벗어나려고 하는 심리적 반응.

도피는 그 순간에는 꽤 그럴듯한 모습으로 다가온다. 채영이도 엄마에게 이렇게 둘러댈 수 있다.

"이 영화, 정말 보고 싶었거든요. 억지로 참으면 공부에 집중이 안 될 것 같아서 잠깐만 보고 공부하려고 했어요."

그렇지만 도피는 어디까지나 도피일 뿐, 도망쳤던 현실은 전혀 달라지지 않은 채 나를 기다린다. 어쩌면 도피하기 전보다 더 큰 무게를 가지고 내 앞에 떡 버텨 서게 된다. 도피의 쓴맛을 본 사람들은 다 알고 있는 사실이다.

그러면 어떻게 해야 할까? 핵심은 도피하고 싶은 나뿐 아니라 현실을 마주해야 하는 나도 동일한 나라는 사실을 깨닫는 것이다. 그래서 채영이의 마지막 고백은 의미가 있다. 이 두 모습의 내가 하나로 합쳐지되, 우격다짐이 아닌 그야말로 '현실적인 타협'을 하는 방법을 찾아야 한다. 물론 타협을 하는 것은 어렵다. 하지만 어렵다고 해서 방법이 없는 것은 아니다. 일단 타협이 가능하다는 것을 알면 도피가 이기도록 내버려 두지 않을 수 있다. 계속 도피하는 것도 실은 꽤 힘든 일이다. 그렇기 때문에 양쪽 모두 균형을 잡는 시도는 반드시 해봐야 한다. 당장 오늘부터 시도할 수 있다. 또다시 게으름의 유혹이 밀려오면 유혹이 다가오지 못하도록 해야 할 일부터 돌입하도록 하자.

 나를 알아가는 질문

1. 반드시 해야 할 일인데 하기 싫어서 미루고 있는 일이 있는가? 주로 어떤 일이 하기 싫은지 곰곰이 생각해 보고 왜 하기 싫은지 이유를 적어 보자.

2. 중요하고도 부담스러운 일을 감당해 내기 위해 내게 필요한 것은 무엇일까?

흔들리지 않는 자존감

● 자존감을 이루는 네 가지 토대 ●

●●● 고등학생인 진호와 인환이는 문자메시지를 주고받았다.

진호: 야, 니네 아버지 병원 망했다면서?

인환: 오랜만, 잘 지내?

진호: 꼴좋다. 병원장 아들이라고 거들먹거리더니.

인환: 내가 그랬나? 혹시 나한테 열등감 느꼈니?

진호: 웃기고 있네. 망할 놈!

인환: 너무 심하잖아. 아빠도 망했는데. 나한테도 그렇게 말하냐?

진호: 뭐라고? 너 말꼬리 잡을래?

인환: 아니, 지금 바빠서 말장난할 시간 없어. 공부해야 하거든. 안녕!

　 인환이를 놀리려던 진호 혼자 약이 오르고 대화는 끝이 났다. 인환이는 태연한 얼굴로 하던 공부를 계속함으로써 진정한 '멘탈 갑'임을 증명했다. 여러분은 비슷한 일을 겪어본 적이 있는가? 아버지 사업이 망한 것처럼 극단적인 상황까지는 아니라도 절망스러운 상황에 처해본 경험 말이다. 이런 상황에서 누군가는 쉽게 절망하는가 하면 또 다른 누군가는 인환이처럼 담담한 반응을 보이기도 한다. 인환이를 보면 알 수 있듯, 사람을 정말 힘들게 하는 것은 상황 그 자체가 아닌 그 상황에 대한 자신의 부

정적인 생각과 반응이라고 할 수 있다.

여기 이성 친구에게 이별을 통보받은 두 사람이 있다. 한 사람은 내가 어떤 면에서 못났나, 뭘 잘못 했나 하는 생각을 수십 번 돌려서 하다가, '그러는 너는 뭐가 그렇게 잘났냐?' 하면서 원망과 저주를 했다. 다른 사람도 역시 괴로웠다. 하지만 그 사람은 시간이 흐를수록 감정을 추슬러갔다. '그 친구가 그렇게 나온 데는 뭔가 이유가 있겠지, 인연이 되면 다시 만나겠지' 하면서 마음을 정리하고 일어섰다. 사귀던 사람에게 버림받아서 슬픔과 괴로움을 느끼는 첫 마음은 비슷하다. 하지만 시간이 흐르면서 한 사람은 부정적인 생각과 감정에 더 매몰되고 다른 한 사람은 마음을 가다듬고 자신의 삶으로 돌아갔다.

이런 경우는 또 어떨까? 시장 좌판에서 장사하는 홀어머니를 둔 고등학생이 있다. 친구와 함께 가다 우연히 초라한 행색의 엄마와 마주쳤다. 엄마에게 친구를 소개할 것인가, 아니면 모르는 척 엄마를 외면할 것인가? 같은 상황에서 전혀 다른 반응을 하는 것은, 어떤 생각을 하느냐에 따라 행동이 달라지기 때문이다. 우리가 가진 생각의 뿌리를 더듬어 들어가 보면 우리가 자신에 대해 어떤 생각을 하는지 알 수 있다. 스스로에 대한 다양한 생각 가운데 '자존감(自尊感, self-esteem)'*은 아주 중

★
자존감
자신을 존중하는 감정인 자존감은 객관적이고 중립적인 판단이라기보다 주관적인 느낌이다. 이 용어는 미국의 의사이자 철학자인 윌리엄 제임스가 1890년대에 처음 사용했다.

요한 부분을 차지한다. 여러분도 자존감이라는 말을 많이 들어 봤을 것이다. 자존감은 '자신이 사랑받을 만한 소중한 존재이고 어떤 성과를 이루어낼 능력 있는 인물이라고 믿는 마음'이라고 정의된다. 주변 환경이나 주위의 시선에 영향을 받기보다 자신을 소중하게 여기고 긍정하는 사람일수록 자존감이 높다. 자존감이 높은 사람은 시련이 닥쳐도 부끄러워하지 않고 남을 원망하지도 않는다.

인환이의 '멘탈 갑' 비결도 자존감이 높은데 있다. 자존감이 높다 보니 진호가 대놓고 자신을 놀릴 때 화내지 않고 부정적인 말을 곱씹지도 않는다. 자신의 신세 한탄을 하지 않을 뿐 아니라 사업에 실패한 아빠를 원망하는 마음을 품지도 않는다.

사람이 스트레스를 받는 원인은 무엇일까? 학생이라면 성적이고 어른이라면 건강, 혹은 돈 문제일 수 있다. 하지만 가장 큰 원인은 자신의 자존감에 나쁜 영향을 미치는 생각이라고 볼 수 있다. 성적이 떨어져서 스트레스를 받는 사람은 '공부 잘하는 나'라는 자존감의 토대가 있는 사람이다. 공부를 잘하든 말든 자존감과 아무런 상관이 없는 사람은 꼴찌를 해도 영향을 받지 않는다. 건강도 그렇다. 건강한 나로서의 자존감이 강한 사람이라면 건강을 잃을 때 타격이 무척 크다. '사회적 체면'을 중요하게 생각하는 사람이라면 아프더라도 체면을 유지하는 상황을 견디기가 훨씬 쉬울 것이다.

그렇다면 자존감의 토대에는 어떤 것이 있을까? 제일 첫 번째 토대는 혈통이다. 인도의 불가촉천민* 가정에서 태어난 아기와 왕실에서 모든 사람의 주목을 받으며 태어난 아기는 자라면서 자존감의 큰 차이를 보일 것이다. 더 이상 공식적 신분제가 존재하지 않는 우리나라에서도 혈통을 완전히 무시하기는 어렵다. 어떤 집안에서 태어나는가의 문제가 그 사람의 삶에 미치는 영향은 생각보다 크다.

두 번째 토대는 역할 수행이다. 한마디로 자기 일을 얼마나 잘해내는지 하는 것이다. 공부를 잘하면 자존감이 높은 경향이 있다. 물론 아무리 공부를 잘해도 자기보다 공부를 잘하는 사람을 바라보며 시기심을 느끼면 자존감은 떨어진다. 꼭 공부만이 아니라도 뭔가 잘해내는 것이 있으면 자존감이 올라간다. 노래를 잘 부른다거나 운동을 잘한다거나 하는 식으로 말이다.

어른들의 역할 수행은 자본주의(資本主義, capitalism)**사회의 특성상 얼마나 수입을 올리는지로 평가되기도 한다. 수입이 올라가면 덩

★
불가촉천민
카스트에 따른 인도인의 신분은 브라만(승려), 크샤트리아(귀족), 바이샤(상인), 수드라(노예) 등 4개로 구분된다. 불가촉천민은 최하층인 수드라에도 속하지 않는 사람들이다. 이들과 닿기만 해도 부정해진다고 해서 불가촉천민이라고 부른다.

★★
자본주의
이윤추구를 목적으로 하는 자본이 지배하는 경제체제. 18세기 중엽부터 영국과 프랑스 등을 중심으로 점차 발달하여 산업혁명에 의해서 확립되었으며, 19세기에 들어와 독일과 미국 등으로 파급되었다.

달아 자존감이 올라가는 경향이 있다. 그러나 돈만으로 역할 수행을 평가할 수는 없다. 예를 들어 엄마로서의 역할 수행을 잘하고 있다고 느끼는 엄마는 돈벌이와 상관없이 자존감이 올라갈 것이다.

세 번째 자존감의 토대는 타인의 사랑이다. 누구나 사랑을 받으면 '아, 나는 괜찮은 사람이로구나!' 하는 생각을 하게 된다. 인기가 많은 친구들이 자존감이 쑥쑥 올라가는 걸 보면 알 수 있다. 처음으로 어떤 사람에게서 사랑 고백을 받은 상황을 떠올려 보자. 자신을 보는 전혀 새로운 눈이 열리면서 자존감이 자라날 것이다.

마지막 토대는 영원한 의미이다. 종교를 가지면서 자존감이 올라가는 사람이 많다. 자신을 뛰어넘는 초월적인 존재에 대한 믿음이 그 사람의 자존감을 '보이는 것에 한정된' 상태로부터 끌어올린다.

이러한 자존감의 토대들이 충분한 경우에는 그 사람에게 힘이 되며, 부족한 경우라면 그 사람에게 아픔이 된다. 그렇지만 이건 또 뒤집어서 이야기할 수도 있다. 내가 약한 그 부분을 보강할 수 있다면 자존감은 자라나는 것이다. 결국 자존감이란 자신의 사랑받을 가치에 대한 포괄적 평가이자 판단이다. 그렇기 때문에 새롭게 잘하는 영역을 발견함으로써, '아 내가 이제 사랑받을 수 있겠다. 자타가 공인하는 존재로서 말이다' 하는 생각을 하게 된다면 자존감이 올라간다. 드라마처럼 신분의 반전을 기대하기는 어렵다. 현실적으로 가능성이 높은 것은 다른 사람들로부터 사랑을 받는 경험이나 신앙에서 초월적 가치를 발견하는 체험을 하는 것을 들 수 있다. 이런 경험들이 모여 자존감을 높이고 자신을 바라보는 시각을 바꿀 수 있다.

 나를 알아가는 질문

1. 자존감이 낮아서 고민해본 적이 있는가? 자존감을 높이기 위해서는 어떤 노력이 필요할까?

2. 자존감을 이루는 토대 중에서 당신에게 부족한 것은 무엇인가? 그리고 그것을 어떻게 보충할 것인가?

삶의 목표는
무엇인가?

여러분은 무엇을 위해서 사는가? 돈이나 명예인가? 행복이나
성공인가? 그것도 아니라면 사랑 때문에 사는가? 흔히 말하길
삶의 목적이 분명해야 의미 있고 보람된 인생을 산다고 한다.
여러분은 이 말에 동의하는가? 혹시 그냥 살면 되지 목표 따
위는 왜 설정해야 하는지 모르겠다고 생각하지는 않는가? 어
떤 이들은 어렸을 때부터 매우 분명한 자신만의 목표를 설정
하고 그것을 이루기 위해서 부지런히 살아간다. 다른 이들은
하루하루 행복하게, 아니 심지어는 행복하지 않더라도 그냥 살
기만 하면 그만이라고 여긴다. 이처럼 삶의 방식은 다양하다.
쉬운 게 있는가 하면 가치 있는 게 있고, 힘든 게 있는가 하면
여유로운 것도 있다. 여러분은 무엇을 원하는가?

나는 어떻게 살고 싶은가?
● 재능과 직업 선택 ●

●●● 중학교 2학년인 상훈이는 매일매일 그림을 그린다. 레고월드를 그리고, 졸라맨을 그리고, 전쟁 장면을 그리기도 한다. 상훈이의 그림은 유치하기 짝이 없다. 사람을 동그라미와 직선, 곡선 그리고 사각형을 이어 붙여서 표현하고 사물이나 풍경 묘사도 빈약하다. 한때 상훈이는 그림을 잘 그렸고 꿈이 화가였던 시절도 있었다. 초등학교 3학년 때까지는 실력을 인정받아 그림으로 상도 많이 받았다.

그런데 상훈이의 아버지는 아들의 그림 실력이 그리 반갑지 않았다. 아들이 예술가가 되겠다고 나서면 돈도 못 벌고 사회생활도 못하게 되는 것이 아닌가 걱정스러웠다. 초등학교 2학년 때 상훈이가 과학상상화로 최우수상을 받았을 때 아버지가 이렇게 말씀하셨다.

"그림은 취미로 해야지 그거 좀 잘한다고 직업으로 삼으면 집 안 망한다."

그래서 상훈이는 남들이 다 다니는 미술학원조차 다닐 수 없었다. 재능이 있다는 이유로 오히려 그 싹이 잘린 격이다. 학년이 높아갈수록 상훈이는 재능을 잃어 갔다. 수채화를 그릴 땐 도화

지를 물바다로 만들기도 하고 데생의 기초도 몰라 그림 실력이 평균 이하가 되어 버렸다. 상훈이는 아버지가 원망스러웠다. 그래서 레고와 졸라맨 그리기에 더욱 몰입하는지도 모른다.

어린 자녀를 둔 부모님께 자식이 어떻게 자라길 바라느냐고 물으면 대부분 이렇게 대답할 것이다.

"자기가 좋아하는 일을 하면서 건강하고 행복하게 살면 좋겠어요."

하지만 아이가 자랄수록, 운동을 잘하면 거기다 공부도 잘했으면 좋겠고, 미술이나 음악에 소질이 있으면 그 대신 공부를 더 잘했으면 하는 부모님들이 많아진다. 아이들은 소질이 있다고 칭찬을 받으며 자기 나름대로 꿈을 키우다가 갑자기 부모님의 태도가 변한 것을 이해하지 못한다. 상훈이처럼 상처받는 아이들도 많다.

자신의 특기를 그저 단순한 '취미'로 간주하거나 아예 즐길 허락조차 않는 부모님을 대할 때 자녀는 충격과 배신감을 느낄 수 있다. 그럴 때 부모님께 보이는 반응은 여러 가지이다. 대들고 반항하며 자신의 꿈을 고수할 수도 있고, 꿈을 포기하면서 동시에 공부도 팽개칠 수도 있다. 또 부모님 말씀을 애써 받아들이며 공부에 정을 붙여보려고 노력하는 친구들도 있을 것이다.

타고난 재능이 있고 그것에 인생을 걸고 싶지만 외부의 반대

★
막스 베버
(1864~1920)
독일의 사회과학자로
역사학파가 가지는 이
론적 약점을 지적하고
극복하고자 노력했다.
그는 정치, 경제, 사회,
역사, 종교 등 학문과
문화 일반에 대해 박
식하고도 깊이 있는
조예를 가진 학자였
다. 19세기 후반기의
서구 사회과학의 발전
에 크게 공헌하였을
뿐만 아니라 오늘날에
도 철학이나 사회학
등에서 큰 영향을 미
치고 있다.

★★
금욕주의
인간의 본능적인 욕망
을 의지나 이성으로
억제하고 금함으로써
도덕이나 종교상의 이
상을 구현하려는 사상
이나 태도를 말한다.

나 저항이 거셀 때 어떤 태도를 취하는 게 바람
직할까? 특히 우리들의 삶에 절대적인 영향력
을 끼치고 있는 부모님의 반대에 부딪힌다면
내 꿈은 어떻게 되는 걸까?

직업은 다른 말로 천직(天職), 부르심(vocation),
소명(calling), 사명(mission) 등으로 불리곤 한다.
이 말들에는 모두 '하늘' 혹은 '신'의 의미가 담
겨 있다. 우리는 날 때부터 가지고 태어난 능
력, 즉 타고난 재능을 토대로 직업을 찾는다.
그렇게 정한 직업은 신의 뜻에 따라서 살아가
기 위한 수단이 된다. 이러한 주장을 한 사람이
독일의 법률가이자 사회학자인 막스 베버(Max
Weber)★이다.《프로테스탄트의 윤리와 자본주의
정신》에서 베버는 기독교적 직업관은 하나님
의 부르심에 따라 충실하게 직업생활을 하는
데 가치를 둔다고 설명한다. 따라서 베버는 수
도원에 머물며 속세를 멀리하기보다는 세상에
서 하나님의 소명에 따라 정직한 노동을 하는
것을 더욱 중요시했다. 직업생활에서 베버는
사치스러운 소비를 경계하는 금욕주의(禁慾主義,
asceticism)★★적인 태도를 강조했다.

다시 상훈이의 이야기로 돌아가 보자. 상훈이가 화가도 되고 아버지가 염려하는 가난이나 사회부적응도 피할 방법은 없을까? 그림을 그리며 정직하게 노동을 하고 그로 인해서 필요한 이득을 누릴 수 있는 방법이 있을 것이다. 특기만 계발하면 성공한다고 막연하게 기대하는 대신에 어떻게 하면 자신이 가진 재능으로 개인적인 이득과 사회적 기여를 할 수 있을지 진지하게 답을 찾는다면 말이다.

지금 졸라맨을 그리고 있는 상훈이의 마음은 무기력감으로 가득하다.

'좋아하는 일을 하면서 건강하고 행복하게 살길 바라던 부모님의 마음이 왜 변했을까?'

'꿈으로 갖고 있던 특기가 뒷전으로 밀려나다니, 그럼 난 무얼 해야 하지?'

상훈이는 아마도 이와 같은 배신감과 절망감을 느끼고 있을 것이다.

상훈이가 만약 부모님과 끝까지 의견 대립을 하면서 버티는 경우에는 어떤 일이 벌어질까? 지금과 마찬가지로 에너지 소모가 커서 지쳐버릴 수 있다. 직업을 선택하고 그 길을 가려고 할 때 필요한 에너지만 해도 어마어마한데 출발하기도 전에 나가떨어진다면 얼마나 안타까울까? "직업은 하늘에서 내린 것"이라는 말은 꼭 종교적인 시각에서만 나오는 것은 아니다. 직업을 갖고 살아가는 사람이라면 누구나 우여곡절 끝에 현재의 삶에 이르기까지 일관된 무언가를 발견할 수 있다. 어린 시절의 경험, 타고난 재능과 성향, 내가 만났던 사람과 기회들 모두가 현재의 나를 향해 연결되는 선처럼 느껴진다. 좋든 싫든 이 세상에 발붙이고 살아가야 하는 우리로서는 많은 시간을 직업과 관련된 일을 하면서 보낸다. 좋아하는 일을 해도 살다보면 힘들어질 수 있다. 그런데 좋아하지도 않는 일을, 심지어는 정말이지 싫은 일을 억지로 하는 사람은 얼마나 괴로울까?

그래서 직업에 대한 목표가 구체적이지 않거나 어떤 직업을 가져야 할지 고민 혹은 갈등하는 이들에게 들려주고 싶은 이야기가 있다. 어떤 일이 좋은지 선택하는 게 힘든 이들은 어떤 일이 싫은지, 힘든지, 끔찍한지 판단해서 그 선택을 먼저 버리는 방법을 시도해 보자. 상훈이라면 내가 그림을 못 그리는 게 싫은지, 부모님과 부딪히는 게 더 힘든지 생각해 봐야 한다. 또 무기력하게 남아 있는 게 끔찍한지, 부모님의 뜻을 따르는 게 괴로운지 스스로에게 질문을 던져볼 필요가 있다. 이렇게 싫은 것을 가려내는 질문을 던지다 보면 직업에 관한 밑그림이 점점 더 분명해진다.

나는 어떻게 살고 싶은 걸까? 성공적인 삶을 살고 싶다면 내가 직업을 통해 누리고 싶은 '성공'은 무엇일까? 누가 대신 대답해 주거나 결정해 줄 수 없고 반드시 내가 답해야 하는 질문이다. 부모님조차 대답을 대신 해줄 수 없으며 부모님이 내놓은 답이 언제나 정답일 수도 없다.

사람은 누구나 안갯속을 걷듯 불투명한 미래를 향해 걸어간다. 하지만 스스로 선택한 일이라면 일이 잘 풀리지 않을 때도 문제를 해결하고 책임을 질 수 있다. 그러면서 삶이 더 단단해진다. 하지만 다른 누군가가 대신 대답했고 그 길을 무작정 따랐다면 원망의 화살이 어디론가 날아가게 되어 있다. 그 화살은 다른 사람을 거쳐 결국 나에게 돌아와 상처를 주기 마련이다. 그러는 동안 내 삶이 잠식되어 간다. 부디 내가 싫은 것은 명확히 가려내고 내가 진정으로 원하는 삶을 발견하고 찾아가라. 그런 다음에 그 길을 용감하게 걸어갈 수 있기를 바란다.

 나를 알아가는 질문

1. 나의 꿈이 부모님의 반대에 부딪힌 적은 없는가? 부모님의 반대에 부딪혔을 때 어떤 심정이었는지 적어 보자.

2. 원하는 직업이 있는가? 그 직업을 통해서 어떤 사람이 되고 어떻게 살고 싶은지 구체적으로 생각해 보자.

서로 다른 조언
● 자유의지와 선택 ●

정민이의 꿈은 전투기 조종사이다. 그런데 자신의 꿈에 대해 구체적으로 알아가기도 전에 주변 사람들이 꿈을 반대하고 나섰다. 친구마저 정민이의 꿈을 여지없이 깎아내렸다.

●●● #1

정민: 전 전투기 조종사가 되고 싶어요.

태권도 사범님: 아니, 뭐라고? 내가 널 어떻게 가르쳤는데, 그럼 태권도 선수는 포기하는 거냐?

#2

정민: 엄마, 사범님이 저한테 선수해 보는 게 어떠냐고 하시던
데…….

엄마: 태권도는 취미지 선수는 무슨 선수? 당장 태권도 그만둬야
겠네. 넌 공부 열심히 해서 의대 가야 돼.

#3

정민: 엄마는 나보고 의대 가래.

원석: 뭐, 의대? 공부를 잘해야 의대에 가지. 넌 의대는커녕 대학
가기도 힘들어!

정민: 고맙다, 부탁도 안 한 입시설명까지 해줘서.

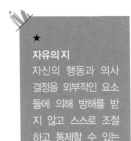

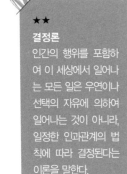

우리에게 영향력을 미치는 사람들이 서로 다른 주장을 할 때는 어떻게 하는 게 옳을까? 자신의 뜻을 굽히지 않아야 할까, 아니면 가장 설득력 있는 의견을 따르는 게 좋을까? "나 좀 내버려 둬요!" 하면서 도망쳐 버릴까? 그것도 싫다면 "나는 내 인생을 살 거예요!" 하고 외치면서 저항해야 할까?

이 문제를 해결하기 위해서 우선 '자유의지(自由意志)'★와 '선택', 그리고 '결정론(決定論)'★★이라는 철학의 전통적 주제에 대해서 생각해 보자. 흔히 삶은 자유의지에 따른 선택의 결과라고 생각한다. 하지만 다른 이들은 정해진 결론에 따라 인생이 흘러가는 것이라고 여긴다. 얼핏 보면 자유의지와 결정론은 대조적인 견해처럼 보인다. 자유의지가 있으면 결정되어진 인생을 사는 것이 아니라고 생각하기 때문이다. 철학적 논쟁에서는 자유의지가 있어도 결정론이 성립할 수 있다고 설명하는 사람이 많다. 자유의지와 결정론은 함께 갈 수 없다고 주장하는 사람 역시 다수 존재한다.

정민이의 경우를 살펴보자. 정민이의 자유의지는 자신의 욕구나 의지에 따라 꿈을 갖고 그것을 실현하기 위해 노력하는 것이다. 그러나 정민이 앞에 놓인 상황은 그렇게 호락호락하지 않다.

다른 사람에게 영향을 받기도 하고 갈등을 겪기도 하면서 인생이 어떤 쪽으로 가고 있는지 갈피를 잡기 어렵다. 반드시 의대에 갈 수 있고 그 삶이 행복을 보장한다면 한몸 바쳐 공부할 수도 있을 것이다. 조종사가 자신의 신체와 정신 능력에 절대적으로 부합하는 직업이고 자신이 조종사가 되기 위해 태어난 사람임을 확신할 수만 있다면, 누가 뭐라고 하든 그 꿈을 이루려 하는 것처럼 말이다. 태권도 선수가 되는 것도 마찬가지이다. 뛰어난 기량을 자랑하고 수많은 대회를 휩쓸어서 이름을 남길 수만 있다면 고된 훈련이나 부상도 두려울 것이 없을 것이다.

결국 우리를 힘들게 하는 것은 나와 다른 의견을 가진 사람이나 나에게 영향력을 주는 이들의 반대나 조롱 그 자체가 아니다. 오히려 불확실한 미래에 대한 불안과 자신에 대한 이해 부족이 우리를 괴롭히는 것이다. 내 성격과 기질, 능력과 취미에 걸맞은 직업이 무엇인지를 알고만 있다면 방황할 이유가 없다. 나의 노력으로 그것을 이루어내고 잘해낼 수 있다는 확신만 가질 수 있다면 주변 사람도 하나씩 설득할 것이다. 이제 정민이에게 남은 일은 목록에 오른 직업군을 실질적으로 조사하고 자신의 능력과 자질, 관심사를 파악해서 적합한 직업을 선택하는 것이다. 그리고 그 직업을 가졌을 때 내가 평생 행복하게 일할 수 있을까 진지하게 생각하며 그에 적합한 능력을 갖추기 위해 노력해야 한다.

정민이 엄마나 사범님, 친구는 정민이의 꿈에 대해서 왜 그런 반응을 보이는 것일까? 설마 정민이에게 일부러 고통을 주려고 하는 것일까? 아마도 정민이 주변의 사람들은 정민이를 자신의 기준과 시각에서 판단하는 듯하다.

이임숙 선생님의 《엄마의 말공부》라는 책이 있다. 이 책은 엄마들이 자녀들과 충돌할 때 올바른 말을 사용해서 갈등을 풀어 나가도록 돕는 책이다. 여기서 엄마들이 연습해야 하는 말들 중에 하나가, '좋은 뜻이 있었을 거야'이다. 자녀가 엉뚱하고 이상한, 엄마 보기에 정말 마음에 들지 않는 행동을 했을 때 진심을 담아 이 말을 해 보라고 권유한다.

예를 들면 어린 동생을 마구 때렸다거나 거짓말을 했을 때 이 말을 쓰는 것이다. 이 말은 엄마만 쓰는 것이 아니라 자녀도 함께 써야 한다. 비록 내게 불편한 말이나 행동을 부모님이 하더라도 좋은 의도가 있을 거라고 생각해 볼 필요가 있다. 이해 받고 싶은 마음이 강한 청소년에게 어른을 이해해 보라고 하는 것은 무리일지 모른다. 그러나 이해를 하려는 노력을 하다 보면 그 과정을 통해 내 자신의 문제들도 더 잘 파악하게 된다. 또 청소년들이 노력하는 태도를 보이면 부모님은 수십 배 더 큰 인내심과 이해심을 발휘하게 될 것이다. 따라서 정민이는 이렇게 생각할 수 있어야 한다.

'내 꿈을 반대하는 엄마와 사범님, 그리고 나를 무시하는 듯한 말을 한 친구에게도 무언가 좋은 뜻이 있었을 거야!'

엄마는 아들이 의대에 가서 좋은 의사가 되기를 바라셨을 것
이다. 사범님은 정민이가 뛰어난 태권도 선수가 되어 도장의 명
예를 높이기를 바랐을 것이다. 친구는 정민이가 너무 힘든 목표
로 괴로워하지 않기를 희망했을 수도 있다. 모든 것은 생각하기
나름이다. 상대의 말에 담긴 좋은 뜻을 생각하는 연습을 하자.

 나를 알아가는 질문

1. 중요한 문제를 결정하는 데 있어서 주변 사람들의 서로 다른 조
   언 때문에 혼란스러웠던 적이 있는가? 있다면 어떻게 그 문제를
   해결했는가?

2. 부모님이나 친구의 충고 때문에 마음이 상했던 적이 있는가? 만
   약 그들이 좋은 의도에서 그 말을 한 것이라면 그 의도는 무엇이
   었을까?

돈이냐, 명예냐
● 직업 선택의 우선순위 ●

●●● 현우는 친구들이 아빠의 직업을 물으면 속이 상한다. 예전에 아빠가 고등학교 국어교사로 재직 중일 때는 그러지 않았다. 아빠가 선생님이라고 하면 친구들도 부러워하고 선생님도 친절하게 대해주시곤 했기 때문이다. 하지만 아빠가 학교를 그만두고 학원 강사가 되면서부터는 달라졌다. 왠지 아빠의 명예가 떨어진 것 같이 느껴졌다. 현우 아빠가 학원의 스카우트 제의를 받아들인 것은 엄마의 병환 때문이었다. 유방암에 걸린 엄마의 치료비가 만만치 않았다. 퇴직금과 계약금을 받아 아빠는 엄마의 치료비를 해결했다.

학원 강사의 수명은 학교 선생님보다 상대적으로 짧다고 한다. 젊을 때 열심히 돈을 벌어야 한다며 아빠는 학원수업 외에도 많은 일을 했다. 입시철이면 자소서 대필이나 교정은 기본이고, 논술 특강, 족집게 과외 등등 새벽이 되도록 바빴다. 한때는 수능출제 위원이었고 존경받는 국어교사였는데, 이제 아빠는 "돈을 벌자!"는 상업적인 목표만 갖고 일하는 사람이 되어버린 것 같다. 현우는 정말 궁금하고 답답했다. 직업은 왜 갖는 걸까? 대체 직업에서 중요한 건 뭘까? 돈일까, 명예일까. 돈은 필요하고 편리하다. 하지만 명예도 그에 못지않게 중요하다. 그런데 아빠는 돈만 추구하는 것 같아 현우의 마음이 불편하다.

인간이 직업을 갖는 데에는 여러 이유가 있다. 몇 가지 주요 이유로 꼽히는 것이 생계유지, 자아실현, 사회봉사이다. 생계는 단지 먹고사는 문제만이 아니라 위험과 질병으로부터 자신과 가정을 지키는 것까지 포함한다. 현우의 아버지가 아내의 유방암 치료비용을 대기 위해서 학원 강사로 전향한 것도 이와 관련된 것이라고 볼 수 있다.

상식적으로 생각해 보자. 생계유지, 자아실현, 사회봉사가 모두 균형 잡히고 높은 수준으로 이루어진다면 그 직업이 좋은 직업이라고 할 수 있다. 돈도 많이 벌고 꿈도 이루며 사회에 크게 기여할 수 있으니 말이다. 하지만 이 모든 영역에서 높은 수준의 성취를 보이는 직업을 찾는 것은 쉬운 일이 아니다. 그런 직업은 흔하지 않을 뿐 아니라 존재한다 하더라도 그걸 얻기 위한 경쟁이 무척 치열하기 때문이다.

현우 아버지의 직업을 구체적으로 생각해 보자. 우리나라가 IMF 구제금융의 위기를 겪으면서 직업에 대한 사람들의 의식이 많이 바뀌었다. 안정적이고 충분한 수입이 있다면 그 직업이 바로 좋은 직업이라는 생각이 확산됐다. 가령, 핫도그를 파는 노점상이라도 그 자리를 지킬 수 있고 월수입이 고정적이며 수백만원에 이른다면 '사장님' 소리를 듣기도 한다. 하지만 우리나라엔 아직도 유교의 전통이 있어서 많이 배워야 갖게 되는 직업, 몸보다는 머리를 쓰는 직업, 돈보다는 명예를 얻는 직업을 더 귀하게 생각하는 경향이 있다. 현우가 아버지의 직업에 대한 질문을 받으면 불편한 느낌이 드는 것도 이 때문이 아닐까?

살다보면 직업을 바꾸는 것이 불가피한 순간이 찾아올 수 있다. 그로 인해 파생되는 상황이나 감정의 변화도 어쩔 수 없이 겪어야 한다. 중요한 것은 신중한 선택을 하고 그 안에서 부끄러움 없이 최선을 다하는 삶을 살 수 있도록 노력하는 것이다.

한 가지 피해야 할 직업의 예를 소개하겠다. 고대 그리스의 소피스트(Sophist)*들 중에는 '고발업자'라는 직업을 가진 이들이 있었다. 그들은 부자나 명예를 중시하는 사람의 약점을 잡아 법정에 고발하겠다고 협박하여 돈을 챙긴다. 말을 잘하고 상대의 허점을 잘 파악하며 돈도 버니 표면적으로는 그럴듯하게 보인다. 하지만 이들의 목적은 지혜나 개인의 개선, 사회의 정의가 아니라 바로 자신의 이익이다. 여러분이 직업을 선택할 때 그 목표가 생계유지, 자아실현, 사회봉사에 있는지, 아니면 남에게 피해를 주면서도 자신의 이익만 탐하는 것인지 점검해 볼 필요가 있다.

나에게 사회적 '명함'이 생기기 전까지는 부모님이 이런 사람이란 게 나를 설명하는 경우가 종종 있다. 아주 어린아이들도

"네 아빠 뭐해? 네 엄마는 뭐하니?" 하는 이야기를 나누는 걸 보면 이런 인식은 꽤 어린 시절부터 생겨나는 것 같다. 부모님이 그럴듯한 직업을 가진 분이라면 마치 내가 멋진 사람이라도 되는 것처럼 으스대기 쉬울 것이다. 부모님이 그다지 존경받지 못하는 직업을 가졌다면 대충 얼버무리고 넘어가거나 열등감을 느낄지도 모른다. 이것은 직업에만 국한된 것이 아니다. 부모님이 멋지고 부자라고 잘난 척하는 이도 있다. 반면에 부모님의 외모가 추하거나 심각한 병에 걸렸다는 이유로 창피해하는 이도 있다.

그런데 이게 정말 올바른 생각일까? 엄마 아빠가 괜찮으면 나도 괜찮은 사람이고 엄마 아빠가 별로 멋지지 않다면 나도 그저 그런 사람일까? 나는 이런 사람이라는 생각이 충분히 정립이 되지 않은 사람일수록 남의 영향을 많이 받을 수밖에 없다. 물은 담는 그릇에 따라 모양이 달라진다. 하지만 빵은 그릇에 따라 모양이 제멋대로 변하지 않는다. 더 맛있어 보이기도 하고 덜 먹음직스럽게 보이긴 하지만, 빵은 일정한 형태를 갖고 있으며 자신의 맛으로 승부한다. 제아무리 예쁜 그릇에 멋지게 담아내도 맛이 나쁘다면 그 빵을 다시 먹고 싶어질 리가 없다.

부모님이 우리에게 미치는 영향은 무척 크다. 부모님 때문에 자랑스럽다거나 속상하다는 이야기도 이해할 만하다. 부모님은 어떻게든 우리의 삶을 규정하는 면이 있으니 말이다. 그러나 생각보다 빨리 우리 스스로가 우리의 길을 가고 나를 설명해야 할 순간들이 오게 된다.

　여러분이 한 번쯤 읽어 봤을 생텍쥐페리의 《어린 왕자》 가운데 한 대목이다.

••• 어른들은 숫자를 무척이나 좋아한다. 어른들에게 새로 사귄 친구에 대해 이야기하면 정작 중요한 것은 묻지 않는다. "그 친구의 목소리는 어때? 그 친구는 무슨 놀이를 좋아하니? 나비를 채집하는 걸 좋아하니?" 이런 질문은 하지 않는다. "그 친구는 몇 살이니? (중략) 아버지는 수입이 얼마나 되니?" 이렇게 질문하고 친구가 어떤 사람인지 알 수 있다고 생각한다.

　상대 아버지의 수입이나 재산으로 그 사람이 어떤 사람인지를 알 수 있다고 생각하는 게 과연 바람직한가? 여러분도 그런 어른이 되고 싶은지 묻고 싶다. 부모님이 따뜻하고 현명한 분들이라면 좋은 일이다. 그렇지만 그것이 내 안에서 나만의 언어와 모습으로 나타나야만 실제의 나와 관련 있는 이야기가 되는 법이다. 부모님의 명성이나 성품에 편승하여 어설프게 잘난 척만 하고 실속이 없으면 곤란하다.

　반대로 부모님이 초라하고 괴팍한 분들이라면 어떨까? 안타깝고 속상한 일이지만 이런 모습들도 내가 정리할 부분이다. 부

모님의 단점을 반면교사(反面教師)★로 삼을지, 원망
하고 비난하며 어두운 그늘 속에 갇힐 것인지,
선택은 여러분의 몫이다.

나를 알아가는 질문

1. 나에게 돈과 명예, 둘 중에 하나를 선택해야 한다면 나는 어떤 것
   을 택할 것인가? 그 이유는 무엇인가?

2. 부모님의 직업이나 가정 형편으로 친구를 판단한 적은 없는가?
   그것이 잘못이라는 생각이 든다면 이유는 무엇인가?

바쁠수록 돌아가라

● 불안과 선택 ●

〈건축학 개론〉이란 영화에 이런 장면이 나온다. 대학에 입학한 주인공이 재수하는 친구를 향해 공부가 잘되냐고 묻자 친구가 이렇게 대답한다.

"재수하는 것도 서러워 죽겠는데 내가 공부까지 열심히 해야 되냐?"

말도 안 되는 대답이지만 한편으로는 '그래, 재수가 얼마나 힘든데……' 하는 생각이 들기도 한다. 재수를 하게 되면 어디에도 소속되지 못한 데서 오는 불안감이나 허전함이 있고 입시에 실패했다는 데서 오는 자괴감도 생긴다. 다음에 반드시 잘된다는 보장도 없기 때문에 걱정이 앞설 때도 있다. 걱정이 지나치게 심해지면 의욕을 상실할 수 있다. 재수생 정우의 상황도 비슷하다. 정우는 힘든 현실 속에서 뜻밖의 선택을 하고 싶어졌다. 정우의 이야기이다.

●●● 몇 주 전부터 다단계 판매 회사에서 일하고 있다. 판매를 많이 해서 최고등급 사원이 되면 엄청난 돈을 벌 수 있다고 한다. 대

기업이 제품을 생산하고 유통하고 판매하여 수익을 거두는 것이나 이곳 사람들이 개인적인 인맥을 활용해서 물건을 파는 것이나 무엇이 다른가? 열심히 공부해서 대학을 졸업해도 어차피 취직도 못하고 고생할 거라면 차라리 지금부터 이 회사에서 일을 하는 게 오히려 이득이 아닌가? 그런데 사람들은 다단계라고 하면 이상한 시선부터 보낸다. 다단계 판매가 그렇게 나쁜 일인가? 부모님이 어떻게 나오실지도 걱정이다. 나의 선택을 이해해 주실지, 당장 그만두고 공부나 하라고 하실지……. 부모님이 반대해도 이 일을 계속할 수 있을까? 솔직히 자신이 없다.

다단계를 둘러싼 여러 가지 논쟁이 있다. 그런데 요즘은 함부로 비판하기가 조심스러울 만큼 다단계 회사의 규모와 영향력이 커졌다. 대중매체에서도 다단계 회사에 대한 광고를 내보낸다. 이 책은 다단계를 본격적으로 해부하거나 그 문제점을 논의의 대상으로 하지는 않는다. 대신에 정우가 왜 다단계에 관심을 갖게 되었는지, 그리고 지금 정우에게 필요한 현명한 선택은 무엇일지에 대해 함께 생각해 보면 좋겠다.

정우는 재수하는 동안 어려움이 많았다. 사회적으로도 고립된 것 같고 앞으로 인생에 또 다른 실패가 닥쳐올까 불안했다. 물론 공부 자체도 힘들었다. 이런 상황에서 "새로운 일이 있는데 힘도

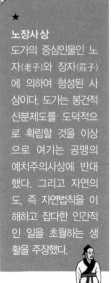

★
노장사상
도가의 중심인물인 노자(老子)와 장자(莊子)에 의하여 형성된 사상이다. 도가는 봉건적 신분제도를 도덕적으로 확립할 것을 이상으로 여기는 공맹의 예치주의사상에 반대했다. 그리고 자연의 도, 즉 자연법칙을 이해하고 잡다한 인간적인 일을 초월하는 생활을 주장했다.

덜 들고 성공할 수도 있다!"는 말을 들으면 마음이 동하지 않을 수 없다. 정우보다 더 힘든 상황을 예로 들어보자.

얼마 전에 실직한 아기 엄마가 있다. 남편의 직장은 월급이 잘 안 나올 정도로 위태롭다. 지금 키우는 만 두 돌 된 아이 말고도 또 한 명의 아이가 곧 태어날 예정이다. 부모님이 도와줄 형편은 못 되고 친구도 외면하는 중에 마침 '적은 투자금만 갖고도 지속적으로 수익을 올릴 수 있는 일'을 소개받았다. 그게 남들이 말하는 다단계 사업이었다. 과연 이 아기 엄마는 어떤 선택을 할 것인가?

현실의 고통이나 미래에 대한 불안을 초월하고 싶은 것은 자주 겪는 감정이다. 동시에 이것은 오래된 철학과 종교의 주제이기도 하다. 노장사상(老莊思想)*이 그랬고 불교도 그랬다. 어떻게 해야 고통스러운 현실의 문제를 해결하고 마음의 평화와 사회적 안정을 얻을 수 있을까?

정우처럼 재수라는 시기를 겪으며 더욱 괴롭게 갈등하는 이들을 위해 들려주고 싶은 이야기가 있다. 바로 "고통에는 윤리적 기능이 있다"는 말이다. 힘들고 불안하며 괴로운 모든 감정이 고통이라면, 이러한 고통이 정우를 더 윤리적인 사람으로 만든다는 것이다.

여기서 말하는 윤리란 무엇일까? 윤리는 도덕과 비슷하지만 약간의 차이가 있다. 도덕은 '인간으로서 마땅히 지켜야 할 도리 및 그에 맞는 행위'로 정의된다. 즉, 자기완성을 위한 규범에 가깝다. 이에 비해 윤리는 '사람이 마땅히 행하거나 지켜야 할 도리'로 정의되고 인간관계를 위한 덕목이라고 할 수 있다.

그렇다면 정우가 고통을 겪는 것이 어떻게 인간관계 내에서 마땅히 행하거나 지킬 도리를 다하도록 돕는 기능을 할 수 있을까? 정우가 힘들어도 공부를 다시 시작해서 대학 입시에 재도전하고 불안 속에서도 미래를 향해 나아간다면 그것이 인간관계를 위한 덕목으로 이어질 수 있다. 부모님과의 관계에서는 행복과 기쁨을 누리고 거짓 없이 서로를 대할 수 있다. 친구나 선생님과의 관계도 마찬가지이다. 서로에게 신뢰와 보람을 줄 수 있다.

그런데 만일 정우가 공부를 포기하고 다단계 업체에서 일을 계속 한다면 어떻게 될까? 부모님께 제품을 구입할 돈을 달라고 떼를 쓰고 공부를 권하는 선생님을 멀리하며, 친구를 만나도 물건을 팔 궁리부터 하지 않을까? 결국 정우는 인간관계에서 부담을 주고 실망이나 상처를 안길 수 있게 된다.

지금 하고 있는 공부가 힘들고 또 실패할 가능성도 있다. 대입에 성공한다고 해서 인생의 탄탄대로가 보장된 것도 아니다. 그러니 두렵고 힘들 것이다. 그렇지만 이를 당당히 겪어내면 이런 일들도 결국 지나가게 되어 있다. 그리고 더디고 미약하더라도 노력에는 열매가 맺히기 마련이다. 정우가 힘든 재수생활을 거쳐서 도덕적으로나 윤리적으로 더욱 성숙한 인간으로 자라갈 수 있기를 응원한다.

여기서 잠깐! 정우는 왜 하필 다단계 회사에 관심을 가진 것일까? 그 이유는 정보나 지식이 부족해서, 혹은 충분히 사회생활을 경험하지 못해서가 아니다. 사람은 누구나 극도로 불안한 상태에서 그야말로 지푸라기라도 잡는 심정이 되기 쉽다. 이럴 때 확신에 찬 이야기를 들려주는 사람이 있으면 그쪽으로 마음이 기울어지기 쉽다. 어떻게 보면 다단계 판매업에 종사하는 사람은 인간의 심리를 잘 이해하고 활용한다고 볼 수 있다.

다단계 활동을 해도 생활용품을 구입하는 정도의 비용만 투자하고 적은 이득을 얻는 데서 만족한다면 큰 문제가 아닐 수 있다. 그런데 정우처럼 얼른 확실한 한 방을 보여주어야 한다고 생각하면 위험하다. 얼마의 수익을 얻고 얼마를 잃을지 판단하는 균형 감각을 잃어버리기 쉽기 때문이다. 이런 사람은 할 수 있는 방법을 다 동원해서 큰 수익을 얻어 스스로의 선택이 옳았음을 증명하려 들다가 오히려 실패할 우려가 있다.

다단계 사업자가 모두 문제가 있다는 뜻은 아니다. 다만 정우처럼 자신의 불안 때문에 이것만이 확실한 대안이라 생각해서 다른 기회나 가능성을 버리는 것은 문제이다. 불안이 깊어지면 주변에서 정우를 걱정하는 마음에 다단계 활동을 만류해도 그것을 훼방하는 잔소리로 들을 수 있다. 그리고 주변의 방해를 겪으면 겪을수록 이 길이 옳다는 확신으로 접어들 가능성이 더욱 크다. 지금의 정우는 최고등급에 올라가기 위해 자신이 치러야 할 온갖 종류의 대가는 전혀 계산에 넣지 않고 있다. 그저 눈앞에 어른거리는 돈주머니를 붙잡겠다는 헛된 자신감에 가득 차 있다.

정우가 다단계 회사에서 꾸준히 소득을 올리고 최고등급에도 도달할 수 있다면 얼마나 좋을까? 그런데 세상살이가 그렇게 쉽고 단순하지가 않다. 그게 정말 최고의 길이라면 누구나 달려가고 싶어 하는 게 당연하다. 그런데도 가족이나 친구들이 그 길로 가지 말라고 말리는 것을 보면 이상하지 않은가?

내가 지금 너무 불안하니까 뭐라도 붙잡자는 심정으로 결정을 내리는 것은 위험하다. 왜냐하면 불안이 가라앉은 다음에는 사뭇 다른 생각을 하게 될 수도 있기 때문이다. 정우가 성실하게 재수생활을 마무리하고 대학에 진학한 다음 인생의 진로를 선택하면 좋겠다. 그때의 정우는 지금의 생각과는 전혀 다른 길을 걸을 수 있지 않을까.

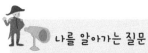

나를 알아가는 질문

1. 불안 때문에 윤리적으로 옳지 않은 일을 한 적이 있는가? 있다면 지금 그 일에 대해서 어떻게 생각하는가?

2. 내가 정우라면 어떤 선택을 하겠는가? 이유는 무엇인가?

나를 위한 행복, 타인을 위한 행복
● 봉사의 기쁨과 어려움 ●

●●● 전학생이 왔다. 늘 오는 전학생. 그저 학생 수가 하나 더 늘었을 뿐이다. 그런데 담임선생님은 또 나에게 그 아이를 맡긴다. 내가 보조교사라도 되는 건가? 내가 전학생이었을 때는 아무도 나를 도와주지 않았다. 선생님은 방치했고, 반 아이들은 자기네들끼리 놀기 바빴다. 이를 악물고 공부해서 중간고사 때 반에서 일등을 했다. 그러자 담임선생님과 아이들이 갑자기 관심을 보였다. 성적 올리는 비결을 알아내고 싶어 하거나 공부 잘하는 법을 노골적으로 묻는 아이도 있었다. 담임선생님은 전학생이 올 때마다 나에게 적응지도를 부탁했다. 전학생을 데리고 학교

구석구석 안내를 해주고 진도가 다르면 공부도 도와주란다. 전학생한테 매일매일 확인까지 한다. 전학생이 조금이라도 서운한 기색을 보이면 선생님은 나를 나무란다.

"박동혁, 그렇게 봉사정신이 없어서 어떻게 해? 공부만 잘하면 다야?"

이런 소릴 들을 때마다 답답하다. 봉사가 필수인가? 그렇다면 왜 그 봉사를 나만 해야 하는가?

봉사에 한평생을 바친 사람들이 있다. 테레사 수녀가 그랬고 장기려 박사나 슈바이처가 그랬다. 그분들은 스스로 봉사하는

삶을 선택하고 일평생 봉사에 매진했기 때문에 사랑과 존경을 받았다. 그런데 요즘 학교에서는 봉사가 당연한 의무로 간주된다. 그러다 보니 자신이 선택한 것도 아니고 봉사를 지속할 끈기도 없는데 억지로 봉사하는 사람이 생겨났다. 물론 봉사를 하면서 보람을 느끼고 더 많이 봉사하게 되었다는 사람도 있다. 하지만 봉사를 지겨운 시간낭비로 여기는 사람도 적지 않다.

그렇다면 봉사는 왜 해야 할까? 이에 대한 답을 칸트(Immanuel Kant)의 윤리학을 통해서 알아보자. 칸트의 윤리학에는 '가언명령(假言命令)'과 '정언명령(定言命令)'이라는 개념이 있다. 가언명령은 때와 장소에 따라 달라지는 조건적인 명령이다. 정언명령은 어떠한 상황에서도 무조건 따라야 하는 의무적인 명령이다. 가언명령이 다른 것을 이루기 위한 수단이라면, 정언명령은 그 자체가 목적이 되는 명령이다. 칸트의 도덕법칙에서는 정언명령이 중심이 된다. 그 자체가 목적인 정언명령이 중요한 것이다.

칸트의 정언명령에는 두 가지 법칙이 있다. 첫째는 "네 의지의 준칙이 언제나 보편적 입법의 원리가 될 수 있도록 행동하라"는 것이다. 어떤 행동을 할 때는 다른 모든 사람이 그와 같은 행동을 해도 괜찮다고 생각되는 행동을 해야 한다는 뜻이다. 둘째는 "너 자신과 다른 모든 사람의 인격을 언제나 동시에 목적으로 대우하도록 행동하라"는 것이다. 이는 모든 인간의 평등과 존엄을 강조한 법칙이다.

칸트는 감정에 따라 도덕적 행동을 하는 것은 옳지 않다고 보았다. 가령 거지가 불쌍해서 도와주는 것은 표면적으로 볼 때는 도덕적 행동이지만, 자신의 감정에 따라 행동한 것이니 옳은 행동은 아니다. 칸트는 감정에 이끌리기보다는 정언명령에 따라 행동하는 것이 바람직하다고 주장했다.

동혁이가 전학생을 도울 때 두 가지 생각을 하면 좋겠다. 첫째는 누구나 하는 게 마땅한 일이라고 생각하는 것이다.

'내가 전학생이었을 때 누군가 나를 도와주기를 바랐지. 아쉽게도 나에게는 그런 사람이 없었어. 새로운 환경에 적응하기 힘드니 그걸 도와주는 사람이 있으면 좋을 거야. 전학생이 학교에 적응하도록 도와주는 행동은 모두가 마땅히 해야 할 도덕적 행동이지.'

이런 생각을 하면서 전학생도, 친구들도, 선생님도, 나도 똑같이 존엄하다는 점을 명심할 필요가 있다.

'전학생이든 아니든 다 평등하고 존엄한 인간이야. 전학생이라고 무시하고 따돌리는 태도는 잘못이지. 전학생이 존중받고 평등한 대접을 받도록 내가 할 수 있는 일이 있다면 무엇이든 해야지.'

정언명령의 도덕법칙에 따라 행동하면 스스로 윤리적인 사람이 되는 것은 물론 나와 다른 사람의 행복에도 도움을 줄 수 있다. 내키지 않아 하며 억지로 일하다 욕을 먹는 것보다 도덕적 법칙을 기꺼이 따르며 봉사하는 것이 지혜롭고도 유익하다.

재미있는 심리학 실험 하나를 소개하겠다. 미국 미시건 대학교 심리학과의 크리스토퍼 피터슨(Christopher Peterson) 교수가 강의하는 '긍정 심리학' 시간에 항상 진행되는 실험이다. 학생들에게 동전 던지기를 해서 그 주에 할 숙제를 정하는 것이다. 동전의 앞면이 나오면 자신을 위한 재미와 즐거움을 그 주말에 맘껏 추구하도록 하는 숙제가 주어진다. 동전의 뒷면이 나오면 다른 사람을 위한 수고를 그 주말에 맘껏 추구하도록 한다. 물론 그다음 주에는 첫 주에 했던 것과 다른 숙제를 해야 한다. 이 두 가지 숙제를 하고 보고서를 작성하면 실험이 완성된다.

숙제를 결정하기 전에 어떤 실험이 더 재미있을 것 같으냐고 질문을 하면 학생들은 열이면 열, 같은 대답을 한다.

"나를 위한 즐거움이 더 재미있죠!"

자신을 위한 즐거움 추구에는 우리가 흔히 예상할 수 있는 것들, 예를 들어 친구들이랑 놀거나, 영화를 보거나, 맛있는 음식을 먹는 것 같은 일이 해당된다. 다른 사람에게 도움이 되는 일에는 옆집 앞에 쌓인 눈을 치워주거나, 동생의 숙제를 도와주거나, 엄마를 도와 집안일을 하는 것이 들어간다.

피터슨 교수는 매번 왜 이런 실험을 한 걸까. 실험의 결과가 의외로 나왔기 때문이다. 학기마다 진행되는 실험에서 자기를 위한 즐거움과 재미 추구는 그 순간만 지속되지만, 다른 사람을

★
이타주의
자기 자신보다는 타인의 복지에 관심을 갖는 것을 말한다. 자기를 희생함으로써 다른 사람의 행복과 복리를 증가시키는 것을 행위의 목적으로 하는 생각이나 행위로 애타주의(愛他主義)로도 불린다. 이기주의와는 반대되는 개념이다.

위한 수고의 즐거움은 훨씬 오래 지속된다는 결과를 반복해서 얻었다. 이 실험을 스스로 해보면 어떨까? 다른 사람의 행복을 추구하는 것이 자신의 즐거움을 추구하는 것보다 훨씬 더 만족스럽다는 걸 몸소 체험할 수 있을 것이다.

무조건 경쟁하려 들지 말고 '다른 사람을 위한 배려와 수고', '공동체를 바라보는 기쁨', '이타주의(利他主義, altruism)'★를 실천해 보라. 이타주의적 태도가 여러분 자신도 더욱 행복하게 만들어 줄 것이다.

 나를 알아가는 질문

1. 나를 위한 즐거움과 남을 위한 즐거움 사이에서 고민하다가 남의 즐거움을 추구한 적이 있는가? 그 일을 하고 난 다음의 결과는 어땠는가?

2. 남의 즐거움을 위해서 내가 할 수 있는 일은 어떤 것들이 있는가?

행복의 열쇠

● 행복한 삶을 살기 위한 조건 ●

●●● 윤지: 혜인아, 뭐해?

혜인: 그냥, 멍하게 있어.

윤지: 무슨 생각했어?

혜인: 아무 생각도 안 했어.

윤지: 난 요즘 고민이 많아.

혜인: 왜?

윤지: 앞으로 뭐하고 살아야 하나 걱정이야.

혜인: 그런 생각을 왜 해?

윤지: 평생 행복하게 살려면 진로를 잘 정해야 하잖아.

혜인: 행복? 그게 진로랑 무슨 상관인데?

윤지: 왜 상관없어? 백세시대라는데 일이 있어야 행복하게 살지.

혜인: 일하는 게 뭐가 행복해? 일은 일이고 행복은 행복이지. 나
　　　는 일을 안 하는 게 더 행복하더라.

윤지: 그런가? 그럼 넌 어떻게 살아야 행복할 것 같아?

혜인: 난 그런 것 생각해 본 적 없어. 지금까지 행복한 적도 없고
　　　앞으로도 행복할 거라고 기대도 안 해. 그냥 사는 거지.

윤지: 정말이야? 너 왜 그래? 너무 슬프잖아.

내 마음 누가 이해해줄까?

윤지와 혜인이가 나눈 대화를 보면 요즘 청소년의 서글픈 현실이 느껴진다. 행복하고 즐거운 시간을 충분히 보낸 청소년이라도 과연 이렇게 말할 것인가? 오늘날 청소년들은 대개 바쁘고 엄격한 부모님 밑에서 조기교육에 시달리며 친구들과 놀 시간조차 제대로 갖지 못한다. 이런 청소년들에게 '행복'을 얘기하면 그건 어디서 파는 물건이고 어느 학원에서 배우는 거냐고 물어올지도 모르겠다.

행복에 대한 기억이 있고 지금도 행복을 누리는 이들에게 행복한 미래를 그려보라고 하면 어떨까? 아마 앞으로도 이렇게만 살 수 있으면 좋겠다고 할 것이다. 하지만 행복한 기억이나 행복을 느껴본 적이 없는 이들에게 행복을 운운한다면 대답은 않고 도리어 화를 낼지도 모를 일이다. 그들에게 행복은 늘 미래의 것이고, 다가서면 사라지는 신기루 같은 데다, 열심히 노력해야 겨우 얻을 수 있는 값비싼 보물처럼 그려져 있는 것은 아닐까? 그리고 그런 그림은 바로 부모님이나 선생님 같은 어른이 그려준 것일지도 모른다. 그런데 과거 어느 순간도 행복하지 않았고 현재도 불행하다고 해서 앞으로도 행복하지 않았으면 하고 바라는 사람이 과연 있을까? 누구나 지금의 고통을 견뎌내는 것은 앞으로 행복한 삶을 살 거라는 기대가 있기 때문이 아닐까?

수많은 철학자가 행복을 정의하고 그에 이르는 방법들을 제시했다. 행복은 인간이라면 누구나 추구하는 가치이다. 앞서 살펴 본 대화에서 윤지는 행복에 이르는 방법을 적극적으로 찾는 태도를 보인다. 혜인이는 비록 냉랭하게 말하고 있지만, 마음 깊은 곳에서는 행복에 대한 갈망을 느끼고 있을 것이다. 그렇다면 행복은 무엇이고 그것을 얻는 열쇠는 어떤 것일까?

아리스토텔레스(Aristoteles)*는 행복과 관련하여 세 가지 종류의 삶을 이야기한다. 첫째는 감각적 쾌락을 추구하는 삶이고, 둘째는 정치적 성공을 하는 삶이며, 셋째는 지성적으로 관조하는 삶이다. 이 중에서 감각적 쾌락을 추구하는 삶은 짐승이나 다를 바가 없고, 정치적 성공을 하는 것 역시 불완전하다. 권력과 명예는 쉽게 사라지기 때문이다. 지성적으로 관조(觀照)** 하는 삶이야말로 지혜를 사랑할 줄 아는 행복하고도 이상적인 삶이라고 아리스토텔레스는 설명한다.

아리스토텔레스가 말하는 행복한 삶에 대한 정의에 공감하는가? 그다지 공감하지 않는다면 삶의 목표에 대한 아리스토텔레스의 주장도 한번 들어보자.

아리스토텔레스는 행복을 추구하는 것이 삶의 목표라고 했다. 그런데 그가 말하는 '행복'은 '인간이 각자 자신이 가지고 있는 덕을 찾아내기 위해 지속적으로 수행하는 정신적 활동'이다. 말하자면 행복은 물질적인 것이 아니라 정신적인 것이고, 주어진 것을 누리는 것보다 덕을 추구하는 과정에서 얻어지는 것이라고 할 수 있다.

그렇다면 어떻게 해야 아리스토텔레스가 말한 행복을 누릴 수 있을까? 먼저 자신만의 덕을 찾는 것이니 타인의 시선이나 기준에서 자유로워질 필요가 있다. 자유와 독립이 보장되어야 하는 것이다. 아리스토텔레스가 말하는 행복은 이성을 사용해서 의지를 갖고 꾸준히 노력해 나만의 탁월함을 찾아가는 삶이라고 할 수 있다. 가진 것도 없고 명예나 권력과는 거리가 멀고 쾌락을 추구하기도 여의치 않은 상황이라고 해도 괜찮다. 나의 이성으로 생각하며 나만의 덕을 찾아간다면 지혜가 쌓이고 행복해질 수 있을 테니 말이다.

여러분은 행복을 무엇이라고 정의하는가? 만일 지금 행복하지 않다고 느낀다면 행복을 위해 필요한 것은 무엇이라고 생각하는가? 몇 년 전 한국과 일본, 미국의 청소년에게 "행복한 인생을 위해 필요한 것"이 무엇이냐는 질문을 한 적이 있다. 한국 청소년들이 제일 필요하다고 한 것은 바로 돈이었다. 일본 청소년들은 친구라고 답했고, 미국 청소년들은 가정(family)이라고 대답했다. 결과가 이렇다고 해서 우리나라 청소년들이 돈을 밝힌다고 단정 지어서는 안 된다. 이 대답은 각 사회의 쓸쓸한 그늘을 드러내는 의미에 더 가깝다. 우리나라가 경제적으로 발전했다고 하지만 '삼포'니 '오포'니 하는 단어가 생기는 것을 보면 여전히 물질적으로 어려운 사람이 많은 상황이라고 할 수 있다. 일본은 외톨이가 많고, 미국은 이혼으로 인해 가정이 붕괴되는 일이 잦다. 결국 청소년들이 말하는 행복의 조건은 지금 그들이 갖지 못한 것에 대한 갈망이라고도 볼 수 있다.

행복에 대해 더 생각해 보기 위해 국민의 행복지수를 묻는 검사에 나오는 일곱 가지 질문을 소개하겠다. 이 질문에 무엇이라고 답할 수 있을지 여러분 자신에게 물어보라.

1. 긍정 정서: 모든 것을 고려할 때 나는 얼마나 행복한가?
2. 몰입과 흥미: 나는 새로운 것 배우기를 좋아하는가?
3. 의미와 목적: 나는 대체로 소중하고 가치 있는 일을 하며 살아가는가?
4. 자존감: 나는 나 자신에 대해 대체로 매우 긍정적인가?
5. 낙관성: 나는 나의 미래에 대해 언제나 낙관적인가?
6. 회복력: 삶에서 문제가 생길 때 예전 상태로 돌아오기까지 얼마나 긴 시간이 필요한가?

7. 긍정관계: 나에게 진심으로 관심을 기울이는 사람들이 있는가?

    질문을 살펴보면 돈으로 채워질 수 있는 행복의 영역이 생각보다 그리 많지 않음을 알 수 있다. 그리고 질문을 읽다보면 행복을 느끼는 데 가장 기여를 크게 하는 감정이 감사임을 알게 될 것이다.

    나 자신의 행복관에 대해 한번 돌아보자. 내가 생각하고 있는 행복이 과연 진정한 의미의 행복일지, 아니면 행복의 모조품이나 가짜일지 곰곰이 생각해 봐야 한다. 어린 시절에 읽은 동화 《파랑새》를 떠올려 보자. 행복은 무지개 너머 어딘가에 있는 것이 아니라 가장 가까운 곳에서 둥지를 튼다는 것을 알 수 있다. 혜인이와 윤지가 자신들만의 덕을 찾는 지혜를 갖기를 바란다.

 나를 알아가는 질문

1. 내가 꿈꾸는 행복한 삶은 어떤 것인가?

2. 행복을 이루기 위해 나는 어떤 삶을 살아야 하며 내게 반드시 필요한 것은 무엇인가?

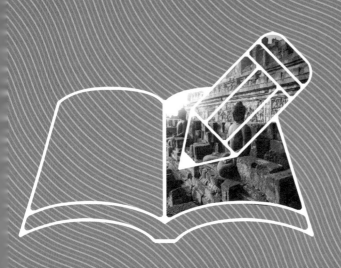

PART 2

공동체와 관계

CHAPTER
1

가족이란
무엇인가?

'가족'이란 단어를 들으면 어떤 것이 연상되는가? 포근하고
따뜻해서 언제든 돌아가 쉴 수 있는 안식처가 생각나는가, 지
긋지긋하고 고통스러운 지옥이 떠오르는가? 가족이 없어서 외
롭고 슬픈 사람은 따뜻한 가정을 꿈처럼 그리며 산다. 불의의
사고나 질병으로 가족을 잃은 사람은 평생 그 아픔을 지니고
살기도 한다. 행복한 가정과 따뜻한 가족관계는 누구나 바라고
추구하는 바이다. 하지만 현실에서의 가족은 고통이나, 좌절,
분노와 억압을 느끼게 하는 원인이 되기도 한다. 나에게 가족
이란 무엇인지를 생각해 보고, 또 가족 구성원으로서의 나는
어떤 사람인지도 생각해 보자.

가족을 이해하는 방법

● 개인주의와 가족중심주의 ●

●●● 민서는 추석이 좋았다. 친척들로부터 용돈을 받아서만은 아니다. 큰댁에 가서 보고 듣고 느끼는 모든 것이 좋아서였다. 우선 큰댁의 분위기는 조용하다. 식당을 운영하는 부모님의 목소리가 항상 크고 요란하다면 공무원과 교사 부부인 큰아버지와 큰어머니는 말씨가 조용한 데다 행동이 차분하고 부드러웠다.

사촌언니와 오빠도 마찬가지였다. 민서의 언니가 심술궂고 신경질적인 것에 비해 사촌언니와 오빠는 공부를 잘하면서도 친절했다. 민서는 왜 자신이 큰댁에서 태어나지 못했나 하고 한탄

했다. 그렇게만 되었더라면 지금보다 더 행복하고 좋은 사람으로 살 수 있을 거라 여겼다.

명절 모임이 끝나고 집에 돌아와 보니 한심스러운 집 안 살림이 눈에 들어왔다. 때가 눌러앉은 싱크대와 전기밥솥, 구석구석 쌓여 있는 자질구레한 짐, 실용성만 따지는 엄마가 고른 멋없고 투박한 세간. 민서는 생각했다.

'왜 부모님을 선택할 수 없는 것일까? 엄마 아빠는 나한테 잔소리를 하면서 왜 스스로는 고치려 하지 않을까? 내가 부모님을 바꾸거나 고칠 방법은 없는 걸까?'

민서가 처한 상황을 잘 살펴보면 두 가지 가치관이 충돌하고 있음을 알 수 있다. 하나는 '개인주의(個人主義)'이고 다른 하나는 '가족중심주의(家族中心主義)'이다. 개인주의의 사전적 의미는 '개인의 권위와 자유를 중히 여겨 개인을 기초로 하여 모든 행동을 규정하려는 윤리주의'이다. '가족중심주의'는 우리나라의 경우, 조선시대에 형성된 유교적 가치체계로 알려져 있다. 개인보다는 가족을 우선시하고 지위나 역할에 따른 가족 내의 위계에 따른 인간관계를 중요시한다는 것이 특징이다.

민서는 자신이 속해 있는 공동체 중에서 가장 기초적인 단위인 가정에 대해 불만이 많다. 부모님과 언니는 물론, 집안 분위기나 살림살이까지 마음에 들지 않는다. 이런 불만에는 자신이 추구하는 가치관이나 삶의 방식이 다른 가족 구성원과는 다르다는 인식이 깔려 있다. 큰댁에서 느껴지는 차분함이나 우아함을 자신의 집에서는 찾기 어렵다. 그러니 자신은 큰댁에 더 맞는 존재라고 여기는 것이다.

나를 중심으로 가치를 규정한다면 부모님이나 언니에 대해 불평하는 건 어찌 보면 자연스러운 일이다. 사람은 자신의 가치관을 내세우며 타인에 대해 평가하고 비판하는 경향이 있다. 하지만 이런 태도는 개인주의를 지나쳐서 자칫 잘못하면 **이기주의(利己主義, egoism)**★

적인 성향까지 보일 수 있다. 자신의 생각만 하느라 부모님에 대해 감사하지 않고 언니를 무시하거나 미워할 수 있기 때문이다.

민서처럼 가정에 대해 불만이 많은 사람이라면 한 가지 생각해 볼 게 있다. 바로 내가 이 가정에 와 있는 이유가 무엇인가 하는 것이다. 이에 대한 답을 찾기 위해서는 가족중심주의에 대해 고민할 필요가 있다. 왜 가족중심주의는 가족을 개인보다 우선시하고 그 안에서 구성원의 지위와 역할을 중요하게 생각하는 걸까? 가족은 대체 왜 존재하며 이 안에서 부모님과 나의 관계, 그리고 언니와 나의 관계는 어때야 하는 걸까?

가족이 힘이 될 때를 생각해 보자. 내가 혼자 일하고 돈 벌어서 밥을 짓고 혼자 잠자는 삶이 죽을 때까지 쭉 이어진다면 어떨까? 취미가 있어 외롭지 않을 수 있다 해도 늙고 병들어 취미활동이 어려워지면 어떨까? 요양시설에 내 몸을 맡겨 죽을 때까지 지내도 과연 전혀 쓸쓸하지 않을까?

가족의 가치를 생각하기 위해 조선시대처럼 위계를 따질 필요는 없다. 하지만 나를 낳고 길러준 부모님에 대해 고마운 마음을 가질 필요는 있다. 비록 내 마음에 들지 않는 형제나 자매가 있더라도 같은 부모님 아래서 자란 소중한 동기라는 인식이 있어야 한다. 동서고금으로 동일하게 강조되는 '효(孝)'라는 덕목에 대해 한번 생각해 보자.

여러분은 효라고 하면 어떤 생각이 떠오르는가? 답답하고 일방적인 의무라는 느낌이 드는가, 아니면 나에게 힘을 주는 원동력이라는 생각이 드는가? 기독교의 십계명에는 "네 부모님을 공경하라"는 말이 다섯 번째 계명으로 등장한다. 유교뿐 아니라 기독교에서도 효를 매우 강조함을 알 수 있다. 《성경》에 부모님을 공경하면 네가 잘되고 장수한다고 적혀 있다.

왜 부모님을 공경하는데 내가 잘되는 걸까? 답은 의외로 간단하다. 부모님을 공경하는 아이들은 부모님의 말씀을 잘 듣는다. 정상적인 부모님이라면 자식들에게 바람직하고 중요하며 필요한 일을 가르친다. 그 말을 따르는 자식들은 잘될 수밖에 없다. 어른들이 세배를 받고 덕담할 때도 "부모님 말씀 잘 듣고 공부 열심히 하고 건강해라"고 한다. 부모님 말씀을 잘 듣는 것이 결국 나에게 좋다는 인식이 깔려 있기 때문이다. 장수하는 것도 마찬가지이다. 건강한 습관을 갖고 안전하게 사는 사람이 대체로 장수를 하게 마련인데, 그 역시 부모님이 가르쳐 준 좋은 생활습관에서 비롯된다고 할 수 있다.

민서의 상황으로 돌아가서, 민서가 무엇을 행복의 기준으로 보고 있는가에 대해 생각해 보자. 민서가 바라볼 때 민서의 가족은 행복하지 못하다. 그 기준은 다름 아닌 민서로부터 나온 것이다. 크고 요란한 목소리를 예로 들어 보자.

큰 목소리를 싫어하는 민서는 그것을 불행으로 경험한다. 하지만 모든 사람이 크고 요란한 목소리를 불행으로 인식하지는 않는다. 합리적 정서행동치료(Rational Emotive Behavior Therapy: REBT)*에 따르면 사건, 생각, 감정은 다음과 같이 ABC로 설명할 수 있다고 한다.

A = Activating event: 사건의 발생 (주변 상황)

B = Belief: 믿음 (발생한 사건에 대한 생각)

C = Consequence: 결과 (감정과 행동)

민서가 겪고 있는 민서의 가족은 A에 해당한다. 민서의 시각과는 다르게 A 자체로는 좋고 나쁨이 없다. 아무 의미도 담고 있지 않는 것이다. 이를 '정말 촌스럽고 엉망이야'라고 생각(B)하는 순간 그에 따라오는 감정(C)은 아마도 속상함과 분노, 불평 등으로 나타날 것이다. 그러나 A를 바라보는 시각을 '엄마는 목소리도 크고 건강하셔'(B)로 바꾸면 어떻겠는가. 이에 따라오는 감정(C)은 아마도 당당함과 안도감일 것이다. 그러면 민서의 행동도 편안하고 친근해질 것이다. 이렇게 A, B, C를 기억해 확인하면 내가 세상을 어떻게 보고 있는지 점검할 수 있다.

우리는 세상이, 그 사람이, 특별한 어떤 일이 나에게 스트레스가 된다고 생각하는 경우

합리적 정서행동치료
미국의 심리학자 앨버트 엘리스는 환자의 말을 듣기만 하는 정신분석과 달리 환자에게 적극적으로 개입하는 태도를 취했다. 우울증과 같은 정서적인 문제가 비합리적인 사고방식에서 온다고 보고 이를 바로잡는 합리적인 사고를 주장했는데 그것이 바로 합리적 정서행동치료이다. 실용적인 치료로서 1970년대에 큰 인기를 끌었다.

가 많다. 그러나 내가 스트레스를 경험하는 것이 사실은 나의 시각 때문일 수도 있다. 세상, 그 사람, 그 어떤 일은 대부분 돌이킬 수 없거나 바꿀 수 없다. 마치 민서가 아무리 속상해한들 큰댁 막내딸로 다시 태어날 수 없는 것과 마찬가지이다. 그렇지만 가족을 보는 눈, 내 주변을 바라보는 나의 시각은 되돌릴 수도 있고 바꿀 수도 있다. 물론 내가 그렇게 하기로 결심한 경우에만 해당하는 이야기이지만 말이다.

"불행한 가정은 다양한 모습으로 불행하지만 행복한 가정은 똑같은 모습으로 행복하다."

톨스토이의 작품 《안나 카레니나》에 나오는 한 구절이다. 민서는 스스로 몸담고 있는 가정을 불행한 가정으로, 동경의 대상인 큰댁은 행복한 가정으로 바라본다. 이처럼 민서가 계속 자신의 가족을 탓하고 큰댁을 부러워하며 살 수도 있다. 하지만 바뀔 수 없는 환경을 탓하며 다른 사람의 것을 부러워하면 현실은 더욱 고달파지지 않을까? 대신 감사의 마음을 품고 부모님을 공경하기로 작정하고 언니와 우애 있게 지내기로 결심하여 이를 실천한다면 어떨까? 아마 민서의 삶은 조금씩 더 행복해질 수 있을 것이다.

감사하는 마음이 생기면 가족을 위해 내가 무엇을 할 수 있나 살필 여유도 생긴다. 민서가 나서서 가구나 세간을 바꿀 수는 없지만, 묵은 때와 쌓인 먼지를 닦고 청소하는 일 정도는 할 수 있다. 차분한 목소리와 밝은 태도로 가족을 대할 수도 있다. 그러면 부모님과 언니에게도 긍정적인 영향력이 확산될 것이다.

누구나 내가 원하는 모든 것을 처음부터 갖고 태어날 수는 없다. 하지만 감사하는 태도를 가짐으로써 내 삶을 조금씩 행복하게 채워나갈 수는 있다.

 나를 알아가는 질문

1. 우리 가족의 어떤 점이 불만스러운가? 가족의 단점을 긍정적으로 바라보면 그것을 어떻게 달리 느낄 수 있을까?

2. 내가 부모님이 된다면 어떤 엄마, 혹은 아빠가 되어야 바람직할까?

선을 알아야 행한다
● 가정불화와 분노 조절 ●

●●● 아빠: 살림을 이따위로 하고 애들은 팽개치니까 집안 꼴이 이 모
양이지!

엄마: 집안 꼴이 뭐가 어때서? 내가 얼마나 힘들게 사는지 알기
나 해? 당신 월급에 이 정도로 버티면 그야말로 대단한 거
라고!

아빠: 그래서 내가 벌어오는 게 마땅찮다는 거야?

엄마: 당신도 큰소리칠 처지는 아니라는 뜻이야. 그걸 못 알아들
어?

아빠: 나더러 뭘 어떻게 하라고? 밤에 잠 안 자고 대리기사라도

뭘까?

엄마: 누가 당신더러 일 더 하래? 그냥 당신 인생 꼬인 거, 나나
애들 탓은 아니라는 거지.

아빠: 알았어. 다 내가 못나 이렇다는 거지? 나가줄 테니까 어디
한번 잘 살아봐!

지우의 아빠는 늘 그렇듯 엄마와 말다툼 끝에 집을 나갔다. 부모
님은 언제나 지극히 사소한 것 때문에 싸운다. 이번에는 개똥을
누가 치우나 하는 문제에서 시작됐다. 서로 일이 많다고, 서로

피곤하다고 미루다 폭발한 것이다. 아빠는 욱하는 성미가 있고 엄마는 한마디도 지지 않는다. 저럴 거면 왜 결혼을 했나 할 정도로 두 분은 자주 싸운다. 날마다 싸우려면 적어도 자식은 낳지 말아야 하는 것 아닌가? 부부싸움으로 자주 상처주는 부모님을 지우는 원망했다. 그러다 마침 자신의 샤프를 쓰고 있는 동생에게 눈길이 갔다. 지우는 동생에게 화풀이를 했다.

"너 왜 내 샤프 써? 넌 누나 게 다 네 거로 보여? 당장 내놔!"

싸움의 원인은 다양하다. 그런데 전개과정에서 공통적으로 나타나는 현상이 있다. '나는 착한데 너는 악하다' 혹은 '나는 옳은데 너는 그르다'와 같은 주장이 나오는 것이다. 개인 간의 싸움이나 공동체간의 다툼, 혹은 국가 간의 전쟁에서도 비슷한 양상이 발견된다. 지우 부모님의 다툼도 마찬가지이다. 힘들게 일하는 아빠 입장에서는 지우 엄마의 태도가 서운하고 원망스럽다. 지우의 엄마 역시 자신의 노력을 몰라주고 화를 내는 남편이 미울 것이다. 자식들은 어떨까? 부모님의 다툼에 불안하고 염려되는 한편 스스로가 처한 환경에 불만을 품을 수도 있다.

그렇다면 싸움에서 종종 주제가 되는 '선'이란 대체 무엇일까? 선과 선 행위는 계속 권장되고 있지만 선의 의미는 시대와 상황에 따라 조금씩 다르게 나타난다. 전쟁이 중요했던 고대 그리스에서 용기와 힘이 선이었다면, 오늘날 우리나라에서 선은 배려, 양보, 희생의 미덕이라고 할 수 있다. 이렇듯 선의 개념이 달라지고 있기 때문에 선을 실천하기 위해 우리는 먼저 무엇이 선이고 무엇이 악인지를 분별할 수 있어야 한다. 선과 악을 판단할 기준이 없고 선악에 대해 무지하다면 선을 깨달을 수도, 실천할 수도 없을 테니까 말이다.

소크라테스는 부도덕이나 악의 원인을 무지에 있다고 봤다. 선이 무엇인지를 분별할 수 있다면 그것을 행할 수 있기 때문이다. 하지만 선을 알 수 없다면 본능이나 욕망에 따라 무분별하게 행동하여 타인에게 해를 끼친다. 소크라테스는 또 인간의 삶에서 중요한 것은 선을 추구하는 맑은 영혼이라고 했다. 그리고 악덕과 방종의 원인인 무지를 벗어나 사물의 본질을 깨달을 수 있는 진정한 지식을 추구할 것을 촉구했다. 그리고 그는 인간의 행복이 욕망의 절제를 통해 이뤄질 수 있다고 주장했다. 요컨대 소크라테스는 욕망을 절제하여 선을 이루어가는 것을 인간의 진정한 행복이라고 본 것이다.

지금 지우의 가족이 깨닫고 실천해야 할 '선'은 무엇일까? 기독교에서 가르치는 황금률을 생각해 보자. 〈누가복음〉* 6장 31절에 "남에

★
〈누가복음〉
《성경》에서 신약의 제3 복음서. 예수의 행적(行跡) 외에 가르침과 의료에 대한 기사 등이 많이 실려 있음. 바울의 동역자 누가의 저술이라고 함. 이방인 초신자를 지성적인 신앙인이 되도록 가르치기 위하여 예수의 일생을 기록한 복음서이다.

게 대접을 받고자 하는 대로 너희도 남을 대접 하라(do to others as you would have them do to you)"는 말이 있다. 이 말은 **기독교 윤리관****의 기초를 이루는 예수님의 말씀이다. 3세기의 로마 황제 세베루스 알렉산데르가 이 문장을 금으로 써서 거실 벽에 붙여둔 이래로 이 말에는 '황금률'이라는 명칭이 붙었다고 한다.

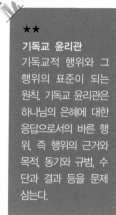

사실 지우의 가족은 서로를 미워하거나 싫어하는 게 아닐지도 모른다. 그들은 각자 나의 수고를 알아주고 칭찬해주며 서로 배려하여 보살펴주는 태도를 기대하고 있는 것이다. 그런 기대를 충족시키는 것이 선임을 깨닫고 나면 나머지는 간단하다. 비난하고 싶고 내 마음대로 행동하고 싶은 욕망을 내려놓고, 절제와 희생, 그리고 봉사와 격려를 통해 선을 실천하면 되는 것이다. 하고 싶은 말을 모두 내뱉고 원하는 행동을 다 하는 것은 쉽다. 하지만 그런 행동이 남에게 상처를 주고 자신도 괴롭게 하는 것임을 안다면 행동을 바꾸어야 한다. 악을 버리고 선을 적극적으로 행할 수 있어야 한다. 쉬운 일만 한다고 해서 인생이 쉬워지는 것은 아니다. 오히려 힘들더라도 절제하는 삶을 살 때 행복에 한층 더 가까워질 수 있다.

지우의 가정에 대해 다시 한 번 생각해 보자. 부모님은 그렇다 치고, 지우와 동생은 대체 왜 싸우는 걸까? 사랑을 받아 본 사람이 사랑을 할 줄 안다고 한다. 지우는 엄마 아빠가 서로를 비난하면서 싸우는 게 정말 싫지만 자신도 동생과 싸우고 있다. 스스로 악순환의 고리를 끊지 못하는 것이다. 사람의 성격은 유전과 환경의 영향을 받는다고 한다. 같은 부모님, 동일한 환경에서 자란 남매가 부모님을 닮고 서로를 닮는 건 어찌 보면 당연한 일이다. 그러니 사랑과 선을 베풀기보다 원망과 다툼을 드러내고 있을 수밖에 없다.

그렇다면 선은 어떻게 행하는 것일까? 아빠는 집을 나가기까지 한 상황이라 현재로서는 선한 생각을 하기란 무척 어려울 것 같다. 대신 지우의 마음을 생각해 보자. 부모님이 다투고 동생이 말썽을 피우는 상황에서, 지우는 무엇보다 자기 자신을 지켜야 할 필요가 있다. 일차적인 '자기 보호'는 안전을 추구하는 것이다. 엄마 아빠 싸움의 불똥이 자신에게 튀지 않도록 조심하는 것부터가 시작이다. 그리고 부모님이 서로를 향해 퍼붓는 말이 진심이 아님을 기억할 수 있으면 좋겠다. 엄마는 지우와 동생을 내팽개친 사람이 아니고, 아빠도 인생이 꼬인 못난 사람이 아님을 명심하면서 말이다. 그저 엄마도 아빠도, 삶에 지치고 피곤한 상황임을 이해해 줄 필요가 있다.

이렇게 생각하고 스스로를 지키는 것이 너무 어렵다면 최소한 자기 자신의 감정이라도 지켜야 한다. 분노는 전염성이 매우 높은 감정이다. 그래서 한 사람이 화를 내면 옆에 있는 사람이 덩달아 화를 내게 되어 있다. 분노가 전염되어 화를 폭발하려고 할 때 자신에게 질문을 해 보자.

"내가 여기서 동생에게 화를 내면 기분이 좋아질까?"

화를 내고 나면 우선은 속이 시원한 것 같다. 하지만 금세 씁쓸하고 민망해지는 데다 불쾌한 여운이 오래간다. 지우가 이것을 깨닫고 "아니야, 화내면 내 기분만 안 좋아" 하고 대답을 한다면, 악순환을 끊을 여지가 생긴다. 만약 화를 참지 못하고 지우가 동생에게 분을 터뜨리면 동생은 그 화를 받아 또 엉뚱한 곳에 분풀이를 하기 쉽다. 동생이 그 짜증을 엄마한테 부린다면 엄마는 또 아빠와 다툼을 일으킬 가능성이 커진다. 결국 화가 몇 배나 커져서 지우에게 돌아올 수 있는 것이다.

부모님의 다툼을 말리면 좋겠지만 그것이 쉽지 않을 때가 있다. 그때는 적어도 자신이나 다른 사람과의 다툼으로 분노를 키우거나 옮기는 일은 하지 않길 바란다. 그러기 위해서는 분노를 조절할 수 있어야 한다. 분노를 조절하기 위해서는 스스로에게 다음과 같이 말을 걸어야 한다.

"화나지? 그래도 착한 네가 참아. 이거 별일 아니야."

이런 훈련이 반복되면 차차 감정 조절에 익숙해질 수 있다. 그런데 지금 내가 자녀로 있는 가정 안에서는 아무리 분노를 조절해도 효과가 크지 않을 수 있다. 한마디로 지우가 아무리 착하게 살아도 동생은 계속 말썽을 부리고 부모님도 꾸준히 싸울 수 있는 것이다. 그렇다 하더라도 지우가 엄마가 될 가정에서는 지금의 시도와 노력이 크고 놀라운 결과를 가져올 수 있다. 너그럽고 사려 깊은 엄마가 되어 화목한 가정을 만들게 될 자신의 모습을 상상해 보라. 당장은 힘만 들고 성과가 없어 보여도 미래를 생각한다면 절대로 가치 없는 노력이 아니다. 이 수고를 계속하다 보면 지금의 가정에서는 아니라 할지라도, 좋은 가정을 꾸림으로써 값진 열매를 얻을 수 있을 것이다.

 나를 알아가는 질문

1. 가족 중 서로 미워하는 사람이 있는가? 있다면 그들을 화해시킬 방법을 생각해 보자.

2. 지금 나를 화나게 하는 가족은 누구인지 생각해 보고 분노를 다스리기 위해 내가 할 일을 구체적으로 적어 보자.

●●● 정훈이네 가훈은 '내 할 일을 잘하자'이다. 촌스럽고 단순한 이
가훈은 아버지가 홧김에 만든 것이다. 어느 날 아버지가 갑자기
선언했다.

"우리집 가훈은 다른 것 없다. 각자 자기 할 일 잘하면 되는 거
다. 내 할 일만 잘하면 된다. 남 탓할 것도 없고 남한테 시켜서도
안 된다. 자기 일만 제대로 해도 집안은 잘 굴러가게 되어 있다."
이 말을 한 것은 정훈이의 아빠가 할아버지의 제법 큰 빚을 대
신 갚아주고 나서였다. 할아버지는 아프거나 힘들거나 어려운
일만 있으면 언제나 큰아들인 아빠에게 전화를 했다. 작은아버

지나 고모는 그런 일에 쏙 빠져서 나 몰라라 했다. 이번에도 아빠는 머리를 싸매고 고민한 끝에 결국 문제를 해결했다. 보험을 해약한 것도 모자라 적금까지 깨어 빚을 갚은 것이다. 그리고 아빠는 폭발했다. 표정이 어두워지고 말수가 줄더니 정훈이나 누나 정민이에게는 수시로 도끼눈을 뜨고 화를 냈다. 정훈이는 아빠가 자신의 책임 범위 밖까지 다 맡으려는 바람에 마땅히 돌봐야 할 자식에게는 무책임해졌다고 생각했다. 할아버지에게 화를 내지 못하고 누나와 자신에게 화풀이를 하는 것이

비겁하고 치사해 보였다. 물론 그런 생각은 절대 입 밖에 내지는 못했다.

자식으로서 도리를 다하는 것과 부모로서 역할을 수행하는 것이 충돌할 때가 있다. 이럴 때 과연 어떤 선택을 하는 것이 바람직할까? **유교(儒教)***적 전통에서는 자식보다도 부모님을 우선시하고 봉양하는 것을 미덕으로 여겼다. 그래서 많은 효자, 효녀들은 나를 희생하고 자식을 소홀히 하면서까지 부모님께 정성을 다했다. 그들은 그런 태도야말로 도덕적이고 윤리적인 것이라 여겼기 때문에 이를 실천하기 위해 애썼다. 하지만 이런 생각을 무조건 답습하기는 좀 곤란하다. 나의 희생과 배려는 결국 모두의 행복을 위한 것이어야 하기 때문이다. 부모님의 행복뿐 아니라 자녀와 나의 행복도 생각하는 것이 지혜로운 선택일 것이다.

정훈이의 아버지는 부모님의 행복에 대해서 많은 고민과 노력을 해왔다. 하지만 자신과 자녀들의 행복에 대해서는 생각할 겨를이 없었다. 이것은 분명 올바른 태도가 아니다. 타인과 나의 행복이 조화를 이룰 수 있도록 재정적으로, 육체적으로, 정신적으로 노력이 필요한 것이다. 가정에서도 이러한 노력과 조절이 있

★
유교
공자의 가르침에서 시작된 중국의 도덕 사상. 인의예지신(仁義禮智信)을 바탕으로 나라에 대한 충성과 부모님에 대한 효도를 중시한다.

을 때 구성원 모두가 행복해질 수 있다.

좋은 조직이란 구성원이 행복하고 가치 있
는 삶을 영위할 수 있도록 해주는 조직을 말한
다. 좋은 학교라면 구성원인 학생과 선생님이
좋은 삶을 영위할 수 있는 곳이다. 좋은 가정
은 가족이 모두 행복할 수 있어야 한다.

그러면 좋은 삶이란 무엇일까? 우리는 어떻
게 살면 잘 살았다고 이야기할 수 있을까? 돈
이 많으면 좋을 것 같지만 돈을 많이 가졌다고 해서 무조건 좋은
삶을 누린다고 볼 수 없다.

실제로 행복도에 대한 연구 결과를 보면, 주관적인 행복감과
연관이 높은 것은 감사, 낙관주의(樂觀主義, optimism)★, 긍정적인 감동
이다. 나이, 성별, 교육 수준, 사회적 지위, 수입, 지능, 외모의 매
력도는 행복감과 상관관계가 별로 없었다고 한다. 기쁜 일이 많
다는 것 역시 좋은 일이기는 하지만 그것만으로 좋은 삶이라고
하기는 어렵다. 기쁨을 기쁨으로 느끼고 누릴 줄 알아야 좋은 삶
이 될 수 있기 때문이다.

좋은 가정이 어떤 특징을 가졌는지 살펴보기 위해 부모님의
양육 방식을 분류해서 설명해 보겠다. 여기서 부모님에 대해 말
하는 것은 그분들이 바로 가정의 중심축이 되는 중요한 존재이
기 때문이다.

첫 번째 유형은 독재적인 부모님이다. 이들은 단호하고 가혹하며, 정서적으로 냉담하다. 자녀로부터 복종을 요구하고, 아이들의 독립성을 존중하지 않으며, 의사 결정에 참여시키려 하지 않는다.

두 번째는 허용적인 부모님이다. 아이들을 사랑하지만 너무 느슨해서 전혀 통제하려 하지 않는다. 자녀들에게 자유를 주고 의사 결정의 기회도 주지만, 올바른 선택을 돕는 지표를 제공하지 않아 자식을 곤란하게 만들기도 한다.

세 번째는 가장 바람직한 모델인 민주적인 부모님이다. 아이들과 타협하려 하며, 제한을 두되 왜 그런지 설명하고, 독립적일 수 있도록 장려한다. 가족 간의 모든 결정은 서로의 합의를 통해 내리려 한다.

독재적 부모님은 순종적이지만 의존적이고 불행한 아이를 길러내며, 허용적인 부모님은 쾌활하고 사회성이 우수하지만 미숙하거나 참을성이 부족하며 다소 공격적인 아이를 길러낸다. 민주적인 부모님은 친절하고 협동적이며 사회적 책임감이 높고 자립적 성향을 갖는 아이들을 길러낼 가능성이 크다.

통계를 보면 부모님들은 자신이 아동기에 경험한 양육 방식과 매우 유사한 방식으로 자기 아이들을 키우는 경향이 있다고 한다. 스스로가 어떻게 길러졌는지 깨닫고 자신이 양육자가 되었을 때 부족한 점을 깨달아 보완할 수 있는 자세가 필요하다.

정훈이의 아빠는 쓰디쓴 경험을 계기로 지금까지 살아온 것과는 전혀 다른, 각자 자기 일을 책임지는 삶을 모토로 삼은 것 같다. 정훈이 아빠가 경험했던 독재적 부모님과는 다른 부모님이 되고 싶고, 무턱대고 허용적이지도 않으려는 생각에 그런 선언을 한 것이다. 물론 정훈이의 아빠도 사람이다 보니 생각한 대로 실천을 한다는 게 그리 쉽지는 않아 보인다. 정훈이와 누나에게 애꿎은 화살이 날아오는 걸 보면 더욱 그렇다. 마음을 고쳐먹었다 해도 정훈이 아빠에게 가끔은 독재적인 할아버지의 모습이 나타날 수도 있다.

지금의 정훈이와 누나는 아빠가 방향을 전환하려 한 것을 높이 평가해드릴 수 있으면 좋겠다. 아빠는 자신을 비롯한 가족 구성원 모두에게 바람직한 방향을 제시하려는 것이다. '내 할 일을 잘하자'는 말은 가족 구성원이 독립적으로 스스로의 책임을 다하자는 의미이다. 그것은 독재적 강요도 무조건적인 허용도 아닌, 민주적 의사결정과 합의를 통한 실천을 이끌 수 있다.

이러한 결심을 잘 실천하기 위해 정훈이 아빠 역시 목표가 수단을 정당화하지는 않는다는 것을 명심해야겠다. 일관되지 않은 양육 태도를 보이기보다는 민주적인 태도로 책임감 있는 자녀를 길러내기 위해 주의해야 할 것이다.

나를 알아가는 질문

1. 내가 부모님이 된다면 세 가지 유형 중 어떤 부모가 되고 싶은가? 그 이유는 무엇인가?

2. 내가 만약 정훈이라면 아빠를 어떻게 이해할 것인가?

죽음 앞의 인간

● 죽음에 관한 반응 ●

●●● 수연 : 엄마, 언제 와?

엄마 : 5분 안에 간다.

수연 : 엄마, 보고 싶어.

엄마 : 아이고, 고등학생이 아직도 이렇게 엄마를 찾냐.

수연 : 어서 와.

엄마 : 알았어. 곧 갈게.

수연 : 엄마, 나 무서워.

엄마 : 뭐가?

수연 : 엄마가 갑자기 죽어버릴까봐.

엄마: 그건 또 무슨 말이야?

수연: 오늘 짝한테 들었는데, 옆 반에 혜령이라는 애 엄마가 죽
　　　었대. 암으로.

엄마: 아이고, 저런. 불쌍해서 어쩌니?

수연: 그러니까 말이야, 엄마. 엄마, 난 엄마가 죽으면 따라 죽을
　　　거야.

엄마: 그런 말 하면 못써.

수연: 그래도, 난 엄마 없으면 못 살아.

사춘기가 지났는데도 수연이는 엄마를 세상에서 제일 좋아한다. 모녀간에 다정한 게 보기 좋기는 하지만 엄마는 딸이 너무 의존적이라 걱정이다. 엄마가 죽으면 따라 죽겠다고 한 말은 그냥 한 말이겠지만, 수연이는 정말 그럴 수도 있을 만큼 '엄마바라기'이다. 성인이 되고 독립을 하면 수연이도 가정을 꾸려 엄마가 되어야 할 텐데, 이토록 엄마만 따르고 있으니 어쩌면 좋을까?

수연이는 옆 반 친구 혜령이의 엄마가 돌아가신 사건으로 이전보다 훨씬 더 엄마를 소중하게 느끼게 됐다. 사람은 타인의 죽음을 통해 죽음에 대해 구체적으로 생각하게 된다. 또래의 친구가 엄마를 떠나보냈다는 소식을 들으며 수연이는 더욱 충격을 받고 불안감을 느낀 것이다. 사람마다 죽음에 대해 느끼는 바는 다양하겠지만 인간의 유한성에 대해 깨닫고 나면 누구나 처음엔 불안하고 두려워진다. 그러면서 소중한 관계에 더욱 관심을 갖거나 수연이의 경우처럼 친밀한 관계에 집착하게 된다.

포이어바흐(Ludwig Andreas Feuerbach)*는 유한성과 허무성이 동일하며 자기의 유한성과 상대성을 자각하는 것이 자기 허무를 자각한 것이라고 주장했다. 그리고 그는 이를 계기로 생명전환의 종교적 요구가 생긴다고 말했다. 즉, 사람은 자기의 죽음을 자각하면서 무한하고 절대적인 신을 바라고 의지하게 된다는 것이다. 물론 모든 사람이 죽음의 자각을 계기로 신앙을 갖는 것은 아니다. 이 화제에 대해서 더 깊이 알기 위해서는 그 유명한 **파스칼**

(Blaise Pascal)★★의 도박 이론을 생각해 볼 필요가 있다.

신이 존재하느냐 여부는 여전히 논쟁거리로 남아 있다. 이 문제에 대해 파스칼은 신이 존재하느냐 하지 않느냐에 대해 내기를 걸 수 있다고 봤다. 이성적으로 따져서는 어느 쪽이 이길지 알 수 없다. 신이 존재한다는 생각이나 존재하지 않는다는 생각 모두, 상대 쪽보다 더 합리적이라고 생각할 근거가 없기 때문이다. 하지만 도박을 했을 때, 이 양쪽의 결과는 매우 다르다. 신이 존재한다는 쪽에 건 사람이 이기면 그는 모든 것을 얻을 수 있다. 그리고 비록 내기에 졌다고 해도 그 때문에 크게 잃을 것이 없다. 그래서 도박을 한다면 신이 있다는 쪽에 걸어야 마땅하다는 것이다. 신의 존재는 지성으로 증명할 수 없다. 하지만 이기면 모든 것을 얻고 져도 손해 볼 것 없는 쪽이, 지면 모든 것을 잃게 될 쪽보다 훨씬 나은 선택이 될 것은 자명하다.

포이어바흐는 인간의 삶에서 신앙이 어떤 역할을 하는지에 대해서 이렇게 말했다.

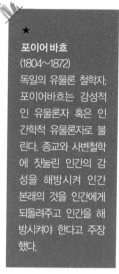

★
포이어바흐
(1804~1872)
독일의 유물론 철학자. 포이어바흐는 감성적인 유물론자 혹은 인간학적 유물론자로 불린다. 종교와 사변철학에 짓눌린 인간의 감성을 해방시켜 인간 본래의 것을 인간에게 되돌려주고 인간을 해방시켜야 한다고 주장했다.

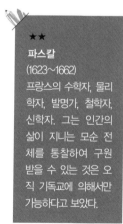

★★
파스칼
(1623~1662)
프랑스의 수학자, 물리학자, 발명가, 철학자, 신학자. 그는 인간의 삶이 지니는 모순 전체를 통찰하여 구원받을 수 있는 것은 오직 기독교에 의해서만 가능하다고 보았다.

"신이란 마음속에서 인간의 불행에 대해 쏟아지는 사랑의 눈물이다. 신이란 영혼의 근저에 가로놓여 있는 형언할 수 없는 탄식이다."

신의 사랑이나 도움 없이 고난을 해결해야 한다면 얼마나 힘이 들까? 이런 면에서 보면 인간은 종교 없이 살기 힘든 존재라고 볼 수 있다. 죽음의 두려움으로 힘들어하는 수연이에게 신앙은 어떤 도움을 줄 수 있을까? 현세에서 엄마와 소중한 관계를 쌓고 내세에서도 다시 만날 수 있는 믿음의 기약을 한다면, 수연이는 지금의 불안과 집착을 조금이라도 덜어낼 수 있지 않을까?

수연이가 엄마에게 하는 말은 어린아이가 칭얼거리는 것과 비슷하다. 하루 종일 엄마가 보고 싶고 건강하고 멀쩡한 엄마가 갑자기 죽어버릴까봐 무서우며 엄마가 죽으면 따라 죽고 싶을 만큼 엄마에게만 집착해서 매달리니 말이다. 또래 친구들은 대학에 가고 멋진 연애를 할 미래를 꿈꾸는데, 수연이는 계속 엄마만 찾는 어린아이 같은 단계에 남아 있다. 이것은 일종의 퇴행 현상이라고 볼 수 있다. 퇴행(regression)이란 다시 어린아이가 되는 현상이다. 좌절을 심하게 겪을 때 현재보다 더 유치한 과거 수준으로 후퇴하는 심리 현상을 말한다.

예를 들어 동생이 태어나자 대소변을 잘 가리던 어린아이가 갑자기 오줌을 싸거나, 어린이가 충격을 받은 뒤 아기처럼 손가락을 빨며 말을 못하게 되는 것을 들 수 있다. 친구의 엄마가 돌아가셨다는 소식을 들은 모든 친구가 전부 수연이처럼 반응하지는 않았을 것이다. 그렇다면 유독 수연이만 퇴행 현상을 일으킨 것은 왜일까. 그것은 아마도 수연이가 죽음을 바라보는 시각이 좁고 불안정하기 때문일 것이다.

죽음을 이해하는 데에는 한 사람의 정서적 및 인지적 발달단계가 중요한 역할을 한다. 만 5세가 안 된 어린아이는 죽음을 잠자는 것과 비슷하다고 이해한다. 만 5~10세 사이에서는 죽음이라는 게 돌이킬 수 없는 인간의 운명임을 깨닫는다. 열 살 전후라면 죽음이 어른에게만 일어나는 것이 아니라 어린이에게도 일어난다는 걸 이해하게 된다. 사춘기가 되어서야 죽음이 누구에게나 보편적인 것이며 다시는 돌이킬 수 없고 피할 수도 없는 거란 사실을 이해한다.

우리는 죽음 앞에서 인간은 누구나 슬퍼할 것이라고 생각한다. 하지만 죽음에 대한 실제 반응은 슬픔 외에도 무척 다양한 모습으로 나타난다. 흔히 나타나는 반응으로는 무관심, 분노, 문제성 많은 행동을 들 수 있다. 그중에서도 분노는 아주 강렬하게 나타나곤 한다. 버림받음이나 죽음에 대한 공포도 종종 눈에 띈다. 지금 수연이가 겪고 있는 증상이 여기에 해당된다.

가까운 가족을 잃은 사람은 이후에도 자신이 경험한 상실을 반복적으로 생각하게 된다. 삶에서 겪게 되는 중요한 순간들, 예를 들어 수련회나 수학여행을 갈 때, 졸업식을 할 때, 결혼할 때,

아이를 낳을 때 등의 순간에서 이전에 겪은 상실을 생각하는 것이다.

죽음은 실재(reality)이다. 돌이킬 수 없으며, 누구도 피할 수 없다. 그러므로 죽음에 대한 느낌이 어떤지, 어떤 것들이 걱정스러운지 표현해야 하며, 솔직하고 분명한 대답을 할 수 있어야 한다. 돌아가신 분에 대한 분노나 양가적인 감정을 인식하고 드러내야 할 때도 있다. 어려운 일이지만 이런 감정들까지도 정상 범주 안에 들어감을 알고 털어놓을 필요가 있다. 스트레스에 적응하는 능력을 키우고 다른 사람들과 안정적인 관계를 맺는다면 죽음의 공포를 이겨내는 데도 큰 도움을 얻을 것이다.

 나를 알아가는 질문

1. 수연이가 엄마에게 집착하듯 내가 집착하고 있는 대상이 있는가? 있다면 그 이유는 무엇인가?

2. 죽음에 대한 나의 감정은 어떠하며 내가 경험하고 기억하는 죽음은 어떤 것인가?

나는 어떤 삶을 원하는가?

● 갈등과 외부 압력을 이기는 방법 ●

세호는 자신의 험담을 하고 다니는 상민이 때문에 단단히 화가 났다. 그래서 가장 친한 친구 서준에게 이 일을 털어놓았다.

●●● 세호: 아, 열 받아.

서준: 왜?

세호: 상민이 그 자식이 또 신경질 나게 하잖아.

서준: 뭘 어쨌는데?

세호: 나더러 부모님 덕에 족집게 과외선생 만나 성적 잘 받는다

　　고 하더라고.

서준: 어, 틀린 말은 아닌 것 같은데?

세호: 뭐라고?

서준: 그렇잖아. 그리고 그게 뭐 나쁜 말이야? 나는 오히려 부럽
다, 뭐.

세호: 그건 또 뭔 소리야?

서준: 전에 너랑 나랑 등수가 앞뒤로 하나 차이였을 때 말이야,
그때 우리 엄마는 날 포기했다고 선언했거든. 아빠도 난리
였고. 그 뒤로 나 학원도 다 끊었잖아.

세호: 그건 알지, 근데 그게 왜?

서준: 왜는 무슨! 넌 엄마가 사방팔방 학원 알아보고 과외선생님
　　 도 붙여줬잖아. 우리 부모님이 나한테 그만한 관심이나 믿
　　 음을 줬다면 난 벌써 전교 1등 했다.
세호: 웃기고 있네. 그래서 전교 1등 할 것 같으면 전부 다 1등
　　 이지.

서준이의 말을 듣고 보니 세호 역시 일리가 있다고 느껴졌다.
하지만 매일매일 학원과 과외 스케줄로 자신을 괴롭히는 엄마가
정말 좋은 엄마인지는 의심스럽다. 게다가 자신의 의지로 부모
님을 선택한 것도 아닌데 학원이나 과외 때문에 친구들에게 시
샘을 받는 것은 더욱 억울했다. 지금 누리고 있는 삶이 혜택이라
면 혜택이겠지만 그렇다고 행복하지는 않다.

이처럼 복잡한 세호의 마음을 정리하기 위해 필요한 절차가
있다. 스스로에게 다음과 같은 질문을 해 보는 것이다.

"나는 과연 어떤 존재로, 어떤 삶을 살기를 원하는가?"

만일 편안한 일상을 보내고 비난이나 시기를 받지 않는 삶을
살길 원한다면 엄마를 설득해야 한다. 학원이나 과외를 그만두
는 게 좋은 방법이니 말이다. 그러면 공부 양이나 숙제도 줄고 친
구에게 뜬금없는 비난을 받을 일도 없을 것이다. 하지만 노력해
서 무언가를 얻어내고 그 열매로 또 다른 성과를 이루고자 한다
면 부모님께 고마워하며 부지런히 노력해야 한다.

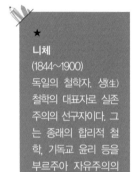

★
니체
(1844~1900)
독일의 철학자. 생(生)
철학의 대표자로 실존
주의의 선구자이다. 그
는 종래의 합리적 철
학, 기독교 윤리 등을
부르주아 자유주의의
이데올로기라며 부정
하고 철저한 니힐리즘
(nihilism)을 주장했다.

★★
초인
니체의 용어. 인류가
자기를 뛰어넘어 그
위로 나왔을 때의 이
상상(理想像)을 의미한
다. 니체의 저서 《차라
투스트라는 이렇게 말
했다》에서 차라투스트
라가 바로 초인의 예
이다.

세호의 이야기를 들으면서 쇼펜하우어와 니체(Friedrich Wilhelm Nietzsche)★가 떠올랐다. 두 철학자는 공통적으로 인간의 삶과 실존의 문제에 관심을 가졌다. 하지만 이들이 생각하는 방향은 전혀 달랐다. 쇼펜하우어는 끝없는 욕구가 영원히 만족될 수 없기 때문에 삶은 곧 괴로움이라고 했다. 예술을 통해 괴로움을 일시적으로 벗어날 수는 있지만, 삶의 의지 자체를 없애지 않는 한 고통은 사라지지 않는다고 주장했다. 그가 철저한 금욕을 강조한 것도 이 때문이다. 욕망은 고통의 근원이기 때문에 욕망을 제어해야 고통을 없앨 수 있다고 생각한 것이다. 그와는 달리 니체는 현재의 삶을 안일하게 긍정하기보다는 오히려 이를 극복해야 한다고 봤다. 그래서 그는 미래적 인간, 즉 '초인(超人)'★★을 이상적 존재로 제시했다.

니체는 욕망을 거부하기보다는 오히려 욕망을 강력하게 추구한 쪽에 가깝다고 할 수 있다. 미래적인 창조를 위해 현실적인 삶도 긍정한 것이다. 쇼펜하우어가 욕망을 제어하고 생의 의지를 버릴 것을 요구했다면 니체는 기존의 규범이나 과거의 생활과 결별하고 자신의 욕망과 의지로 미래를 창조할 것을 주장했다.

위대한 두 철학자의 주장을 세호의 삶에 적용해 본다면 어떨까? 쇼펜하우어식으로 하자면, 욕망을 제어해 고통을 중단시키는 쪽을 택할 수 있다. 니체를 따르려면 자신이 원하는 미래를 위해 타인의 시선이나 사회의 규범으로부터 자유로울 수 있어야 한다. 어느 쪽을 선택하든 다른 사람의 뜻에 따라 살거나 그렇게 살고 있다고 생각하는 태도는 버려야 한다. 삶의 방향을 스스로 선택해서 일상을 살아가며 그 결과에 대해서도 책임을 지는 것이 바람직한 자세이기 때문이다.

세호는 성적이 떨어진 걸 안타까워한 부모님 덕에 과외선생님과 각종 학원의 도움을 받게 되었다. 그 결과 성적이 오름세로 돌아섰다. 하지만 이처럼 부모님이 몰아붙이는 힘에 의해 공부를 하는 것은 사춘기를 겪기 전까지의 일이다.

사춘기 전에는 '나'라는 자아가 충분히 발달하지 않아서 동그랗게 뭉치면 동그랗게 뭉쳐지고, 네모반듯하게 자르면 네모꼴로 잘려진다. 그렇지만 사춘기를 지나면 외부에서 아무리 나를 주무르려고 해도 그들의 바람에 따라 내가 바뀌지 않는다. 어느 정도는 달라질 수 있다 하더라도 큰 모습은 달라질 수 없다. 외부에서 주어지는 압력과 내면에서 솟아오르는 압력이 팽팽하게 줄다리기를 하기 때문이다. 외부에서 주어지는 압력은 대체로 남들과 똑같이 행동하라는 압력, 즉 공부 잘하고 훌륭한 사람이 되라는 것이다. 이에 대항해서 외부의 요구에 반항하려는 욕망이 내부에서 솟아오른다. 두 가지 압력은 도무지 공존할 수 없기 때문에 심각한 갈등을 일으킨다.

그렇다면 이런 갈등과 압력에 어떻게 대처해야 할까? 그냥 피해서 지나가 버려도 되는 걸까? 나비 생태 연구가 찰스 코언 박사의 연구에서 답을 구할 수 있다. 코언 박사의 연구 결과에 의하면 나비가 고치로부터 빠져나올 때 조그마한 구멍으로 애를 쓰면서 빠져나오는 걸 도와준답시고 구멍을 넓히면 나비의 생명은 끝나버린다고 한다. 수월하게 빠져나오기는 해도 색깔이 아름답지 못하고, 날지도 못한 채 기어만 다니다가 죽는다는 것이다. 힘들지만 구멍을 빠져나오는 과정을 거쳐야 나비가 될 수 있다. 건강한 삶을 위해서는 우리도 스스로 갈등을 겪으며 주체적으로 이를 해결해 가는 과정을 경험하는 것이 필요하다.

나에게 정말 중요한 것은 무엇인가? 내가 바라는 것은 어떤 삶인가? 지금 당장 대답을 못한다 하더라도 괜찮다. 쉬운 답이 아니고 외워야 할 정답도 없다. 이러한 질문은 어쩌면 평생토록 스스로에게 묻고 답하는 과정을 지나야 할지 모른다. 갈등을 겪을 때면 생각해 보라.

'나는 어떻게 살고 싶은 거지?'

그런 다음에 가만히 문제 상황을 살펴보라. 행동의 방향을 하나씩 결정할 수 있을 것이다.

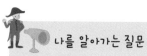

나를 알아가는 질문

1. 나를 강하게 이끄는 욕망은 무엇인가? 그것을 절제하려고 하는지, 긍정하는지에 대해서도 생각해 보자.

2. 나에게 정말 중요한 것은 무엇이며 어떤 삶을 원하는가?

친구는
왜 필요한가?

"친구 아이가?"

영화 〈친구〉에 이 대사가 자주 등장한다. 이 영화에서 '시다바리'는 친구의 반대말로 쓰인다. '시다바리'는 아랫사람을 뜻하는 일본어 '시다'에서 유래된 일종의 은어이다. 남의 시중들어주는 하인과 같은 존재라고 보면 된다. 의미심장한 것은 친구는 동등한 관계로 서로를 보완하고 배려한다면, '시다바리'는 상하관계를 뜻하고 한 사람이 다른 사람에게 명령을 내려 이용하는 상태라고 볼 수 있다. 진정한 친구를 사귀고 그 관계를 오래 유지하고 싶다면 서로 존중하는 관계, 서로 돕는 자세가 반드시 필요하다.

진정한 우정이란
● 우정의 조건과 자유 ●

●●● 준서는 초등학생 때부터 중학생 때까지 준원이의 단짝이었다. 성적도 고만고만하고 관심사도 같고 집안 환경도 비슷한 데다 이름도 비슷해서 잘 어울려 지냈다. 그런데 어느 날부터인가 준서가 멀어지기 시작했다. 준원이는 그런 준서가 한편으로는 미웠지만 다른 한편으로는 붙잡고 싶었다. 새로운 영화를 같이 보러 가자고 하고 시험이 끝나는 날엔 집에 초대해서 피자도 시켜 먹었다. 하지만 그때뿐이었다. 준서에게 새로운 친구가 생긴 것이 원인이었다. 준서는 어느새 전학생이랑 절친한 사이가 되어 있었다. 아빠 직장 때문에 서울로 이사 왔다는 인환이는 한눈에

봐도 호감을 주는 인상이 아니었다. 소심해 보이고 어둡고 늘 모자를 쓰고 다녔다. 그런 인환이는 활발하고 운동 잘하는 준서랑 도무지 어울리지 않는다. 하지만 학교 교문을 나설 때 준서는 인환이 어깨에 팔을 두르고 신나게 얘기를 하면서 간다. 영어학원도 인환이가 다니는 곳으로 옮겼다. 준원이가 준서의 마음을 잡으려 하면 할수록 준서는 멀어져갔다. 그것도 자신보다 나은 것도 하나 없는 인환이와 친하게 지내기 위해서 말이다.

내가 좋아하는 사람이 나를 좋아했으면 좋겠는데 그렇게 되지 않는 것은 속상한 일이다. 그렇지만 내가 누구를 좋아할 때마다

그 사람이 꼭 나를 좋아하리란 보장은 없다. 내가 좋아한다고 해서 상대방이 나를 좋아하도록 강요해서는 안 되기 때문이다. 상대방 역시 나와 마찬가지로 누구를 좋아할지, 누구를 싫어할지 선택할 자유가 있다. 더구나 사람의 마음은 변한다. 지금은 서로 좋아한다고 해도 나중엔 한쪽의 마음이 달라질 수 있다. 힘들지만 그런 변화도 결국엔 받아들여야 한다.

일본 애니메이션 〈도라에몽〉을 보면 여자친구를 사귀지 못해 힘들어하는 주인공에게 도라에몽이 로봇을 선물한다. 로봇은 무조건 주인공을 사랑하도록 프로그램이 되어 있어서 주인공의 여자친구가 된다. 그렇지만 이 로봇은 주인공이 마음이 달라질 수 있다는 것을 받아들이지 못한다. 자신이 무조건 주인공을 좋아하듯 주인공 역시 자신을 좋아해야 한다고 우기다가 결국 도라에몽의 주머니 속으로 들어가고 만다.

장 폴 사르트르(Jean Paul Sartre)*는 《존재와 무》라는 책에서 이렇게 말했다. "만일 내가 타자에 의해서 사랑을 받아야 한다면, 나는 사랑받는 자로서 자유로이 선택되어야 한다"고 말이다. 그리고 사랑에 빠진 자가 원하는 것은 사랑받는 자가 자신을 절대적으로 선택하는 것이라고 덧붙인다. 이는 내가 그를 원한다고 상대도 무조건 나를 선택하는 것이 아니라, 자유

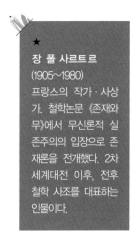

★
장 폴 사르트르
(1905~1980)
프랑스의 작가·사상가. 철학논문 《존재와 무》에서 무신론적 실존주의의 입장으로 존재론을 전개했다. 2차 세계대전 이후, 전후 철학 사조를 대표하는 인물이다.

롭게 선택을 해서 나를 사랑하는 것이어야 한다는 뜻이다.

그리고 그런 선택 역시 상대적이거나 우연한 것이 아니라 나라는 존재만을 향한 절대적인 것이어야 한다는 말이다. 사르트르가 말하는 사랑은 현실적으로 매우 어렵다. 내가 누군가를 좋아하는데 그 사람도 나를 자발적으로 좋아해야 하고 더구나 그것이 나라는 존재만을 향한 절대적 사랑이어야 하기 때문이다.

이런 사랑을 기대하는 것은 사실상 이루어질 수 없는 소망이다. 왜냐하면 내가 어떤 상황에 처해 있든 어떤 모습이든 상대방이 선택해 주기란 쉽지 않은 일이기 때문이다. 철학자 강신주*는 사르트르의 말을 이렇게 해석했다.

"조건이 달라졌을 때 상대방으로부터 버려질 수 있다면, 그리고 그런 가능성을 항상 염두에 둔다면, 우리는 거의 노이로제에 가까운 정신 상태에 빠지게 될 것이다. 그래서 우리는 상대방이 어떤 조건에서도 나를 버리지 않기를, 다시 말해 자신을 절대적으로 선택하기를 그토록 원하는 것이다."

사랑에 빠진 사람의 바람은 누구나 비슷하다. 하지만 현실에서는 여러 가능성을 생각해야 한다. 상대방이 나를 좋아하지 않을 수도 있고 떠날 수도 있다는 것을 인정하자. 나를 선택하지 않을 수도 있고 나로부터 멀어질 수

★
강신주
(1967~)
대한민국의 철학자이자 강연가, 저술가이다. 그가 지니는 독특한 힘은 철학과 문학, 특히 시와의 결합에 있다고 한다. 그는 여러 저서를 통해 시와 철학은 같은 맥락에 있음을 주장했다.

도 있는 상대의 자유를 존중해야 진정한 사랑을 시작할 수 있지 않을까. 이런 여유로운 태도를 가질 때 나와 상대의 관계가 오히려 안정되게 이어져 나갈 수 있다.

나를 알아가는 질문

1. 내가 좋아하는 친구가 나를 떠난 적이 있는가? 그 일에 대해서 어떻게 생각하는가?

2. 자유롭게 선택하되 절대적인 사랑의 개념에 대한 나의 생각은 어떤가?

아(我)와 비아(非我)의 투쟁
● 경쟁과 시기심에 대하여 ●

●●● 민호는 남에게 지는 것을 지독하게 싫어한다. 그래서 엄청나게 노력한다. 코피를 쏟도록 공부하고 무슨 운동이든 잘할 때까지 덤벼든다. 반에서 제일 예쁜 여자애를 여자친구로 만들어야 하고 학급회장도 자기가 되지 않으면 한 학기 내내 모든 것이 못마땅하다. 아무리 대단한 강적이 나타나도 상관없다. 민호는 무조건 이기려 들고 실제로도 거의 이겨낸다.

이러다보니 민호는 예민하고 피곤하다. 열심히 하고 인정받는 것까지는 좋다. 그런데 누가 자기 자리를 넘보나 싶어 눈에 불을 켜고 살펴야 하니 여간 힘든 일이 아니다. 사람을 대할 때도 있는 그대로를 보고 친하게 지내기보다는 뭐든 뛰어난 게 있는 사람은 일단 경계부터 하게 된다. 그래서인지 친구들도 하나 둘 멀어져가는 것 같다.

'너는 내 편이냐 아니면 다른 편이냐.' 이렇게 편 가르기를 하는 세상에 살다보면 어디서 많이 들었던 이야기가 떠오른다. 바로 '역사는 아(我)와 비아(非我)의 투쟁'이라는 말이다. 이는 독립

운동가이며 민족사학자인 **신채호*** 선생님이《조선상고사》서문에 쓴 구절이다. 선생님은 주관적 위치에 선 자가 '아'이고 그 외에는 '비아'이며 국가뿐만 아니라 학문, 기술, 직업, 의견 등 무엇이든 반드시 본위인 아와 함께 아와 대치하는 비아가 있다고 했다.

"아에 대한 비아의 접촉이 번극할수록 비아에 대한 아의 분투가 더욱 맹렬하여, 인류사회의 활동이 휴식될 사이가 없으며, 역사의 전도가 완결될 날이 없나니, 그러므로 역사는 아와 비아의 투쟁의 기록이니라."

이렇게 투쟁으로 가득하고 쉴 새조차 없는 것이 우리가 살아내야 하는 삶은 아닐까? 역사적, 사회적 차원에서 뿐 아니라 개인적으로도 나와 남의 대립과 투쟁은 계속된다.

물론 우리는 아와 비아의 투쟁이 아닌 조화롭고 평등한 세상을 꿈꿀 수 있다. 동양철학자 묵자(墨子)도 이를 희구했다. 그는 중국 춘추전국시대의 송 허난성에서 탄생한 사상가이자 철학자이다. 묵자는 참사랑이 부족하여 세상이 혼란스럽다고 봤다. 그래서 평등하게 서로 사랑하고 남을 이롭게 하면 하늘의 뜻과 일치하여 평화롭게 된다는 '겸애(兼愛)'를 주창했다. 그는 유교의 **존비친소(尊卑親疎)****에 기초한 사랑을 비판하면서 다른 사람의 가족도 자신의 가족을 대하듯 하라고 주장해 비난을 사기도 했다.

예수님도 네 이웃을 네 몸같이 사랑하라고 하셨다.《성경》에 이런 말씀이 있다.

"또 네 이웃을 사랑하고 네 원수를 미워하라 하였다는 것을 너희가 들었으나 나는 너희에게 이르노니 너희 원수를 사랑하며 너희를 박해하는 자를 위하여 기도하라. 이같이 한즉 하늘에 계신 너희 아버지의 아들이 되리니. 이는 하나님이 그 해를 악인과 선인에게 비추시며 비를 의로운 자와 불의한 자에게 내려주심이라."

원수까지도 사랑하고, 박해하는 사람을 위해서 기도하라는 것을 선뜻 받아들이기는 어려울 것이다. 나보다 잘난 사람이 나를 너무나 괴롭히는데 그를 사랑하고 용서하는 게 과연 쉬운 일일까? 그런데 철학에서나 종교에서는 그리하라고 명하는 경우가 많다. 그것은 용서하지 못하는 마음 때문에 가장 괴로운 사람이 다름 아닌 바로 나 자신이기 때문이다.

눈을 조금만 더 크게 뜨고 내가 경쟁하느라 애쓰는 상대가 어쩌면 남이 아닌 나 자신의 연장선에 있는 존재일지도 모른다는 것을 깨닫길 바란다. 상대를 이기느라 애쓰면서 속을 태

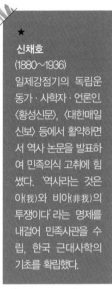

★
신채호
(1880~1936)
일제강점기의 독립운동가·사학자·언론인. 〈황성신문〉, 〈대한매일신보〉 등에서 활약하면서 역사 논문을 발표하여 민족의식 고취에 힘썼다. '역사라는 것은 아(我)와 비아(非我)의 투쟁이다'라는 명제를 내걸어 민족사관을 수립, 한국 근대사학의 기초를 확립했다.

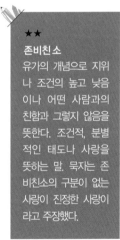

★★
존비친소
유가의 개념으로 지위나 조건의 높고 낮음이나 어떤 사람과의 친함과 그렇지 않음을 뜻한다. 조건적, 분별적인 태도나 사랑을 뜻하는 말. 묵자는 존비친소의 구분이 없는 사랑이 진정한 사랑이라고 주장했다.

우는 것은 정말 귀한 나 자신을 깎아 먹는 일임을 깨달아야 한다. 상대와 경쟁하려는 마음보다 나 자신의 최선을 다하도록 노력을 해 보자. 최선을 다한다는 말이 부담스럽다면 거대한 목표 대신 하루하루의 보람찬 일정을 생각해 보자. '오늘 하루 열심히 살기', 이 정도면 그럴듯하고 실천 가능해 보이지 않는가?

아침에 일어나는 순간부터 성실하게 하루를 살고 기쁘고 보람찬 마음으로 잠자리에 들 수 있다면 그것만으로도 가치 있는 삶이 될 것이다. 굳이 타인과 경쟁하느라 몸과 마음을 상하게 할 필요가 없다. 왜냐하면 내가 할 수 있는 최선의 삶을 사는 것 그 자체로 나는 이미 승자이기 때문이다. 더 이상 친구를 경쟁자로 보면서 스스로는 패배자가 될 두려움에 빠지지 말자.

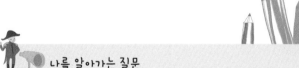

나를 알아가는 질문

1. 타인과의 경쟁에 집착한 적이 있는가? 그때의 경험이 삶에 어떤 영향을 미쳤는지 생각해 보자.

2. 나 자신과 경쟁하는 방법에는 어떤 것이 있는지 구체적으로 써보자.

나를 보존하려는 욕망
● 사랑과 우정의 우선순위 ●

채연이는 일기장에 '우정이냐 사랑이냐'라는 문장을 썼다가 박박 지워버렸다. 너무 세게 지우다보니 종잇장에 구멍이 나고 말았다. 채연이는 진부한 고민을 하고 있는 자신이 한심하다는 생각마저 들었다.

채연이에게는 두 친구가 있다. 희정이는 예쁘고 날씬하지만 목소리가 남자 같았다. 주아는 얼굴도 목소리도 예뻤지만 똑똑하지는 못했다. 채연이는 똑똑하고 야무지단 얘기를 수없이 들었다. 외모는 희정이나 주아에 비할 바 아니지만 그래도 나름대로는 봐줄 만하다고 자부했다. 채연이의 고민은 무엇일까? 채연이의 일기장을 살펴보자.

●●● 세훈이가 드디어 나를 좋아하게 되었다. 하지만 그 애는 소문난 바람둥이니 걱정이다. 여자애들은 흉을 보다가도 막상 세훈이가 관심을 보이면 꼼짝을 못한다. 희정이가 그랬고 주아도 마찬가지였다. 희정이가 세훈이에게 차인 뒤 울며불며 하소연할 때 나는 주아와 함께 세훈이 욕을 실컷 해줬다. 하지만 얼마 지나지 않아 주아가 세훈이와 사귀기 시작했고 희정이는 말도 안 되는 일이라며 화를 냈다. 그러다가 주아와 세훈이도 결국 헤어졌다. 그런데 세훈이가 내게 다가오다니! 원래부터 나에게 관심이

있었지만, 내가 너무 똑똑하고 도도해 보여 접근을 못했다고 했다. 희정이와 주아는 눈치를 채고 나에게 세훈이랑 사귀면 절교하겠다고 단호하게 말했다. 왜 나는 세훈이와 사귀면 안 된다는 걸까? 자기네들은 맘대로 사귀고 재미있게 지냈으면서 말이다. 이런 생각을 하니, 그까짓 우정은 필요 없다는 생각도 든다. 그래도 왠지 꺼림칙하긴 하다. 세훈이랑 오래 사귀는 여자애가 없으니 나라고 예외일 것 같지는 않다. 괜히 세훈이랑 몇 번 만나다가 친구까지 잃게 되는 건 아닌가?

우정과 사랑을 놓고 저울질하는 것은 진부한 이야기 같지만 오늘날까지 고민거리가 되는 주제이다. 여러 사람에게 공통적인 감정을 불러일으키기 때문에 살아남은 이야기랄까? 세훈이는 예쁘고 날씬한 희정이와 사귀다가 헤어졌고 주아와도 오래 가지 못했다. 희정이의 목소리가 특이한 것이나 주아의 머리가 총명하지 않은 게 원인일까? 아무튼 세훈이는 이제 와서 처음부터 제일 관심 있었던 건 너라면서 채연이에게 다가왔다.

보수적인 부모님이라면, 주아나 희정이와의 우정과, 세훈이와의 사랑을 앞에 두고 고민하는 채연이에게 정신 차리고 공부나 하라고 말하기 쉽다. 하지만 우정이 먼저인지, 사랑이 더 중요한지 고민하는 것은 지금 채연이에게는 너무나 중요한 문제이다.

사랑과 우정은 사람에 대한 호감이라는 점에서는 동일하다. 심리학자 **로버트 스턴버그**(Robert Sternberg)*의 '사랑의 삼각형 이론'에 따르면 사랑은 친밀감, 열정, 헌신 세 가지 요소로 구성된다고 한다. 친구 사이의 우정은 이 세 가지 요소 가운데 친밀감이 가장 두드러지고, 열정은 비교적 작은 부분을 차지한다. 남녀 사이의 사랑은 친밀감도 있지만 열정과 헌신이 더 크게 나타나는데, 잠깐 반짝하다가 식는 사랑이라면 헌신도는 낮다. 반면에 결혼처럼 평생을 함께하기로 약속하는 경우라면 헌신도가 높을 것이다.

철학자 **스피노자**(Baruch de Spinoza)**에 의하면 인간의 본질에는 '자신을 보존하려는 욕망'이 있다고 한다. 이 욕망 때문에 인간은 더 완전해지려고 한다. 그리고 사람이 경험하는 감정은 수동 감정과 능동 감정으로 구분되는데 정념(情念), 즉 수동적인 감정은 부적합한 관념에 기반을 두고 있다. 반대로 능동적인 감정은 정념의 예속 상태에서 벗어나 인간이 자신의 감정을 스스로 결정할 수 있을 때 나타난다. 정념으로서의 사랑은 이기적인 측면을 가지고 있어서 자신에게 기쁨을 준다는 이유만으로 사랑을 하게 만든다. 이 형태의 사랑은 이기적이기 때문에 많은 부정적인 감정과 불화의 원인이 되기도 한다.

지금 세훈이가 하는 사랑이 아마 이런 종류의 사랑인 것 같다. 상대가 마음에 들면 다가가고 싫증나면 헤어진다. 상대가 누구이고 그 사람이 다른 사람과 어떤 관계를 맺고 있는지는 고려하지 않고 자신의 감정에만 빠져든다. 인간의 정신은 능동적으로 인식해서 타당한 관념을 가질 때, 모든 수동 감정에서 벗어나 기쁨과 욕망이라는 능동 감정에 가까워진다. 인식론의 도움을 받아 능동적으로 감정을 결정함으로써 수동적으로 감정의 지배를 받는 상태를 벗어나는 것이 스피노자가 제시하는 바람직한 방향이다.

다시 채연이의 상황으로 돌아가 보자. 어떤 선택이 현명한 것일까? 우선 희정이나 주아와 함께 우정에 대해서 말해봐야 할 것이다. 내가 세훈이와 만나는 게 그 친구들을 무시하거나 상처주려는 게 아님을 설명하고 납득시켜야 한다. 물론 실패할 가능성이 크다. 하지만 적어도 시도라도 해보면 우선은 사이가 틀어져도 나중에 관계를 회복하는 데 도움을 받을 수 있다. 세훈이와도 대화를 나눠봐야 한다. 채연이를 사귀기 전에 친구들과 헤어진 이유가 무엇인지 알아야 그의 사랑을 받아들일지 말지를 결정할 수 있을 것이다.

그렇다면 친구들과 세훈이 중에 누구부터 만나야 할까? 더 소중한 사람부터 만날 것인가, 더 말이 잘 통할 사람부터 만날 것인가, 아니면 그냥 내키는 사람부터 만날 것인가? 쾌락이나 정념을 따른다면 만나고 싶고 만나기 편한 사람을 선택할 것이다. 하지만 지혜와 선을 따른다면 더 소중한 사람을 먼저 만나야 하지 않을까? 결정은 채연이의 몫이지만 말이다.

 나를 알아가는 질문

1. 사랑과 우정 사이에서 고민하다가 한 가지를 선택한 적이 있는가? 선택의 이유는 무엇이었는가?

2. 내가 채연이라면 어떤 선택을 하겠는가? 그 근거는 무엇인가?

우리가 우정을 원하는 이유
● 진정한 친구란 ●

●●● 혜미는 이번에 바뀐 짝이 마음에 들지 않는다. 짧은 스포츠머리
도 부담스럽고 굵은 뿔테안경에 보이시한 목소리도 거북했다.
게다가 혜미의 짝은 짝사랑하는 사람처럼 혜미에게 너무나 잘
해준다. 쉬는 시간에 놀다가 자리에 좀 늦게 오면 교과서도 미
리 꺼내 펼쳐놓고, 마땅한 필기구가 없어 필통을 뒤적이면 자기
가 쓰던 연필까지 망설임 없이 건네준다. 고맙긴 하지만 솔직히
불편하다. 담임선생님은 한 학기에 한 번만 짝을 바꾸겠다고 해
서 혜미는 더 걱정이다.

이것 말고도 치명적인 문제가 또 있다. 바로 짝의 엄청난 구

취이다. 말할 때마다 내뿜는 지독한 입 냄새. 점심시간은 물론 쉬는 시간에도 종종 양치질을 하는 것 같던데 그토록 구취가 심한 이유는 뭘까? 그 애가 말을 할 때마다 무서울 지경이다.

그러던 어느 날이었다. 줄넘기수행 평가가 있는데 혜미가 그만 줄넘기를 집에 두고 오고 말았다. 엄마에게 연락을 했지만 엄마가 전화를 받지 않았다. 발을 동동 구르고 있을 때 짝이 어디선가 줄넘기를 하나 빌려왔다. 혜미가 쓰던 줄넘기와 똑같은 제품이고 길이도 비슷했다. 놀란 표정으로 쳐다보니 싱긋 웃으며 짝이 말했다.

"혜미야, 이거 써! 너랑 키가 비슷한 친구가 4반에 있거든. 개한테 빌렸어."

짝의 친절에 혜미는 눈물이 나도록 고마웠다. 이제 혜미는 이 친구를 어떻게 대해야 할까?

아리스토텔레스는 친구를 생의 의미를 제공해주는 존재로 여겼다. 그는 "친구가 없으면 다른 모든 좋은 것을 가지고 있다 할지라도 살고 싶지 않을 것이다"는 말을 남겼다. 아리스토텔레스는 우정의 본질적 특성 가운데 첫 번째로 인격적 관계를 꼽는다. 사람과 사람 사이의 구체적 만남을 통해 이루어지는 인격적인 관계가 없이는 우정이 성립할 수 없기 때문이다. 그다음으로 꼽는 것은 형평성(衡平性)★인데, 이것은 우정을 이루기 위해 친구들 사이에 대등한 관계가 요구됨을 뜻한다. 이러한 전제만 놓고 보면 혜미와 혜미의 짝 사이에 우정이 싹트는 것은 불가능해 보인다.

그렇지만 우정의 다음 특성을 살펴보면 이야기가 달라진다. 바로 우정의 **공동체적 성격**★★

★
형평성
종종 공평성과 동의어로 사용되는데, 개인들의 차이를 자원배분에서 고려하여 배분하는 분배정의로 넓은 의미의 평등개념이다. 아리스토텔레스에 따르면 형평성은 사회관계에서 가치의 적절하고 마땅한 분배로 이루어진 공정한 평등을 의미한다.

★★
공동체적 성격
아리스토텔레스가 우정의 특성으로 언급한 성격 중 하나. 아리스토텔레스는 본질적으로 우정은 공동생활 가운데 드러나는 것이고, 함께 생활하는 것만큼 친구관계의 두드러진 특징은 없다고 말한다.

말이다. 공동체적 성격은 지금 혜미와 짝의 관계를 잘 설명해준다. 공동체적 성격이란 함께 어울려 지내고 생활하면서 각자가 가진 유무형의 재산을 삶 가운데 나누는 것을 뜻한다. 혜미가 나누어 준 것은 그다지 없는 듯하지만, 짝으로부터 혜미는 정말 많은 것을 받았다.

혜미와 짝의 관계를 정리하기 위해 우정이 왜 필요한지 생각해 보자. 우리는 왜 우정을 원하는 것일까? 아리스토텔레스는 우정을 원하는 이유에 대해 유용성, 쾌락, 선이라는 세 가지 목적을 제시했다. 필요하니까 사귄다면 유용성의 우정이고, 재밌으니까 어울린다면 쾌락의 우정이다.

참된 우정은 친구의 유덕함과 선함 자체에 기인할 때 가능하다. 즉, 상대방의 훌륭한 인격 때문에 친구가 되는 우정이야말로 참된 우정의 모습이다.

표면적으로 봤을 때 혜미의 짝은 혜미에게 쾌락을 주는 존재라고 보기는 어렵다. 혜미가 거부감을 느끼는 보이시한 인상에 구취까지 심하니 쾌락보다는 불쾌감을 주는 쪽에 가까우니 말이다. 하지만 유용성에서는 거의 최고라고 할 수 있다. 이번에는 선에 대해서 한번 생각해 보자.

선한 인격에서도 친구는 뒤처진다고 보기 어렵다. 그러면 다시 돌아가 보이시한 인상과 입 냄새에 대해 한 번 더 생각해 보자. 혜미가 불편한 건 보이시한 인상 그 자체가 아니라 동성친구가 아닌 것처럼 느껴지는 분위기가 아닌가? 만약 그렇다면 부정적인 생각만 할 게 아니라 상처주지 않는 방식으로 의사를 전달하는 것도 좋을 것이다.

"너한텐 긴 머리가 더 예쁠 것 같아. 그리고 너무 챙겨주려고 하지 마. 고맙긴 한데, 나 버릇 나빠져."

이렇게 말하면 두 사람 사이가 좀 더 편안해질 수 있을 것이다. 입 냄새도 마찬가지이다. 무조건 참으려 하거나 일방적으로 피하려하기보다는 친구가 상처받지 않게 이야기를 꺼내 보면 어떨까?

"사람마다 구취가 있는데 그게 강한 경우는 위나 이가 안 좋아서 그럴 수 있대. 그리고 이 닦을 때는 혀도 잘 닦아야 한다는데 내 혀는 닦아도, 닦아도 왜 이렇게 누렇지?"

"너에게 입 냄새가 심하게 나서 너무 괴로워"라는 말을 직설적으로 말하기보다, 자신의 이야기를 하듯 슬쩍 정보를 줄 수 있을 것이다.

혜미의 짝은 분명 마음이 따뜻한 친구이다. 이런 친구를 밀어내기만 하는 건 미안할 뿐 아니라 손해가 되는 일이기도 하다. 손해나 이익을 따지는 게 싫다면 짝과 함께 지낼 한 학기의 행복만이라도 생각해 보라. 자신이 불편하게 느끼는 부분을 지혜롭게 표현하자. 서로 도움을 주는 소중한 친구를 만들 기회가 될지도 모른다.

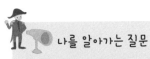

1. 만약에 내가 혜미라면 짝을 어떻게 대할 것인가? 그 방법을 구체적으로 생각해 보자.

2. 나에게 잘 대해주는 사람을 싫어한 적이 있는가? 상대방에게 상처주지 않고 거리를 확보하는 방법에 대해서 생각해 보자.

혼자도 함께도 힘든 당신
● 자유와 사회성 사이에서 균형 잡기 ●

●●● 수현이는 혼자 밥 먹는 것보다 차라리 굶는 게 낫다고 생각한
다. 수많은 사람이 자신을 친구도 없는 외로운 사람으로 생각할
것 같아 혼자 식당에 가는 건 죽기보다 싫기 때문이다. 배가 고
프니 도서관에 앉아 있어도 통 집중이 되질 않는다. 수현이는
'남들은 혼자 고기도 구워 먹는다는데 나는 왜 편의점에서 컵
라면 하나를 못 먹을까'라고 생각했다. 어디를 가더라도 누구랑
함께 가야 마음이 편하고, 무얼 먹을 때도 메뉴보다 함께 가는
사람이 더 중요하다. 집에 있을 때가 아니면 친구랑 함께 있어
야 마음이 편하니 어쩌면 좋을지 모르겠다. 친구랑 어울리는 게

항상 좋은 것만도 아닌데 말이다. 친구 때문에 먹고 싶은 걸 못 먹을 때도 있고 하고 싶은 것을 못할 때도 있다. 친구가 수현이를 속상하게 하고 괴롭힐 때도 있다. 서로 비교하다 시기하고 짜증내며 싸울 때도 많다. 그래도 돌아서면 또 친구를 찾게 된다. 이런 자신이 싫지만 싫어도 바뀌지 않아 고민이다.

친구가 없는 사람은 정말 불행한 사람일까. 어떤 이가 쓴 글에서 "누군가 중학교 시절의 나에게 친구가 없어도 괜찮다고, 왕따 당한다고 큰일 나는 것은 아니라고 말해주었더라면 지금보다 나는 훨씬 더 행복할 수 있었을 것 같다"는 구절을 읽은 적이 있다. 이 말은 매우 설득력이 있다. 친구의 존재유무가 나의 행복과 불행을 결정하는 전부가 아니기 때문이다. 그렇다고 일부러 친구 없이 살아보라거나, 왕따 당하는 게 아무렇지도 않다는 이야기는 아니다. 친구가 없는 건 속상한 일이기는 하지만 그렇다고 그게 완전히 실패한 것만은 아니라는 뜻이다. 왕따를 당하는 경험을 하는 것도 마찬가지이다. 물론 그 상황에 처한 사람에게는 안타깝고 분한 노릇이다. 사회생활의 필요성에 대한 근본적인 회의가 생길 수도 있다.

친구를 비롯한 인간관계에서 겪는 갈등에 대해 칸트도 진지하고 철저하게 고민했다. 칸트는 합법적 사회질서의 기원과 원인을 "인간의 반사회적인 사회성*의 대립관계"라고 했다. 언뜻 들어서는 앞뒤가 맞지 않는 말처럼 들린다. 인간의 반사회적인 사회성 때문에 합법적인 사회질서가 필요하다니? 이 말은 인간은 사회화되려는 성향이 있는 동시에 고립되려는 욕망도 강하다는 뜻으로 해석된다. 왜냐하면 사람은 누구나 자신을 기준으로 모든 것을 정리하고 싶기 때문이다. 모든 사람이 그렇게 생각하면 사회는 혼란에 빠질 수밖에 없다.

독일에서 청소년들의 철학 교과서로 사용되는 《생각 붙잡기》라는 책에 따르면 저항은 사람을 움직이도록 부추긴다. 게으름을 극복하고 명예욕, 지배욕과 소유욕에 내몰리도록 한다. 그래서 못 견디게 싫어하지만 그렇다고 완전히 무시할 수도 없는 동료들 틈에서 자리 하나를 차지하게끔 해준다.

칸트는 이러한 갈등들이 문화를 발전시키고 그 과정에서 인간 존재의 목적을 성취한다고 보았다. 혼자 있을 자유를 갈망하는 인간은 거부할 수 없는 필요성 때문에 사회의 제약과 구속에 복종한다. 칸트의 비유를 들어 보면 이해가 쉽다.

"숲속의 나무들이 각각 다른 나무들에서 공기와 햇빛을 빼앗으려 함으로써 공기와 햇빛을 서로 자기가 가지려는 상황이 어쩔 수 없이 벌어지고, 그를 통해 아름답고 곧게 성장할 수 있는

★
반사회적인 사회성
칸트는 자연이 인간의 모든 성향을 계발시키기 위해 사용하는 수단은 사회 속에서 그들이 갖는 반감(Antagonism)이라고 보았다. 칸트가 말한 인간의 반사회적 사회성은 사회를 파괴하려고 위협하는 전면적인 저항과 결합되어 있으면서도 그 사회에 속하려 하는 인간의 성향을 의미한다.

것과 같다. 자유롭게 서로 떨어져서 마음 내키는 대로 가지를 뻗을 수 있었던 나무들은 비뚤고 굽어지면서 기형으로 자라게 되는 것에서도 같은 이치를 확인한다.”

우리는 나무가 마음껏 자라도록 내버려 두면 높이 자랄 것이라고 생각하지만 사실은 그렇지 않다. 서로 경쟁하면서 치열하게 부대끼는 동안 더 곧고 반듯하게 자란다. 칸트는 심지어 “불화, 악의적으로 경쟁하는 허영심, 충족되지 않는 지배욕과 소유욕을 가져다준 자연에 감사해야” 한다고까지 말한다. 그래야만 사람이 태만과 무위에서 벗어나 노동과 수고 속으로 돌진하기 때문이다.

칸트는 《세계시민의 관점에서 본 보편사의 이념》이라는 저서에서 사람들과 어울려 지내는 게 즐겁고 행복한 일만은 아니라

는 사실을 인정한 바 있다.

"인류가 장식하는 모든 문화와 예술, 가장 아름다운 사회질서는 이 비사교성이 가져다주는 과실인 것이다. 비사교성은 그 자체의 속성 때문에 스스로를 단련시킬 수밖에 없으며 그렇게 강요된 기술을 통해 자연의 씨앗을 완벽하게 성장시킨다."

혼자 지내기도 힘들고 또래와 어울리기도 쉽지 않은 수현이에게 일상은 버거울 것이다. 하지만 수현이가 시간을 소모하고 낭비만 하고 있는 것은 아니다. 갈등과 경쟁을 통해 수현이는 더 곧게 자라게 되고 혼자만의 시간을 통해 스스로를 단련할 수 있으니 말이다. 개인적으로 더 나은 존재로, 사회적으로 더욱 도움이 되는 사람으로, 성장해 가는 중임을 알고 끝까지 용기와 희망을 잃지 않길 응원한다.

 나를 알아가는 질문

1. 혼자라서 외로움을 느껴본 적이 있는가? 그럴 때는 어떻게 외로움을 해결하는가?

2. 여럿이 함께 있을 때 힘든 적이 있는가? 이 경우 어려움을 어떻게 극복하는가?

교육은
왜 받는가?

오랫동안 끊이지 않는 질문이 있다. 답을 알 듯하지만 해결되지 않은 채 또다시 떠오르는 문제이다. 그것은 바로, '대체 공부는 왜 하고, 학교는 왜 다녀야 하는가?'라는 것이다.

흔히 세상을 이해하며 지혜롭고 행복하게 살기 위해 교육이 필요하다고 말한다. 하지만 가끔은 학교에서 내가 배우는 것들이 내 꿈이나 행복과 무슨 상관이 있나 하는 생각이 들 때도 있다. 특히 피곤하거나 힘들거나 짜증이 나면 더욱 그렇다. 그럴 때마다 흔들리지 않고 교육을 받는 나만의 이유가 있으면 어떨까? 이왕 하는 공부, 불평하며 억지로 하기보다 안정적으로 재미있게 할 수 있지 않을까?

학교라는 교육기관
● 교육과 사회화 ●

●●● 지원이는 학교에 가기가 싫다. 아침에 일찍 일어나는 것도, 후다닥 밥 먹고 헐레벌떡 학교로 달려가는 것도 다 부질없고 귀찮을 뿐이다. 수업 시간이 50분인 것도 쉬는 시간이 10분인 것도 못마땅하다. 정해진 메뉴로 급식을 먹는 것도, 시간표에 따라 공부를 하는 것도 답답하다. 지원이는 대체 학교란 곳을 누가 만들었는지 원망스럽다. 꼭 공부를 해야 한다면 집에서도 얼마든지 할 수 있으련만 지원이 부모님은 절대로 홈스쿨링이나 대안학교는 안 된다고 한다. 지원이가 정상적으로 교육을 받아 무난한 시민이 되는 것만이 부모님의 기대이자 목표이다.

지원이는 아침마다 천근 같은 몸을 일으켜 학교에 가는 게 고역이다. 친구들을 사귀는 것도 힘들다. 자주 지각을 하고 종종 선생님께 혼나는 지원이를 친구들도 멀리한다. 지원이는 학교에서도 혼자 어슬렁거릴 뿐이다. 그러면서 공부를 잘하거나 운동을 잘하면 과연 학교 다니는 게 즐거울까 상상해 본다. 학교에서나 집에서나 혼자이기는 마찬가지인데 왜 굳이 학교에 다녀야 하는 건지 지원이는 도통 모르겠다.

아리스토텔레스는 태어날 당시 인간의 정신은 텅 빈 종이와 같다고 했다. 이후에 보고 듣고 만지고 맛보고 냄새를 맡으면서 세상을 경험하는 동안 자신이 사는 세계에 대한 지식을 쌓는다는 것이다. 또 인간은 대상을 보는 여러 가지 사례를 경험하면서 무엇이 대상을 대상답게 만드는지를 생각한다. 태어날 당시의 인간에게는 선과 악에 대한 어떤 생각도 존재하지 않는다. 하지만 여러 사례를 통해 선과 악이 나타내는 공통적인 특징을 인식하는 방법을 배우고 선과 악이 본질적으로 무엇인지 이해하게 된다.

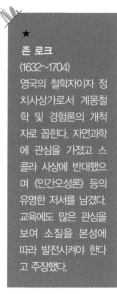

★
존 로크
(1632~1704)
영국의 철학자이자 정치사상가로서 계몽철학 및 경험론의 개척자로 꼽힌다. 자연과학에 관심을 가졌고 스콜라 사상에 반대했으며 《인간오성론》 등의 유명한 저서를 남겼다. 교육에도 많은 관심을 보여 소질을 본성에 따라 발전시켜야 한다고 주장했다.

영국의 철학자 존 로크(John Locke)*도 인간이 알고 있는 모든 지식은 감각을 통해 수집한 정보에서 나온다고 했다. 감각을 통해서만 정보를 얻을 수 있기 때문에 인간의 눈에 띄지 않는 부분이 존재할 가능성을 인정해야 한다. 또 인간이 하는 경험에는 어디까지나 한계가 있다. 그가 한 말 가운데에 "그 누구의 지식도 경험을 넘어설 수 없다"는 유명한 말이 있다.

홈스쿨링이나 대안학교**는 기존의 교육제도

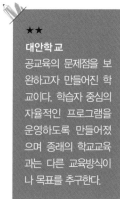

★★
대안학교
공교육의 문제점을 보완하고자 만들어진 학교이다. 학습자 중심의 자율적인 프로그램을 운영하도록 만들어졌으며 종래의 학교교육과는 다른 교육방식이나 목표를 추구한다.

에 적응하기 힘든 학생, 혹은 기존의 제도보다 더 나은 이상을 꿈꾸는 이들에게 적합하다. 하지만 대안학교를 도피처로 생각하는 것은 곤란하다. 차별화된 교육기관을 선택한 경우에는 평범한 학교에 다니는 것보다 더 많은 노력을 기울여야만 비슷한 수준의 학습이 가능하기 때문이다. 물론 잘 짜인 홈스쿨링이나 대안학교는 교육과정 안에 더 많은 경험과 활동을 포함시켜 다양한 교과과정을 효율적으로 운영한다. 학교생활을 하는 동안 교과서를 통해 배우는 것 외에도 사람들과 잘 지내는 법, 친구를 사귀는 법, 자신을 지키는 법 등을 경험과 활동을 통해 터득하도록 유도한다. 이처럼 직접적인 경험을 장려하는 만큼 효율적인 지식의 전달은 쉽지 않을 때도 있다.

지원이가 학교에 가기 싫다는 이유만으로 홈스쿨링이나 대안학교를 생각하는 것이라면 문제가 있다. 하지만 친구와 어울리기 힘들고 교과서 위주의 수업이 적성에 맞지 않아 고민한다면 대안학교를 생각해 볼 수 있다. 대인관계의 기술을 배우고 직접적인 경험과 활동을 통해 지식을 얻으니 친구를 사귀면서 공부에 흥미를 가질 기회를 얻을 수 있을 것이다.

어느 쪽이든 선택을 내리기 전에는 진지하게 생각하는 시간이 반드시 필요하다. 내가 앉아서 책으로 배우는 것을 좋아하는지, 몸을 움직여 활동하며 알아가는 걸 즐기는지 충분히 고민해 봐야 한다. 그런 다음에 결정을 해도 늦지 않다.

나를 알아가는 질문

1. 나는 학교생활에 만족하는 편인가? 학교생활이 불만족스럽다면 그 이유는 무엇인가?

2. 나는 앉아서 책으로 배우는 것과 몸을 움직여 활동하면서 알아가는 것 중 어떤 것을 더 즐기는가?

너와 내가 행복해지는 길

● 좋은 사회성과 훌륭한 성품 ●

●●● 윤성 : 정훈아, 오늘 기분 좋은 일 있나?

정훈 : 왜?

윤성 : 왠지 잘생겨 보여서.

정훈 : 야, 왜 그래. 어제 숙제하느라 잠도 못 잤어.

윤성 : 그래? 어떻게 잠을 못 자도 그렇게 잘생겼냐?

정훈이와 윤성이가 같이 길을 걸어간다. 피곤했던 정훈이는 윤성이의 칭찬에 기분이 좋아졌다. 슬쩍 윤성이의 어깨에 팔을 둘러본다. 정훈이가 자리에 앉자 윤성이는 민혁이에게 말을 건다.

윤성 : 에어 로켓 발사 대회 어땠어?

민혁 : 졌어. 2등이야. 근데 1등이랑 차이가 너무 많이 나서 창피
했어. 1등은 목표를 맞췄는데 나는 30cm나 빗나갔거든.

윤성 : 뭐 어때? 네가 2등인데. 상장은 남고 기록은 잊히는 거잖
아. 축하한다.

민혁 : 고마워. 그럼 기술을 좀 전수해주지. 이걸로 1등은 못해도
2등은 할 수 있어. 아니, 3등인가?

윤성이의 격려에 민혁이는 기록 때문에 찜찜했던 기분이 점점
사라짐을 느꼈다. 고마운 생각에 비법도 알려주고 싶은 마음이

었다. 다음에 윤성이가 에어 로켓 발사를 준비하면 꼭 도와주고 싶어졌다.

윤성이는 특별하게 잘하는 건 없지만 남을 배려하며 두루 잘 지내고 칭찬을 잘하는 따뜻한 성품을 지녔다. 그래서 친구들은 윤성이와 함께 있기를 좋아한다. 윤성이 앞에서는 잘난 척을 하고 싶지도 자랑을 하고 싶지도 않다. 윤성이가 알아서 능력을 인정해 주고 칭찬해 주기 때문이다. 그러다 보니 친구들 입장에서도 윤성이를 위해서라면 뭐든 해주고 싶은 마음이 생기게 마련이다.

사회성이 좋다는 것과 친구가 많다는 것이 같은 의미일까? 철학자 **이명곤***은 이렇게 말한다.

"조금만 깊이 생각해 보면 이러한 것은 매우 피상적인 생각임을 알 수 있다. 사회성이란 단지 사람을 잘 사귀는 성격을 말하는 것이 아니라, 사회가 목적으로 하는 것을 잘 견지하는 성격을 말한다."

우리가 살고 있는 사회가 궁극적인 목표로 삼는 것은 무엇일까? 모두가 행복한 사회, 공동의 선을 이루는 사회를 만드는 것이라고 할 수 있다. 사람이 사회를 구성하는 이유는 모든 사람이 더큰 행복을 추구하기 위해서이다. 사회가 생기기 전에 이 세상은 약육강식의 세계였다. 이를 두고 영국의 철학자 **토머스 홉스**(Thomas

Hobbes)**는 '만인에 대한 만인의 투쟁'이라고 표현했다. 힘의 원리가 지배하는 원시사회에서는 자신의 행복을 추구하기 위해서 다른 사람에게 고통을 주기도 했다. 그러다 서로 다투기만 하던 자연 상태의 사람들이 개인의 권리를 국가에 양도함으로써 주권이 탄생한 것이다. 이때 국가에 양도하면서 잠시 억류됐던 권리가 개인을 지켜주고 사회의 기능을 더 활발하도록 해서 개인에게 다시 돌아온다는 이론이 바로 홉스의 '사회계약론(社會契約論)'이다.

홉스 이전에도 훌륭한 사회에 대한 개념은 존재했다. 고대 로마가 중요하게 생각한 제도 상의 덕목들은 공평, 행운, 정의, 인내, 섭리, 안전이었다. 공자는 사회적 질서를 가치 있게 여기면서 각 사람의 분명한 역할을 강조했다. 공자의 눈으로 바라본 행복한 사회의 핵심은 인간관계에 있었다. 아랫사람은 윗사람에게 복종하고, 윗사람은 아랫사람에게 자비를 베풀고 보살피며 상호간의 존중이 오고 간다. 다소 고리타분하게 보일 수도 있지만 이런 유교의 전통 안에는 인간에 대한 예의와 따뜻함이

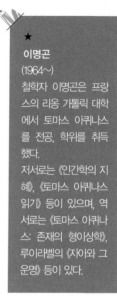

★
이명곤
(1964~)
철학자 이명곤은 프랑스의 리옹 가톨릭 대학에서 토마스 아퀴나스를 전공, 학위를 취득했다.
저서로는 《인간학의 지혜》, 《토마스 아퀴나스 읽기》 등이 있으며, 역서로는 《토마스 아퀴나스: 존재의 형이상학》, 루이라벨의 《자아와 그 운명》 등이 있다.

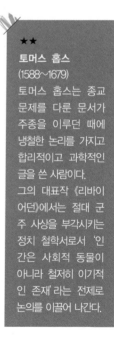

★★
토마스 홉스
(1588~1679)
토마스 홉스는 종교 문제를 다룬 문서가 주종을 이루던 때에 냉철한 논리를 가지고 합리적이고 과학적인 글을 쓴 사람이다.
그의 대표작 《리바이어던》에서는 절대 군주 사상을 부각시키는 정치 철학서로서 '인간은 사회적 동물이 아니라 철저히 이기적인 존재'라는 전제로 논의를 이끌어 나간다.

담겨 있다. 공자가 생각한 행복한 사회는 부모님을 존경하고 남을 사랑하며 옳은 것을 행하고 상호이익을 실천하는 사회이다.

행복한 사회를 이루려면 자신의 권리를 양보하고 정의를 추구해야 한다. 많은 사람이 중요하게 생각했지만 막상 잘 지키지 못했던 가치들에 대해서도 다시 한 번 생각해 보면 좋겠다. 윤성이의 '배려' 같은 덕목 말이다. 남을 칭찬하고 배려하면 언뜻 생각할 때에는 자신이 낮아지고 손해를 보는 것 같지만, 실제로는 정반대의 결과가 나타난다. 당장 눈에 띄는 보답이 없다고 해도 실망할 필요는 없다. 대가를 기대하지 않고 타인을 존중하는 성품만으로도 윤성이는 이미 행복의 길에 들어섰으니 말이다.

 나를 알아가는 질문

1. 다른 사람보다 나를 생각하는 마음이 앞서서 이기적인 행동을 한 적이 있는가? 그 결과는 어떠했는가?

2. 나는 다른 사람을 배려하기 위해서 어떤 말이나 행동을 하는가? 구체적으로 적어 보자.

진정으로 필요한 사람

● 능력과 배려 ●

●●● 성우는 교육청에서 선발한 과학 영재이며 수학 올림피아드에서
도 여러 번 수상을 했다. 얼마 전에는 문화관광부에서 후원하는
독후감 대회에서도 우수상을 받아 그야말로 '융복합형 인재'로
등극했다. 이런 성우는 주변 사람에게는 무척 부담스러운 존재
이다. 친구들은 성우에게 부러움과 시기심을 느꼈다. 자신의 부
모님이 성우를 칭찬하며 은근히 비교를 하기 때문이다. 또 다른
문제는 성우가 다른 이들의 마음을 살피는 데 서툴다는 점이다.
친구들의 좌절감이나 시샘을 이해하지도, 알려고도 하지 않는
다. 성우는 그저 자신의 찬란한 미래만 생각한다. 영재고를 가

고 명문대에 진학해서 좋은 직업을 가져 돈을 많이 벌고 성공할 꿈에 들떠 있다. 성우는 지식을 쌓으려면 희생해야 하는 게 있다고 생각한다. 그리고 경쟁에서 이기려면 이기적이기도 해야 한다고 믿는다. 친구가 필요하겠지만, 우정은 나중에 같은 직업을 가진 사람과 쌓아도 될 것 같다. 배려나 희생, 남을 존중하는 마음은 학생생활기록부용으로만 있으면 되고, 언제나 나의 성과가 먼저이다. 그래서 성우는 가끔 교실 내의 상황파악이 어려울 때가 있다. 다른 사람이 자기를 싫어해도 왜 그런지 감을 잡기 어렵다. 꼭 공부하느라 친구들과 어울리지 않아서가 아니다.

뻔히 상황을 보고 있어도 왜 저 사람이 화를 내는지, 왜 내가 욕을 먹는지 이해가 되지 않을 때가 있다. 성우는 인간관계가 너무나 어렵지만 그렇다고 크게 신경을 쓰지는 않는다. 지식이 있어도 지혜가 부족해서일까? 아니면 과도한 학업 스트레스로 마음의 여유가 없어서일까?

성우의 문제는 지식과 지혜의 문제이기도 하지만, '생각' 자체의 문제로도 볼 수 있다. 철학자 **한나 아렌트**(Hannah Arendt)*의 이야기를 들어보면 왜 생각이 중요한지를 알 수 있다. 유대인인 아렌트는 1차 세계대전 때 분쟁 지역이었던 러시아-독일 국경 근처에 살았으며, 일곱 살 때 아버지를 잃었다. 이후 마르부르크 대학과 하이델베르크 대학에서 유명한 사상가인 하이데거와 야스퍼스 등에게 가르침을 받았지만, 유대인이었기 때문에 강단에 설 수 없었다. 당시는 나치가 발흥한 시기였기 때문이다. 그녀는 파리로 도망한 뒤 망명자 집단과 협력해서 다른 사람들의 독일 탈출을 돕다가, 독일의 프랑스 침공 때 강제수용소로 보내졌다.

1961년 아렌트는 〈뉴요커(The New Yorkers)〉의 특파원으로 나치 전범 아이히만의 재판을 참관했다. 이 재판을 기록한 책이 《예루살렘의 아이히만》이다. 아이히만은 유대인 600만 명을 학살한 혐의로 수배되었다가 체포되었다. 그는 게슈타포 유대인 과장으로 일하면서 유대인을 유럽 각지에서 열차로 이송하여 수용소에 가두는 최고 책임자 역할을 했다. 그가 저지른 악랄한 짓을 생각하면 이마에 뿔이라도 돋은 악마가 연상되지만 실제로 본 그의 모습은 너무도 평범했다. 심지어 아렌트의 저서에는 그가 '무시무시하게 평범해' 보였다고 기록되어 있다.

"그는 아주 근면한 인간이다. 그리고 이런 근면성 자체는 결코 범죄적인 것이 아니다. 그는 단지 자기가 무엇을 하고 있는지 결코 깨닫지 못했다. 그는 어리석지 않았다. 그로 하여금 그 시대의 엄청난 범죄자들 가운데 한 사람이 되게 한 것은 결코 어리석음과 동일한 것이 아닌 순전한 무사유(sheer thoughtlessness)*였다."

아이히만은 죄가 없다고 주장했지만 유죄판결을 받고 처형됐다. 그의 가장 큰 문제는 자기가 하는 행동이 어떤 영향을 미칠지 스스로 생각하기를 포기한 것이다.

성적이 뛰어나고 성공을 목표로 기계처럼 공부하면서 도덕이나 윤리에 대해서는 관심조차 없는 학생들이 있다. 그들은 적극적으로 남

★
순전한 무사유
여기서 말하는 무사유란 생각 없는 어리석은 사람을 가리키는 말이 아니다. 순전한 무사유는 반성적이고 비판적인 성찰이 결여된 인습적이고 권위적인 사고이자 타인의 잘못된 명령에 아무런 의문 없이 복종하는 사고를 뜻한다.

을 해치지는 않지만 다른 사람을 상당히 불편하고 힘들게 한다. 아무 생각 없이 말하고 타인을 배려하지 않는 사람이 자기 욕심만 채우고 성공한다고 가정해 보자. 그 사람은 얼마나 많은 사람을 괴롭게 할까?

자기가 하는 행동과 말이 다른 사람에게 어떤 영향을 미칠지 생각하지 않는 사람은 잔혹한 행위도 서슴없이 저지를 수 있다. 공부를 잘한다고 무조건 모범시민이 되는 것도 아니고, 성공한다고 반드시 지도자가 될 수 있는 것도 아니다. 공동체가 필요로 하는 사람은 능력만 뛰어난 사람이 아니다. 그보다는 생각할 줄 아는 사람, 즉 나의 행동과 말이 타인에게 어떤 영향을 주는지 예측하고 남을 배려하는 사람이 아닐까?

나를 알아가는 질문

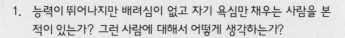

1. 능력이 뛰어나지만 배려심이 없고 자기 욕심만 채우는 사람을 본 적이 있는가? 그런 사람에 대해서 어떻게 생각하는가?

2. 공동체가 꼭 필요로 하는 사람은 어떤 사람일까? 내가 그런 사람이 되기 위해서는 어떤 노력을 해야 할까?

변하는 것과 변하지 않는 것
● 학문의 심오함과 역동성 ●

●●● 교무실에 심부름을 간 채림이는 우연히 수학선생님과 사회선생님의 대화를 들었다. 두 분은 친한 사이인지 서로 말을 낮추고 있었다.

수학선생님: 복직하니 정신이 하나도 없네. 밀린 연수도 받아야

하고 새 교과서에 적응도 해야 하고.

사회선생님: 무슨 말이야, 내 앞에서. 사회는 맨날 바뀐다고. 책만

바뀌는 게 아니라 내용도 왕창 바뀌어. 정신없는 건 내가 더

하지.

수학선생님: 어머, 그렇긴 하겠다.

사회선생님: 나도 수학을 전공했어야 하는 건데. 수학은 안 바뀌
　　　잖아.

수학선생님: 바뀌는 게 전혀 없는 건 아니야.

사회선생님: 뭔 소리야? 수학이 뭐가 바뀌어?

수학선생님: 아유 됐어. 사회처럼 바뀌기야 하겠니? 그래, 안 바
　　　뀐다. 안 바뀌어. 부럽지?

선생님의 대화를 듣고 교무실을 나서며 채림이는 갑자기 궁금
해졌다. 자신이 열심히 공부하는 과목의 내용이 바뀔 수 있다니
허무한 생각이 들었다. 하지만 평생 바뀌지 않는 과목을 가르친
다면 지루하고 시시할 것 같기도 했다. 학문에서 변하는 것과
변하지 않는 것이 있다면, 그건 어떤 것이고 또 왜 그런 걸까?

　학문의 세계에서도 변하는 것과 변하지 않는 것이 있다. 어제
까지 열심히 외웠던 규칙이나 법칙을 하루아침에 갑자기 잊어
버려야 한다면 어떤 기분일까? 그런 일이 일어나지 않았으면
좋겠지만 가만히 생각해 보면 실제로 우리 주변에서 종종 일어
나는 일이기도 하다. 예를 들면 아인슈타인(Albert Einstein)은 상대
성 이론을 발표해서 시간과 공간이 절대적이라고 했던 뉴턴의
이론을 송두리째 흔들어놓았다. 그로 인해 현대물리학은 엄청

난 변화를 겪었다. 우리나라 교과 과정도 마찬가지이다. 계속 달라지고 있다. 입시제도도 변하고 성적 평가 기준도 달라진다. 역사에 대한 인식 차이로 교과서도 달라지고 그에 대한 평가도 갈린다.

기원전 500년에 살았던 철학자 헤라클레이토스(Heracleitos)*는 "같은 강물에 두 번 발을 담글 수 없다"는 말을 한 것으로 널리 알려져 있다. 그는 만물유전(萬物流轉, Panta Rhei), 즉 만물은 변화하고

생성한다는 이론을 펼쳤다. 그는 우주만물 가운데 변하지 않는 한 가지가 있으니 다름 아닌 "만물은 변한다"는 사실 그 자체라고 했다. 헤라클레이토스는 역설로 가득한 이야기들로 그의 사상을 설명했다.

"건강을 달콤하고 좋게 만드는 것은 병이며, 배부름을 달콤하고 좋게 만드는 것은 배고픔이고, 휴식을 달콤하고 좋게 만드는 것은 피곤함이다."

그의 주장은 말이 안 되는 것 같아 알쏭달쏭 헷갈리다가도 '그렇구나!' 하고 무릎을 치게 만드는 면이 있다.

헤라클레이토스는 서로 대립하는 것들이 실제로는 모두 같다고 주장하기도 했다. 그는 신(神)의 이름으로 그 원리를 설명했는데 모든 대립자들을 하나로 품은 신을 '로고스(logos)'라고 칭하며 이러한 주장을 펼쳤다. 철학자 정재영**에 따르면 '로고스는 모든 것이 변화하고 생성하는 것처럼 보이는 세계에 질서를 부여하는 조화의 원리'라고 한다. 로고스는 변화하는 것이 아니며 영원히 존재하는 것이다. 대

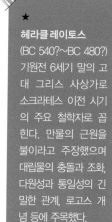

★
헤라클레이토스
(BC 540?~BC 480?)
기원전 6세기 말의 고대 그리스 사상가로 소크라테스 이전 시기의 주요 철학자로 꼽힌다. 만물의 근원을 불이라고 주장했으며 대립물의 충돌과 조화, 다원성과 통일성의 긴밀한 관계, 로고스 개념 등에 주목했다.

★★
정재영
(1957~)
한국의 철학자. 1997년 영국 중서부에 있는 워릭대(University of Warwick)에서 철학과 사회 이론으로 석사학위를 받고, 2003년 동대학 철학과에서 박사학위를 받았다. 그의 철학적 관심은 인간이 만든 사회와 사회적 존재의 철학적 얼개를 규명하는 데 있다. 그는 이 작업을 사회 존재론(social ontology)이라는 이름으로 부른다.

립과 통일을 지배하는 원리이자 모든 생성과 변화를 규정하는 질서를 말한다.

기독교 신앙을 가진 사람이라면 로고스가 기독교 사상의 토대라는 점을 연상할 것이다. 유일무이하며 영원불변인 하나님을 믿는 기독교 신앙이, 모든 게 달라지고 변한다는 철학과 연결된다는 것이 놀랍다. 달라지는 것은 달라지지 않는 것을 기준점으로 해서 성립되는 것이기 때문이다.

학문도 마찬가지이다. 쉽게 변하지 않는 학문이 심오하다면 빠르게 변하는 학문은 역동적이다. 그 차이를 이해하고 각각에서 의미를 찾는다면 학문의 즐거움을 깨달을 수 있다. 의심이나 허무감, 혹은 지루함을 벗어나 심오하고 역동적인 학문의 세계를 찾아가 보면 어떨까?

 나를 알아가는 질문

1. 우리가 변하지 않는 것이라고 배운 정보가 변한 경험이 있는가? 이때 어떻게 생각하는 것이 바람직할까?

2. 학문에서 절대로 변하지 않는다고 믿는 것이 있다면 그것이 무엇인지 적어 보자.

배우는 즐거움

● 학문의 목적 ●

●●● 문영: 와, 100점이다! 드디어 100점. 국어 76, 수학 68, 과학 82

이지만 사회는 100점!

수아: 그렇게 좋니?

문영: 응, 좋고말고. 100점 맞았는데 좋지 않겠어?

수아는 문영이가 신기하기도 하고 부럽기도 했다. 모든 과목이

90점을 넘었지만 정작 100점은 없는 수아. 그리고 대부분의 과

목 점수가 자기보다 낮은데도 사회를 100점 맞았다고 기뻐하는

문영. 둘은 짝이지만 성격이나 관심사, 그리고 태도가 이처럼

달랐다. 시무룩한 수아에게 문영이가 물었다.

문영: 넌 사회 몇 점이니?

수아: 왜 사회만 물어? 그리고 넌 그렇게 눈치가 없니? 내가 지
  금 기분이 좋은 것 같아?

문영: 아, 미안해.

문영이는 좋아하는 과목만 열심히 하고 잘한다. 수아는 특별히 좋아하는 과목은 없지만 공부를 열심히 한다. 과연 누구의 태도가 더 좋은 것일까?

대한민국은 학생들이 공부를 가장 많이 하는 나라 중 하나다. 2015년 OECD의 국제학생평가프로그램(Program for International Student Assessment: PISA)의 읽기, 수학, 과학의 세 가지 영역 시험점수 가운데 읽기 2위, 수학 1위, 과학 3위를 기록했다. 동시에 성적으로 인한 스트레스와 학업 부담으로 인해 많은 학생이 큰 고통을 호소하는 나라이기도 하다. 어떤 철학자는 한국의 청소년에게 수업은 있어도 교육은 없다고까지 말한다.

그렇지만 이것은 이 시대의 우리나라에만 국한된 이야기만은 아니다. 영국 사회학(社會學)★의 창시자인 허버트 스펜서(Herbert Spencer)★★는 "학교에서 가장 무시되고 있는 것은 삶에서 우리가 가장 필요로 하는 그것, 즉 인간에 대하여 아는 것이다"고 했다. 19세기의 영국에서도

★
사회학
사회학이란 인간 사회와 인간의 사회적 행위를 연구하는 학문이다. 사회학의 창시자로 알려진 오귀스트 콩트는 인간 사회도 자연 세계처럼 자연과학적 방법과 동일하게 연구될 수 있다고 봤다. 그는 인간 사회를 과학적으로 탐구하는 새로운 과학의 필요성을 주장하면서 사회학을 '사회질서와 진보의 법칙을 연구하는 학문'으로 명명했다.

★★
허버트 스펜서
(1820~1903)
영국의 철학자. 저서로는 36년간에 걸쳐 쓴 대작, 《종합철학체계》가 유명하다. 이 저서에서 그는 성운(星雲)의 생성에서부터 인간 사회의 도덕원리 전개에 이르기까지 모든 것을 진화의 원리에 따라 조직적으로 서술했다. 그는 또 철학과 과학 그리고 종교를 융합하는 시도를 하기도 했다.

학교 교육은 비판을 받은 것이다.

그렇다면 좋은 학교, 좋은 교육이란 무엇일까? 좋은 학교는 공부는 왜 해야 하는지, 학교는 무엇을 위해 존재하며 학생들은 무엇을 위해 노력해야 하는지 뚜렷한 목표를 제시할 수 있어야 한다. 목표가 분명하면 자발적으로 방향을 잡아 열심히 배우고 싶어지기 때문이다. 그런 학교는 학습 동기를 높여주어 학생들이 노력과 소임을 다하게 돕는다. 좋은 학교는 효율적인 학습 환경을 만들어주고 학생들이 배려심과 책임감을 가진 사람으로 자라나 사회에 꼭 필요한 구성원이 될 수 있도록 지도하는 곳이다.

그렇지만 사회적 능력과 정서적 능력을 키우는 것은 지적 능력을 키우는 것보다 훨씬 어렵다. 올바른 교육과 활동만이 사회성과 정서를 함양할 수 있게 해준다. 가장 좋은 학교란 졸업한 후에도 공부를 하는 '평생 학습자'를 키워내는 학교가 아닐까 싶다. 그런 학교는 학생의 사회적, 정서적, 지적 능력을 정체시키지 않고 꾸준히 발전시킬 수 있을 테니 말이다.

반대로 능력을 중요시하는 학교는 학생들의 잠재력보다 현재의 성과에 집중한다. 눈에 금방 띄고 단기적으로 효과를 얻을 수 있는 부분을 중요하게 평가하는 것이다.

심리학자 크리스토퍼 피터슨은 "객관식 시험으로 아이들을 훈련시키는 것이 그들의 지적 가치나 자기감을 바꿀 수 없다"고 했다. 그는 능력을 중요시하는 학교가 학생의 수행 능력을 반감시키고 긍정성을 해친다고 주장했다.

여러 과목을 두루 잘하든 한 과목을 깊이 있게 하든, 공부할 수 있는 능력과 의욕이 있다면 큰 문제가 아니다. 하지만 능력을 중요시하는 현재의 교육 상황을 전적으로 무시하고 특정한 과목에만 매달린다면 위험부담이 커질 수 있다. 교육과정은 정해진 연령대에 적합한 과목과 내용을 고려하여 구성된 것이다. 그러니 각 과목에서 중요하게 다루는 내용을 익혀가면서 내가 특별히 흥미를 느끼는 과목에도 관심을 기울이면 어떨까? 문제는 점수나 성적만이 아니다. 내가 갖춰야 할 지식을 얻고 내 진로를 찾아가는 것이 정말 중요한 공부라고 할 수 있다.

나를 알아가는 질문

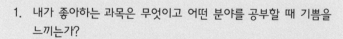

1. 내가 좋아하는 과목은 무엇이고 어떤 분야를 공부할 때 기쁨을 느끼는가?

2. 지금의 교육과정에 불만이 있는가? 이에 대한 바람직한 대처방식은 무엇일까?

공부해서 남 주냐고?
● 공부와 자아실현 ●

●●● 형편이 가난한 형주네 집에서, 가장 큰 고민은 공부는 안 하고 부모님의 돈을 훔치는 오빠 현웅이다. 현웅이는 중학교 때부터 치킨집에서 아르바이트를 했다. 그렇게 모은 돈과 부모님의 돈을 슬쩍해서 중고 오토바이를 샀다. 고등학생이 되자 폭주족 친구들과 밤거리를 질주하고 여자친구도 사귀었다. 여자친구에게 화장품이며 옷을 사주느라 몇 번씩이나 치킨집에서 가불을 받았다. 약속 시간보다 늦게 출근해서 빨리 퇴근하는 일도 잦아졌다. 건성으로 일하던 현웅이는 결국 가게에서 쫓겨나고 말았다. 이후 아르바이트를 하는 게 귀찮고 힘들어진 현웅이는 부모님

지갑에 더 자주 손을 대었다. 작게는 몇 천 원, 크게는 몇 만 원을 훔치다가 얼마 전에는 부모님이 모아둔 자신의 돌 반지마저 팔아치웠다. 아버지가 호통을 치자 현웅이는 자신의 돌 반지니까 어차피 자기 것 아니냐고 대들었다. 형주네 부모님은 아들의 말대꾸에 기가 막혔다.

"대학 가면 등록금이라도 보태려고 둔 건데, 그걸 훔쳐?"

"저 대학 안 가고 여자친구랑 결혼할래요."

"뭐라고? 고등학교도 졸업 못하고 결혼을 하면 어떻게 먹고살 건데?"

"막노동이라도 하지요."

"아이고, 이놈아 정신 좀 차려라. 그렇게 평생을 살 수 있겠냐?"

"왜 못 살아요? 사랑하는 사람이랑 같이 살면 행복할 텐데요."

"그게 네 녀석 말처럼 그렇게 쉬운 일인 줄 알아? 네 인생도 하나 책임지지 못하면서 어쩌려고 그래? 이제라도 제발 마음잡고 공부해라, 응?"

형주는 철없는 오빠가 밉고 한심했다. 그런데 한편으로는 별다른 방법이 없다는 생각도 들었다. 자신이나 오빠는 공부에 소질이 없고 부모님은 학원에 보내거나 과외공부를 시켜줄 능력이 못 되니 말이다. 부모님은 개천에서 용 난다거나 공부해서 남 주냐는 말을 자주 하신다.

하지만 형주는 답답하고 의심스럽다. 정말 개천에서 용이 날 수 있을까? 공부가 대체 뭐라고 부모님은 밤낮 공부타령을 하는 것일까. 부모님도 공부를 안 해놓고 왜 자식에게만 공부하라고 하시는 걸까.

형주의 부모님은 왜 공부하라는 말을 입에 달고 사시는 걸까? 정확한 답을 하기는 어렵지만 적어도 한 가지는 확실하다. 부모님은 두 자녀가 공부를 해서 행복하게 잘살기를 바라는 것이다. 그러면 여기서 또 하나의 질문이 생긴다. 공부를 열심히 하면 행복해질까? 행복은 무엇일까? 그리고 형주의 오빠가 나름대로 추구하고 있는 쾌락과 행복의 차이는 무엇일까?

쾌락주의(hedonism)★는 즐거움을 극대화하고 고통을 최소화하자는 개념이다. 아리스티포스(Aristippos)★★는 감각적 만족을 가장 중요하게 생각하는 쾌락주의를 주장했다. 에피쿠로스(Epikuros)는 쾌락주의를 윤리적 쾌락주의로 발전시켰다. 쾌락 경험의 최대화가 곧 도덕적 의무라는 것이다.

초기 기독교 철학자의 입장은 이와 상반된다. 기독교에서는 쾌락 추구가 죄를 피하려는 인간의 목표와 어긋난다고 보았다. 하지만 에라스뮈스(Desiderius Erasmus)나 토머스 모어(Thomas More) 같은 르네상스시대 철학자들은 쾌락을 추구하는 것을 찬성했다. 누구나 행복

★
쾌락주의
쾌락을 가장 가치 있는 인생의 목적이라 생각하고 그것을 모든 행동과 의무의 기준으로 보는 윤리학의 입장. 행복주의의 한 형태이다. 키레네학파, 특히 아리스티포스는 순간적 쾌락만이 선(善)이라 하고 가능한 한 많은 쾌락을 취하는 데 행복이 있다고 말했다.

★★
아리스티포스
(BC 435?~BC 366?) 그리스의 철학자. 소크라테스를 숭배하여 아테네로 건너가, 시칠리아 섬의 궁정 등에서 생활한 뒤, 고향에서 키레네학파를 열었다. 인생의 목적은 쾌락이며 그것이 지고선(至高善)이라고 주장했다. 그럴지만 그것을 갖기 위해서는 식견과 극기, 그리고 절제가 필요하다고 하였다.

하게 지내는 게 하나님의 바람(wish)이며 쾌락을 얻기 위한 '인위적인' 방법에 집착하지만 않는다면 쾌락 추구 그 자체는 괜찮다는 것이다. 후대의 철학자인 데이비드 흄(David Hume)과 제러미 벤담(Jeremy Bentham)은 쾌락주의를 실용주의의 기초로 활용하기도 했다.

쾌락주의에 반대하는 사조도 있다. 이 사조의 시작은 아리스토텔레스의 에우다이모니아(eudaimonia) 개념으로 거슬러 올라간다. 에우다이모니아는 본래 고대 그리스인들 개개인이 추구해야 할 '훌륭한 삶'을 뜻하는 말이다. 도덕적으로 올바른 생활 방식뿐만 아니라 만족스럽고 행복한 삶이란 의미도 포함한다. 이것은 내적 자아에 진실한 것이 곧 행복이라는 개념이다. 이 개념에 따르면 참된 행복은 자신의 미덕을 깨닫고 그를 함양하며 그에 따라 사는 것이라고 할 수 있다. 에우다이모니아는 한마디로 말하면 자아실현적인 행복이다. 자신 안에 내재된 최고의 것들을 개발하고 자신의 기술과 재능들을 더 큰 선을 위해, 특히 다른 사람과 인류를 위해 사용하는 것을 의미하기 때문이다.

최근의 새로운 심리학 경향 가운데 하나인 긍정심리학에서도 이와 흡사한 의견이 나온다. 자아실현적인 행복을 추구하는 사람이 감각적 즐거움을 추구하는 사람보다 삶의 만족도가 높다는 것이다. 물론 쾌락이 삶의 만족에 도움이 되지 않는다거나, 이

두 가지 행복의 관점이 서로 공존할 수 없다는 뜻은 아니다. 하지만 오랜 기간에 걸친 만족도 면에서 보면 자아실현적 행복인 에우다이모니아가 쾌락주의보다 영향력이 더 큰 것은 부인할 수 없다.

형주네 오빠 현웅이의 결심도 어떤 면에서는 이해가 된다. 사랑하는 여자친구에게 선물을 하고, 그녀와 함께할 행복한 삶을 꿈꾸며 결혼하고 싶은 게 잘못은 아니다. 그렇지만 현웅이는 자아실현적 행복에는 그다지 관심이 없고 오로지 쾌락만 추구하는 것 같아 불안해 보인다. 지금 당장 내 마음이 내키고 내가 즐거운 쪽으로 선택하려 한다면, 나중에 그 욕망이나 즐거움이 바뀐다면 어떻게 할 것인가? 그때 가서 무책임하게 여자친구와 가정을 버릴 것인가?

원래 주제로 돌아가서, 공부는 왜 해야 하는지 생각해 보자. 공부 자체가 감각적인 쾌락을 준다면 즐거움을 위해 공부를 하면 된다. 하지만 공부에서 그런 쾌락을 느끼는 사람은 많지 않다. 대개 공부는 자아실현적 행복을 위해 하는 경우가 많다. 그리고 어려서부터 학습적으로 꾸준히 노력한 사람이 성인이 되어 결과물을 만들어내는 경우가 일반적이다. 특별히 예체능에 자질이 있거나 공부 외에 다른 방법으로 자아실현을 할 뜻을 품고 있지 않다면, 공부할 기회를 놓치지 않는 것이 중요하다. 공부 못한 한을 품은 부모님이 현웅이와 형주에게 공부하라고 노래를 부르는 것도 이 때문이다.

자아실현을 하면 우선 본인이 행복해진다. 그래서 다들 공부해서 남 주냐고 말한다. 내 지식은 내 머리에 있고 남이 함부로 빼앗아갈 수 없으니 말이다. 하지만 공부의 열매인 결과물이 사회적 기여가 된다면 '공부해서 남 주는' 것도 가능하다.

전혜성 박사란 분이 계신다. 열아홉 살에 미국으로 건너가 디킨슨 대학을 거쳐 보스턴대 대학원에서 박사학위를 받은 뒤 예일대에서 강의했던 인물이다. 이 분이 자녀에게 늘 강조한 말이 공부해서 남을 도울 방법을 생각하란 것이었다. 자녀인 6남매 모두가 예일대와 하버드대를 졸업했으며 부모와 자녀들의 박사학위를 합하면 11개가 된다고 한다. 공부를 하여 사회에 봉사하겠다는 뜻이 있었기 때문에 이런 일이 가능했으리라.

목표를 뚜렷이 하고 공부하기를 바란다. 그리고 나의 공부로 남을 돕고 봉사하기 위해 노력하라. 이렇게 된다면 많은 이의 행복을 위한 것이니 더 보람차지 않을까? 이런 높고 넓은 차원의 행복을 생각하면 공부라는 것도 한번 해볼 만하지 않은가? 이제껏 살아온 방식은 다른 일에서 쾌락을 누리는 게 중심이었다 하더라도 말이다.

나를 알아가는 질문

1. 나는 무엇 때문에 공부를 하는가? 그 이유에 대해서 자세하게 서술해 보자.

2. 공부를 해서 어떤 식으로 남에게 줄 것인가? 방법을 구체적으로 생각해 보자.

PART 3

규범과 가치

누가 규칙을
만드는가?

'규칙'이라는 말을 들으면 어떤 생각이 떠오르는가? 답답하고 부담스러운가, 아니면 편안하고 보호받는 느낌이 드는가? 규칙을 준수하는 사람은 질서와 안정을 추구하는 경향이 있다. 규칙을 무시하거나 파괴하는 사람은 즉흥적이고 자기중심적인 성향을 보이곤 한다. 물론 무조건 다 그런 것은 아니다. 나쁜 법도 있고 이상한 규칙도 있고 사람이 가끔은 변덕을 부리기도 하니 말이다. 그런데 규칙은 누가 만들고 우리는 왜 그것을 지켜야 하는 것일까? 그리고 불합리한 규칙이 있을 때 이에 어떻게 대응하는 게 바람직할까?

●●● 명준이는 자연 속의 인간은 어떻게 살았을까 하고 상상해 보았
다. 원시시대 한 부족 족장이 있고 그 주위에 든든한 종족 구성
원이 있다면? 내가 족장이라서 모두 내 말에 절대복종해야 한다
면? 힘세고 용감하며 날렵한 명준이는 그 시대에 태어났으면 사
냥이나 전쟁에 능했으리라 확신했다. 한 부족의 대표니까 예쁜
부인도 여러 명 거느렸을 것 같다.

하지만 멋진 상상은 거기서 그만 끝나고 말았다. 선생님이 명준
이의 이름을 부르며 질문에 대답하지 않는다고 버럭 화를 냈기
때문이다. 한바탕 혼나고 나니 명준이는 슬그머니 분한 생각이

들었다. 원시시대에 대해 배우지만 그 시대를 상상하면 안 되는 교육이 너무 싫었던 것이다.

'지금처럼 책상 앞에 앉아 머리만 쓰고 있는 게 아니라, 돌칼이나 돌도끼를 휘두르고 밀림을 달린다면 얼마나 좋을까? 그러면 내가 최고가 되었을 텐데.'

명준이는 타임머신만 있다면 원시시대로, 자연 그대로의 세계로 돌아가고 싶다.

공부가 지루할 때나 복잡한 현대생활이 고달플 때, 인간은 자연으로의 회귀나 도피를 꿈꾼다. 사업에 실패하고 배신당한 사람이 귀농을 계획하고, 속세를 벗어나려는 사람이 깊은 산속 수도원이나 사찰을 찾듯이 말이다. 그런 상상을 한 번도 하지 않았을 만큼 현실이 만족스럽거나 사회에 잘 적응하는 사람은 얼마나 될까? 잠시 시름을 잊고 기운을 충전해서 지금의 문제를 타개

할 수 있다면 현실도피적인 생각에 잠시 잠기는 것을 무조건 비난할 수 없다. 문제는 현실을 계속 외면하고 자연 상태를 이상화하여 막연한 꿈만 좇는 경우이다

원시시대의 인간을 어떤 상태라고 표현할 수 있을까? 자연 그대로와 동일시할 수 있을까? 인간이 지니고 있는 고유한 특성을 고려하면 원시인의 삶과 자연적 삶을 동일하다고 말하기는 어렵다. 자연은 '사람의 힘을 더하지 않은 천연 그대로의 존재'이기 때문에, 일단 사람이 개입되면 더 이상 자연이 아니다. 인간은 이성적인 존재로 자연을 끊임없이 이용하고 개조하려 든다. 낙엽과 나무를 모아 불을 지피려 하고 나뭇잎과 돌, 목재 등을 이용해집을 지으려 한다. 아리스토텔레스 이래로 우리는 이성을, '인간을 인간답게 하고 다른 모든 동물로부터 구별하는 능력'이라고여겨왔다. 이 이성으로 인해 우리는 본능이나 충동을 극복하고도덕적 판단, 논리적 사고, 추상적 이해를 할 수 있는 것이다.

답답한 교실 안에서 따분한 공부를 하다보면 원시시대가 마치해방의 공간처럼 여겨질 수도 있다. 하지만 명준이가 족장이 되고 아름답고 매력 있는 부인을 여럿 거느린다 해도 그것이 언제까지나 안정되고 편안한 삶을 보장할 수 있을까? 명준이가 나이들어 힘이 약해진다면? 혹 다른 부족이 명준이네 종족의 영역을침범하려 든다면? 여기에 맹수와 자연재해의 위협으로부터 자신과 부족을 지켜내기 위한 고된 노동과 무거운 책임까지 져야 한

다면? 인간이 육체적 능력만으로 승부를 거는 시대는 얼핏 보면 단순하고 매력적인 것 같다. 하지만 그만큼 삶의 긴장은 커질 수밖에 없다.

헨리 데이비드 소로(Henry David Thoreau)★가 쓴 《월든》이라는 유명한 책이 있다. 작가가 28세부터 2년여 간 월든이라는 이름의 호숫가 숲에서 문명의 도움 없이 생활한 기록을 담은 책이다. 소로우는 랄프 왈도 에머슨(Ralph Waldo Emerson)이라는 철학자와 함께 미국의 위대한 **초월주의**(超越主義, transcendentalism)★★ 철학자로 꼽힌다. 초월주의는 초절주의(超絶主義)라고도 하는데 자연과 인간에 내재한 신성을 신뢰하고 인간 정신의 절대적이고 무한한 능력을 옹호하는 사상이다. 그런데 하버드 대학을 졸업한 지성인이 전기도 수도도 없이 숲속에 오두막을 짓고 산 이유는 무엇일까? 그것은 자신의 뜻대로 인생을 살아 보고 싶어서였다. 소로 스스로가 사회적 속박과 편견으로부터 자유로운 삶을 실천하려 한 것이다. 숲에서 소로는 간소하고 주체적인 삶을 살기 위해 노력했고, 숲을 나와서도 평생 일정한 직업을 갖지 않고 학업에 매진했다. 어떤 사람은 고작 2년 정도 숲에서 지내다 나왔을 뿐이라며 소로의 노력을 평가절하하기도 한다. 하지만 불편함과 수고를 감수하고 자신의 신념을 실천하기 위해 노력한 2년을 결코 가벼이 여길 수는 없을 것이다.

명준이가 원시시대로 돌아가는 것은 현실적으로 불가능하다. 하지만 이런 철학자의 생생한 기록을 읽으며 희로애락을 간접적으로 체험해 볼 수는 있다. 자신의 의지에 따라 성실하게 하루하루 살아가는 법을 존경하며 배울 수 있을 것이다.

꿈과 희망은 현실에 발을 딛고 서 있을 때에만 그 가치가 있다. 그렇지 않은 경우에 꾸는 꿈은 백일몽이자 현실도피가 되고 만다. 당장 '원시 체험에서 살아남기' 프로그램에 참여할 준비를 하는 게 아니라면 명준이의 꿈도 어쩔 수 없는 백일몽일 뿐이다.

인간은 원시시대부터 지금까지 참 먼 길을 왔다. 우리가 여기까지 오는 데에는 이성이 많은 도움을 주었다. 심지어는 백일몽을 꾸는 데에도 이성이 필요하다. 이성 만능주의에 빠지면 안되겠지만, 이성이 아무것도 아니라고 말해서는 곤란하다. 그러면 명준이의 백일몽으로 잠시 돌아가 보자. 원시시대라고 고민과 걱정이 없었을까? 어쩌면 원시 부족 족장도 먹고살기 힘들어서 백일몽을 꾸었을지도 모른다. "짐승을 잡으러 뛰어다니지 않아도 고기를 먹을 수 있었으면……" 하고 말이다. 모두가 좋았던 그 시절에 대해 이야기를 하지만 막상 그 시절도 어렵고 힘들기는 마찬가지였다. 시간과 사건은 똑같아도 핑크빛 안경을 끼고 바라보면 아름다워 보이고 잿빛 안경을 끼고 바라보면 우중충하다.

명준이는 왜 현실에서 자꾸만 도망치려 할까? 지금 자신의 모습이 이 시대가 요구하는 것들과는 잘 부합하지 않는다는 생각 때문일 것이다. 그런데 정말 그럴까? 힘세고 용감하고 날렵한 것은 오늘날에도 필요한 미덕 아닌가? 공부와 직접적인 관련성이 보이지 않는다고 나의 강점을 놓치거나 무시하는 것은 안타까운 일이다. 사람이 가장 큰 행복을 느끼는 순간은 자기가 가진 강점을 발휘할 때라고 한다. 명준이는 자신의 강점을 발휘할 상황과 환경을 찾아야 한다. 그것을 찾는다면 행복을 위해서 타임머신을 타고 원시시대까지 돌아갈 필요는 없을 것이다.

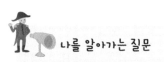

나를 알아가는 질문

1. 현실이 지루하거나 답답할 때 나는 어떤 방법으로 현실을 도피하는가? 그러한 현실도피에 대해서 스스로는 어떻게 생각하는가?

2. 나는 어떤 강점을 가지고 있는가? 그것을 발휘할 때는 언제인가?

규칙을 지키면 손해라고?
● 선의지와 규범 ●

●●● 혁범이는 축구팀 수업을 앞두고 셔틀버스를 기다리고 있다. 대개 5분 전에 모여서 버스 출발을 기다리는데 항상 1, 2분 지각하는 친구가 있다. 언제나 헐레벌떡 뛰어서 좀 늦게라도 나타나긴 하기 때문에 그냥 두고 출발할 수도 없다. 이 친구는 미안하다고 말하는 법이 없었다. 그저 차를 타고 거칠게 숨을 고르면 그만이다. 버스를 타기 위해서 아파트 담장을 뛰어넘는 친구도 있다. 조금만 일찍 나오면 될 것을 위험하게 담을 넘는다. 그 친구도 자신의 행동을 부끄러워하지 않는다. 버스가 출발했다. 버스 안은 왁자지껄 소란스러웠다. 서로 자랑을 하고 욕하고 구박

하고 화내며 싸우다 도착하면 운동을 시작하기도 전에 다들 얼굴이 상기된다. 몸싸움이 거칠었고 부상도 잦았다. 축구경기를 끝내고 집으로 오는 길에는 어김없이 다시 싸움이 벌어진다. 시합에서 이기지 못한 날이면 우울해서 싸우고 이기면 흥분해서 싸운다.

칸트는 약속과 규범을 이야기할 때 빼놓을 수 없는 인물이다. 매일 같은 시간에 산책하는 칸트를 보고 사람들이 시간을 맞췄다는 일화 때문만이 아니다. 칸트의 철학 자체가 도덕과 의무를 무척 강조하기 때문이다. 칸트는 인간이 '상식'을 통해 무엇이

선이고 어떤 일을 해야 할지를 안다고 지적했다. 학문적 탐구나 철학적 주장이 아니어도 도덕적 원리를 무의식적으로 파악할 수 있다는 것이다. 예를 들어 약속 시간에 맞추어 오는 것은 모든 사람이 공유하는 상식이다. 담을 넘지 않고 길을 따라 걷는 것도 상식이다. 칸트는 이와 같은 상식적이고 일상적인 도덕을 중요시했다. 그리고 무의식적으로 지켜지는 규준을 형식화하여 **도덕철학**(道德哲學, moral philosophy)★의 체계를 확립하려 했다.

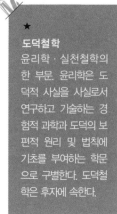

★
도덕철학
윤리학·실천철학의 한 부문. 윤리학은 도덕적 사실을 사실로서 연구하고 기술하는 경험적 과학과 도덕의 보편적 원리 및 법칙에 기초를 부여하는 학문으로 구별한다. 도덕철학은 후자에 속한다.

칸트는 인간이 도덕적 존재가 되기 위해서는 **선의지**(善意志)★★가 필요하다고 보고 철학의 임무는 선의지를 개발하는 것이라고 설명했다. 선의지는 한마디로 착하게 살려는 뜻을 말한다. 선의지는 의무와 연관이 깊다. 애착이나 두려움 때문이 아니라 의무의식에 의해 지키는 것이다. 속으로는 다른 목적을 품고 겉으로만 착한 행동을 하는 것이 아니라, 진심으로 우러난 의무의식으로 선행을 해야 한다는 것과 통한다. 칸트는 법칙을 존중하는 것을 의무로 강조했고 실천이성의 명령에 따라 도덕적

★★
선의지
칸트에 따르면 선의지는 이 세계 밖에서 조차도 유일하게 그 자체로 제한 없이 선하다고 생각될 수 있는 것이다. 선을 행하고자 하는 순수한 동기에서 나온 의지. 경향성에 따르지 않고 도덕 법칙에 의하여 규정된 의지를 말한다.

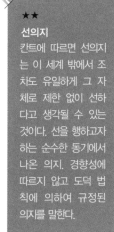

존재가 될 것을 촉구했다.

칸트의 도덕철학을 혁범이의 축구팀에 적용해 볼 수 있을까? 시간을 잘 지키지 않는 친구와 담을 넘는 친구는 상식적으로 그릇된 행동을 하고 있다. 충분한 상식이 없어서일 수도 있고, 상식은 있는데 법칙을 존중하지 않아서일 수도 있다. 그것도 아니면 의무를 따르고 실천하려는 의지가 약해서일 수도 있다. 어느 쪽이든 교육과 훈련을 통해 선의지를 강화할 필요가 있다.

다른 친구들은 어떨까? 버스에서 소란을 피우며 자랑이나 욕, 비방을 하는 것도 선행과는 거리가 멀다. 이것도 선의지가 약한 결과라고 볼 수 있다. 사소한 규칙이라도 소중히 여기고 선의지를 키워 법칙과 실천이성을 따르려는 노력이 필요하다. 그럴 때 우리는 착하고 도덕적인 인간으로서 타인과 사회에 선한 영향력을 끼칠 수 있다.

혹시 착하게 살면 손해라고 생각해 본 적이 있는가? 착하다는 말이 어떤 의미를 담고 있느냐에 따라 대답은 달라진다. 만일 착하게 살면 손해라고 생각하는 사람이 있다면 나쁘게 살면 이득일까? 반사회적 인격장애(antisocial personality disorder)를 가진 사람은 사회적 규범을 준수할 수 없다. 이 병의 가장 특징은 다른 사람의 권리를 우습게 여기고 그것을 아무렇지도 않게 깨뜨린다는 것이다. 그들은 일반적인 법에서 요구하는 바를 지키지 않고 사회적 규범들을 어긴다. 솔직함과는 거리가 멀어서 반복적인 거짓말을 하고 다른 사람을 착취한다. 충동적이어서 계획을 세우지 못하고, 쉽게 흥분하며 폭력적인 성향을 보인다. 그러다 보니 다른 사람과 자주 부딪히고 싸우게 된다. 다른 사람뿐 아니라 자신의 안전조차 중요하게 생각하지 않아서 다치기도 쉽다. 또 무책임하기 이를 데 없어서 꾸준히 일하는 건 꿈꾸기 어렵고 경제적인 책임을 지는 것도 잘되지 않는다. 그런데 그들은 이런 모습에 대해 반성하지 않고 아예 문제라는 생각조차 하지도 않는다. 이들의 삶은 거짓말, 가출, 절도, 범죄 행위, 싸움 등으로 얼룩져 있다. 반사회적 인격장애를 갖고 있는 사람은 술로 인해 문제를 겪는 경우가 많다. 교도소에서 수감생활을 하는 사람의 경우, 많게는 75%까지 이 병을 갖고 있다고 한다.

우리는 이러한 병을 이해하며 규칙을 어떻게 바라보아야 할지 생각해봐야 한다. 반사회적 인격장애를 치료할 때는, 자신의 행동이 다른 사람만이 아니라 스스로를 파괴하고 있음을 보여준다. 그렇게 함으로써 도망치고 싶었던 사회적 현실과 스스로가 만든 고립에서 빠져나오게 돕는 것이다. 복잡다단한 현대사회를 사는 우리가 갑자기 칸트처럼 칼같이 정확하고 규칙적인 생활을 하기는 어렵다. 그러나 다른 사람의 권리를 깨뜨리는 행동이 심하다면 그 자체가 병임은 명심해야 한다. 그로 인한 희생자는 결국 자기 자신이라는 것도 알아두어야 한다.

나를 알아가는 질문

1. 착하게 살면 손해를 본다는 생각을 한 적이 있는가? 그 이유는 무엇인가?

2. 내가 혁범이라면 규칙을 어기는 친구들을 어떻게 대할 것인가?

죄와 벌

● 잘못을 용서받기 위한 자세 ●

이 글은 학교폭력 문제로 힘들어하는 희찬이의 일기이다.

●●● 학교폭력위원회가 열렸다. 말로만 듣던, 남의 일로만 알던 그 무서운 위원회가 나 때문에 열리다니 믿어지지 않는다. 엄마가 얼마나 울었는지, 아빠가 얼마나 고함을 질렀는지, 아직도 정신 이 어질어질하다. 부모님이 그러시는 건 그나마 참을 만하다. 그렇게 해서라도 일이 해결될 수만 있다면 더한 일도 참겠다. 하지만 도대체 어디서부터 잘못된 것인지, 그리고 그 일이 그 친구에게 왜 그렇게 상처를 주었는지 이해할 수가 없다.

처음에는 친구들에게 따돌림당하고 구박받는 그 애가 불쌍했다. 그래서 잘해주고 싶었다. 친구가 없어서 외로웠던 그 애와 나는 가까워졌다. 같이 있는 시간이 길어지면서 가까워지게 됐다. 하지만 그 애와 계속 친하게 지내긴 힘들었다. 화를 너무 잘 내고 변덕이 종잡을 수가 없었다. 짜증과 투정을 더 이상 받아주기 힘들었다. 어쩔 수 없이 그 애에게 헤어지자고 했다. 그 애는 이유도 묻지 않고 알겠다고만 짧게 대답했다. 그래서 받아들이는 줄로 알았다. 하지만 바로 다음 날 학교 담당경찰관이 출동했고 나는 교장실과 상담실을 오가며 조사와 훈계를 받아야 했다.

내가 그 아이를 만진 것은 사실이다. 하지만 그걸 성추행이라고 생각하지는 않았다. 그러나 그 아이의 말은 달랐다. 유일하게 다가오는 친구가 요구한 것이라 거절할 수 없었고 그 일로 부담스럽고 힘들었다고 말했다. 나에게 강제전학 조치가 취해질 수 있다고 했다. 애들은 나를 벌레 보듯 한다. 이제 어떻게 해야 할까.

학교폭력 문제가 날로 심각해지면서 처벌규정도 강화되고 있다. 폭력이 오랜 기간 지속되었거나 사안이 심각할 경우에는 정식으로 회의가 열리기도 한다. 요즘은 학교 담당경찰관에게 전화를 하거나 경찰청 학교폭력 담당부서에 신고를 할 수도 있다. 피해자가 자신의 상황을 알리는 다양한 경로가 있다. 학교폭력 신고가 쉬워지고 처벌이 강화되어 피해 예방과 문제 해결이 예전보다 쉬워졌다.

하지만 가해자와 피해자가 모호한 상황에서 한쪽의 의견이 지나치게 강조되면 다른 한쪽이 억울하게 몰리는 상황이 생길 수 있다. 예를 들어 한 사람이 다른 사람을 늘 말로 괴롭혔는데, 어느 날 괴롭힘을 당하던 쪽이 욱하는 마음에 상대를 한 대 때렸다고 하자. 맞은 사람이 화가 나 경찰에 신고하면 경찰은 피해 조사를 한다. 상처는 증거라 할 수 있고 때린 사람은 부인할 수 없으므로 학교폭력으로 인정된다. 피해학생이나 학부모가 강력한 처벌을 원한다면 어떻게 될까? 때린 사람은 온갖 비난과 처벌을 감수해야 한다. 이전부터 사이가 나빴고 상대가 나를 괴롭혀 왔다고 말한다 해도 지금의 상황에서 그런 이야기는 변명으로 치부될 수 있다.

희찬이는 지금 이해받기 어려운 상황에 처해 있다. 성추행은 피해자의 진술이 중요하다. 그렇기 때문에 당사자가 두렵고 괴로웠다고 하면, 가해자로 지목된 사람은 처벌을 피하기가 어렵다. 이런 상황에 처한 희찬이는 어떻게 해야 할까? 억울하다고 계속 항변할까, 아니면 내 인생이 여기서 끝났다고 좌절해야 할까? 지금이야말로 생각하는 힘, 그러니까 철학적 사고가 필요한 시점이다. 논리적으로 생각하는 것은 철학의 기본이다. 이런 문제를 이해하고 해결하는 과정에서 논리(論理, logic)*는 매우 중요하다. 논리가 있어야 가능한 대책을 수립하고 결과를 미리 예측하며 최선의 선택을 할 수 있는 것이다.

학교와 경찰, 그 친구와 부모님 입장도 함께 고려해야 한다. 물론 모두를 만족시키는 방법을 찾기란 쉽지 않다. 하지만 희찬이는 여러 사람의 감정과 생각을 고려해서 올바른 방법을 찾기 위해 최선의 노력을 다해야 한다. 단지 내가 받을 처벌을 최소화하기 위해서가 아니라, 친구의 아픔을 위로하고 문제를 해결하기 위해서 말이다. 피해자와 그 부모님께 진심어린 사과를 하고 위로할 준비도 되어 있어야 한다. 그들에게 용서받기 위해서는 먼저 희찬이의 **반성**(反省)★★과 사과가 전제되어야 하기 때문이다. 억울함과 불안감을 앞세우기 전에 차분하고 이성적으로 생각하는 것이 중요하다. 이 과정을 잘 겪어내면 다시는 이런 문제에 빠지지 않는 지혜를 얻게 될 것이다.

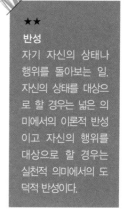

희찬이의 고백이 단지 상황을 모면하기 위해 둘러댄 것은 아닐 것이다. 그렇지만 희찬이가 자신의 입장에서만 상황을 바라보았다는 건 짚고 넘어가야 한다. 따돌림 당하는 친구를 도와주고 싶었던 마음만큼은 순수하고 바람직하다. 그렇지만 친구가 피곤해졌고 만나기 싫어졌다는 대목으로 미루어 볼 때, 관계가 순수하지 못했다는 의심도 생긴다. 지금으로서는

희찬이가 아무리 아니라고 말을 해도 그 친구가 성추행을 당했다고 주장하는 이상 처벌을 피하기는 어렵다.

그렇다면 피해자인 친구는 희찬이에게 누명을 씌우려는 것일까? 그 친구 역시 자신의 입장에서 진실을 이야기한 것일 수 있다. 아직 성인이 아니어서 서로 책임질 준비가 되어 있지 않은 사람들의 성적인 행동은 복잡한 문제로 발전할 가능성이 높기 때문에 어떻게든 삼가야 한다. 그 순간에는 애정이라 여겼

다 하더라도 지나고 나면 다른 감정을 일으켜서 지금 같은 결과가 나올 수 있다. 희찬이는 상대방의 생각을 충분히 들은 뒤 진심어린 사과를 하고 화해를 끌어내기 위해 노력해야 한다. 상처받은 두 마음이 더 이상 다치지 않으려면 현재로서는 그 방법이 최선일 것이다.

 나를 알아가는 질문

1. 내가 큰 잘못을 저질러 벌을 받는다면, 어떻게 생각하고 그 일을 받아들일까?

2. 내가 만약 희찬이라면 용서를 구하고 화해를 끌어내기 위해서 어떤 노력을 할 것인가?

내 마음을 나도 모른다면?
● 욕망과 책임감 사이에서 ●

　불편한 약속을 해 본 적이 있는가? 처음에는 별것 아니라고 생각했는데 시간이 지나니 귀찮고 지키기 어려운 약속 말이다. 수혁이는 한 달에 한 번 토요일마다 독거노인 반찬배달 봉사를 하기로 했다. 그런데 그날만 되면 친구 생일파티나 중간고사준비나 지독한 몸살감기 같은 일이 겹친다. 한 달에 한 번이라 처음에는 쉬울 거라 생각했지만 시간이 지나면서 귀찮고 불편해진다면 어떻게 하겠는가? 수혁이와 사회복지사님의 통화 내용을 들어보자.

●●● 수혁: 죄송해요. 저 이번 주에 못 갈 것 같아요.

복지사: 뭐? 지난달에도 지지난달에도 못 왔잖아?

수혁: 제가 몸살감기가 너무 심해서요.

복지사: 아픈 건 안 됐는데, 어떡하니? 할아버지 할머니들이 너

　　　를 기다리시는데.

수혁: 아, 죄송해요. 정말.

복지사: 아이고, 너 약속을 영 안 지키는구나. 서운하다, 얘.

　수혁이는 속상하면서 죄책감이 들었다. 애초의 약속을 없었던 일로 해버릴까 하는 생각마저 했다. 이런 불편한 약속을 계속 지켜야 할까? 아예 못하겠다고 말하고 이제라도 그만해야 하는 걸까.

　수혁이는 곤란한 상황에 처해 있다. 양심에 따라 살고 싶지만 약속을 지키기 어려운 일이 자꾸 생기니까 말이다. 실존주의(實存主義, existentialism)와 **프래그머티즘(Pragmatism)***이라는 두 철학 사조를 가지고 지금의 갈등에 대해 한번 생각해 보자. 먼저 실존주의부터 알아보자.

　실존주의가 등장한 것은 19세기 중반 자본주의 사회의 모순이 드러나면서부터였다. **물질주의**(物質主義, materialism)**로 인해 인간소외가 심해지자 인간의 참모습을 찾고 회복하려는 움직임이 일어났다. 대표적인 철학자가 사르트르인데 그는 인간은 스스로가

책임을 지는 주체적이고 자유로운 존재라고 말했다. 뿐만 아니라 인간의 주체적인 선택은 세계 전체에 대해 책임을 지는 것이라고도 했다. 이런 생각을 바탕으로 사르트르는 사회적 현실에 적극적으로 참여할 것을 주장했다.

수혁이가 도움이 필요한 노인들에게 반찬배달 봉사를 하고자 한 것은 실존주의의 입장에서 보면 바람직한 태도이다. 하지만 이러한 마음이 현실의 상황 앞에서 갈등과 좌절을 겪기도 한다. 친구 생일파티에 가서 놀고 싶고, 시험 기간에는 시간을 아껴 공부하고 싶고, 아플 땐 쉬고 싶다.

프래그머티즘의 관점이라면 이런 문제에 어떻게 대처하라고 할까? 프래그머티즘은 흔히 실용주의라고도 불리는데, 미국에서 발생한 철학이다. 이것은 인간이 자연과 환경 내에서 생활하는 생명체라는 사고를 바탕으로 한다. 따라서 여기서는 철학적 인식을 실천과 이질적인 것으로 보지 않는다. 프래그머티즘에서 진정한 인식이란 인간의 욕망을 실현시키는 행동양식이다. 이로 인해 프래그머티즘에서는 인간소외

★
프래그머티즘
현대 미국의 대표적 철학. 관념이나 사상을 그리스어인 pragma (행위)와 관련해서 파악하는 입장으로 실용주의라고 번역된다. 1870년대에 C. S. 퍼스에 의해 주장되었고 19세기 말에 W. 제임스에 의해 전 세계에 퍼졌으며 20세기 전반에 와서 더욱 구체화됐다.

★★
물질주의
물질적 만족을 최고의 가치로 삼는 윤리학의 한 경향. 만물의 근원을 물질로 보고, 모든 정신 현상도 물질의 작용이나 그 산물이라고 주장하는 이론.

에 대한 문제의식보다는 사회개선을 향한 낙천주의가 두드러진다. 모든 관념은 우리 생활에서 일어나는 문제를 해결하기 위한 도구라고 보기 때문이다.

실용주의 철학자라면 수혁이에게 어떤 조언을 할까? 그들은 도덕적 책임이나 인간소외보다 지금 수혁이가 처한 상황에 더 집중할 것이다. 어르신을 돕고 그들을 위해 봉사하는 것이 필요하겠지만 욕망을 배제하면서까지 희생하기를 강요하지는 않으리라.

수혁이의 입장에서는 사회봉사도 하고 싶고 자신의 선택과 약속에 대해 책임도 져야 할 것이다. 그러나 스스로가 처한 환경을 무시하고 자신의 욕망을 일방적으로 배제하는 것은 바람직하지 않다. 여러분도 수혁이가 겪은 갈등과 비슷한 상황을 접한 적이 있거나 앞으로 접하게 될 가능성이 있다. 그때마다 책임과 욕망, 인간존중과 실용적 사고 사이에 균형을 잡고 일관성 있는 선택을 할 수 있기 바란다.

우리의 마음을 이루는 구성요소에 대해서 아는 것도 선택에 도움이 된다. 프로이트(Sigmund Freud)는 마음에서 일어나는 일들을 설명하기 위해 '성격의 구조론'이라는 이론을 제안했다. 그는 사람의 마음이 이드(id), 자아(ego), 초자아(superego)로 구성되어 있다고 봤다. 사람이 태어날 때는 이드와 희미한 자아만 가지는데, 이드는 본능적인 욕망과 욕구를 분출하는 역할을 한다. 욕구가 즉각적으로 만족될 것만 추구하며, 쾌감을 추구하고 불쾌감을 피한다. 반면에 자아는 현실감을 갖고 욕구를 연기하는 역할을 한다. 주위 환경을 인식하고 이에 대해 반응하면서 현실과 타협 및 해결을 이끌어 낸다. 마지막으로 초자아는 자신을 평가하고 비판하는 부분으로 양심이 여기 속한다.

수혁이가 몸살에 걸려 쉬고 싶은 것이나 일이 꼬이니까 다 그만둘까 하는 것도 전부 이드의 영향이다. 하지만 봉사하러 못 간다고 전화를 해야 되겠다고 결심하는 건 자아가 움직인 결과이다. 그다지 잘못했단 생각이 안 들더라도 일단 죄송하다고 말하는 것이 자아의 명령 때문이다. 전화를 끊은 뒤 든 죄책감은 초자

아의 영향이라고 할 수 있다. 정신적으로 건강한 생활을 하기 위해서는 이드, 자아, 초자아의 균형이 중요하다.

이드만 살아 있는 사람을 좋아할 이는 아무도 없다. 다른 사람의 몫을 남기지 않고 먹어치우는 사람을 누가 좋아하겠는가? 초자아가 너무 강하면 과도한 책임감을 감당할 수 없어서 무너질 수 있다. 이런 두 극단 사이의 균형을 찾고 조절을 하는 것이 자아의 기능이다. 수혁이가 이드에만 사로잡혀 살았는지, 초자아로 인해 너무 힘겨운지에 대해서 돌아보고 반성하게 하는 것이 자아이다. 그렇게 기능하는 자아가 건강한지 먼저 점검해 봐야 한다. 자아가 균형 잡히고 건강한 상태라면 큰 문제가 없겠지만, 그게 아니면 생활 전반이 혼란스러워질 수 있다. 수혁이는 중요한 선택의 순간에 자신의 생각을 정리할 필요가 있다. 그런 다음에 자아로 하여금 제대로 기능을 할 시간을 주어야 한다.

 나를 알아가는 질문

1. 내가 수혁이라면 어떤 일부터 할 것인가, 그 이유는 무엇인가?

2. 욕망과 책임이 충돌할 때 두 가지 중 무엇이 더 중요하다고 보는가?

다수결의 함정
● 다수의 행복과 소수의 권리 ●

●●● 선생님: 이번 수학여행은 학생들 설문조사로 장소를 정하기로
했다. 제주도, 경주, 중국, 일본 중에서 정해 보자.

선주: 이야! 신난다. 우리 어디로 갈까?

지원: 음······. 제주도 어때?

영은: 난 지난 여름방학에 제주도 다녀왔어. 별것 없던데, 물가
만 비싸고.

선주: 그래도 제주도가 최고지! 세계 구석구석 여행한 사람들도
제주도가 최고라던데.

지원: 나도 제주도가 좋아. 언제 가도 새롭고 재미있는 것 같아.

영은: 난 중국 가보고 싶은데, 중국어 배운 것도 써 먹게.

선주: 그래? 지원아! 우린 제주도에 손들자.

영은: 알겠어. 하지만 난 중국에 들래.

선생님: 제주도 13표, 중국 7표, 경주 6표, 일본 4표 나왔네, 우리

　　　반은 제주도네!

(다음 날)

선생님: 전체 학년 집계가 나왔는데, 역시 제주도가 제일 인기구나!

선주, 지원: 야, 잘됐다!

영은: 아, 중국 못 가는 거야? 수학여행 가기 싫다…….

우리는 중요한 결정을 내릴 때 다수결의 방식을 택한다. 이것은 민주주의적 사고와 관련되어 있다. 신분이나 성별, 직업에 상관없이 각 사람이 존엄하고 동등한 권리를 지닌다는 인식이 있을 때 한 사람이 한 표를 행사하게 한다. 그래서 다수가 원하는 의사 결정을 한다. '최대 다수의 최대 행복'이라는 말을 들어본 적이 있는가? 대표적인 **공리주의**(功利主義, utilitarianism)* 철학자로 꼽히는 제러미 벤담이 한 말이다. 그는

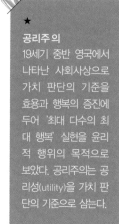

★
공리주의
19세기 중반 영국에서 나타난 사회사상으로 가치 판단의 기준을 효용과 행복의 증진에 두어 '최대 다수의 최대 행복' 실현을 윤리적 행위의 목적으로 보았다. 공리주의는 공리성(utility)을 가치 판단의 기준으로 삼는다.

옥스퍼드 대학을 졸업한 변호사였지만 당대의 법률을 모두 비판하고 이치에 맞는 성문법을 만들기 위해 평생을 바쳤다. 벤담이 주장한 것에는 자유경제, 정교분리, 표현의 자유, 양성평등에다 동물의 권리까지 있었다. 그는 법과 도덕이 쾌락은 늘리고 고통은 감소시켜야 한다고 주장했고, 다수의 이익을 위한다면 감시와 통제도 필요하다고 보았다.

벤담은 1748년에 태어나서 1832년에 생을 마감했다. 그 시대에 양성평등과 동물의 권리까지 주장한 걸 보면 그는 상당히 급진적이고 개혁적이라고 볼 수 있다. 하지만 그의 사상에서도 문제점은 발견된다. 다수의 행복을 너무 강조하다 보니 그로 인해서 소외되는 소수의 불만이 거세지는 것이다. 자신의 의견이 묵살된 소수가 불만을 품고 과격하게 저항하는 상황을 생각해 보

자. 그 사람은 다수의 미움을 받거나 감시와 통제의 대상이 된다. 자신의 뜻을 제대로 펴지도 못하고 감시와 통제를 받으니 얼마나 괴롭고 억울할까?

기본적으로 공리주의는 소수의 특권이나 지배에 저항한다. 하지만 인간의 행복을 계량화하고 다수를 존중하는 과정에서 소수의 권리를 배제시키는 문제점이 발생한다. 존 롤스(John Rawls)★가 《정의론》에서 공리주의를 비판하고 이에 대한 대안을 제시한 것도 이 때문이다. 그는 소수에게 희생을 강요해도 좋다는 생각은 옳지 않다고 지적했다. 그리고 소수자가 불평등을 보상받을 기회를 가져야 한다고 말했다. 그들도 사회를 공정하다고 인식할 수 있어야 한다고 주장한 것이다.

학교에서 영은이를 위해 별도로 중국여행을 계획하기는 어려울 것이다. 하지만 영은이처럼 자신이 원하는 목적지에 가지 못하는 학생들을 위해 비행기 좌석 선택에서의 우선권이나 여행 일정에 대한 의견 제안권을 주면 어떨까? 이런 보상이라도 받음으로써 그들이 원하는 곳으로 여행하지 못한 아쉬움을 조금이라도 달랠 수 있지 않을까?

큰 문제에서든 작은 문제에서든 소외되는 사람의 마음은 씁쓸하다. 영은이가 다수로부터 소외되어 중국에 가지 못하게 된 것은 조금 서운한 정도에 그칠 수 있다. 하지만 이보다 더 심각한 문제로 소외당한 사람의 마음은 서운함에서 그치지 않을 것이다. 우리가 다수로부터 소외당한 소수라면 어떤 마음가짐을 가져야 할까? 먼저는 참을성을 길러야 한다. 포기할 줄 아는 자세도 도움이 된다. 다음으로 할 중요한 태도가 있다. 바로 자신의 선택과 자신을 동일시해서는 안 된다는 것이다. 영은이가 원했던 중국여행은 친구들 사이에 그다지 인기를 끌지 못한 채 좌절되고 말았다. 그렇다고 해서 친구들이 영은이를 거부한 것은 아님을 알아야 한다. 영은이가 만일 중국여행과 자기 자신을 동일시하면 다음과 같은 오류에 빠진다.

'친구들이 중국여행을 싫어했어. 그들이 나를 따돌린 거야.'

이렇게 생각하면 마음이 괴롭고 친구들이 미워진다. 그런데 이런 생각은 사실이 아닐 가능성이 높다. 친구들이 영은이가 싫어서 일부러 중국여행을 반대한 것이 아니라, 자기들이 원하는 여행지를 선택하면서 자연스레 중국을 택하지 않았다고 보는 게 타당하다. 삶의 중요한 순간을 맞을 때마다 이러한 마음가짐을 잊지 말아야 한다.

'내가 찍은 사람이 대통령이 되지 않았다고 해서 나라가 망한 것도 내 생각이 틀린 것도 아니야.'

'내가 낸 제안이 거절당했다고 해서 사람들이 날 미워하거나

내 경력이 망가진 것은 아니지.'

이렇게 마음을 다부지게 먹어야 팍팍하고 힘든 세상 가운데 버티며 살아갈 수 있다. 최소한 나라도 자신을 지지하고 응원해야 한다는 사실을 명심하길 바란다.

 나를 알아가는 질문

1. 다수결로 결정을 내리는 것이 부당하다고 생각한 적이 있는가? 그 이유는 무엇인가?

2. 내가 만약에 선생님이라면 영은이처럼 소수의 의견을 가진 친구들을 어떻게 포용할 것인가?

소수자를 향하는 시선
● 다양한 견해를 인식하는 태도 ●

●●● 종혁: 시청 광장에서 퀴어 축제를 한다는데, 퀴어가 뭐지?

민수: 그것도 몰라? 성소수자를 말하는 거야.

종혁: 퀴어는 원래 이상하다는 뜻 아냐?

민수: 그렇지, 동성애자가 이상한 놈들이잖아.

형우: 뭐가 이상해? 성적 취향은 다양할 수 있지.

민수: 웃기네. 너도 변태냐?

형우: 동성애자랑 변태는 다른 거야. 그 사람들이 그럴 수 있다

　　고 인정하는 거랑 내가 그렇다는 것도 다른 얘기고.

민수: 야, 뭘 복잡하게 말해? 그게 그거지. 예전에는 그런 사람

정신병원에 가두기도 했다고.

종혁: 지금은 축제를 한다잖아?

형우: 소수자의 인권을 존중하자는 의미로 하는 거 아닐까?

민수: 유난하다 유난해. 요즘은 별난 사람 몇몇이 멀쩡한 다수를
불편하게 하는 것 같아.

형우: 사회로부터 인정받고 싶으니까 그럴 수도 있지.

민수: 그러니까 누가 동성애에 빠지래?

아카데미 영화제에서 8개 부문에 후보로 오르고 각색상을 수상한 작품 〈이미테이션 게임〉이란 영화에서는 천재 수학자가 등장한다. 그는 2차 세계대전 당시 나치의 암호를 해독해서 전승에 기여한 영웅이었다. 하지만 그는 동성연애자였다. 그 사실이 드러났을 때 그는 처벌로 호르몬주사를 맞게 된다. 그러다 점점 폐인이 되어가고 결국에는 자살에 이르고 만다. 인류평화에 기여한 영웅이 동성애자라는 이유로 괴로움을 겪다가 자살에까지 이르는 과정이 무척 안타깝게 그려진다. 이렇게 영화뿐 아니라 여러 대중매체를 통해서 동성애자의 인권을 존중해야 한다는 인식이 확산되어 나타나고 있다.

동성애의 역사는 고대 그리스까지 거슬러 올라간다. 플라톤의 《향연》*에서 아리스토파네스는 본래 인간은 둘이 합쳐져 하나의 생명체를 이루었다고 말한다. 이런 인간이 강한 힘과 지혜를 바탕으로 제우스에게 저항하다가 벌을 받아 반으로 쪼개졌다는 것이다. 그런데 이 중에 남녀가 한 쌍이었던 경우도 있고 남자끼리 혹은 여자끼리 한 쌍이었던 경우도 있었단다. 그래서 분리된 반쪽을 찾아 헤맬 때 이성에게 끌리는 사람이 있는가 하면 동성에게 매료되는 사람도 있다는 것이다. 《향연》에 나오는 에로스(Eros)의

> ★
> 《향연》
> 플라톤의 저서 중 하나. 술과 연주가 있는 장소를 배경으로, 술을 섞어 사랑 이야기를 들려주는 플라톤의 통찰력이 빛을 발하는 작품이다. 소크라테스가 여러 등장인물들과 대화하며, 에로스에 대해 탐색하는 것으로 이야기가 전개된다.

개념 역시 동성애를 옹호하는 성향을 띤다. 플라톤은 육체적 결합이나 생식보다 정신적 유대를 더 이상적인 것으로 봤다. 그런데 고대 그리스에서 여자는 노예나 어린아이와 마찬가지로 지적, 정서적으로 열등한 존재로 간주되었다. 그러니 열등한 여자와 남자가 결합하는 것보다는 남성 간에 친밀한 교류를 하는 것이 더욱 고차원적인 관계로 인식된 것이다.

이후 로마제국이 기독교로 개종하면서 서구에서는 동성애가 사회악이나 질병으로 간주되기 시작했다. 하지만 근래에 와서는 많은 국가가 동성애를 허용해 오고 있다. 프랑스에서는 프랑스혁명이 전개되면서 1791년에 동성애자를 형법상 처벌대상에서 제외시켰다. 동성애를 적극적으로 탄압한 쪽은 나치나 스탈린이었다. 독재자로 비판받기도 하는 푸틴 역시 동성애에 대해 뚜렷한 반대 입장을 취했다. 그러다 보니 요즘은 동성애를 박해하는 것은 폭력적이고 잔인하며, 동성애를 옹호하는 것은 합리적이고 관대하다고 여기는 경향마저 있다.

동성애자 같은 성적 소수자뿐 아니라 그 어떤 사회적 소수자나 약자도 하나의 인간으로서 사랑하고 존중해야 하는 것은 마땅하다. 하지만 그들의 사상을 이상화하거나 그 의견을 보편화하려는 시도는 경계해야 한다. 다양성을 인정한다고 하다가 도리어 그것을 강요하게 되면 그 역시 폭력적이고 잔인한 양상을 띨 우려가 있다. 소수자를 배려하는 것과 다원주의를 신봉하는 것은 서로 다르다. 동성애 박해라는 광풍에 휘말리지 않아야 하는 것처럼, 동성애를 유행처럼 추종하지 않도록 주의해야 한다. 선택에 있어서 주체성, 판단에 있어서 명료성을 잃지 말아야 하는 것이다.

그러기 위해서는 우선, 성에 대한 이해가 필요하다. 우리는 태어날 때부터 성적인 존재이다. 사람은 누구나 아들이나 딸로 구분된다. 스스로의 성을 받아들이고 "나는 여자야" 혹은, "나는 남자야" 하고 인정하는 것을 **성 주체성**(gender identity)*이라고 부른다. 성 주체성은 대략 만 3세부터 생기기 시작한다. 자기가 남성이라고 생각하는 사람은 스스로 생각하기에 남자다운 행동을 하고, 여성이라고 생각하는 사람은 여성다운 행동을 한다. 어떤 게 남성적인 것이고 어떤 게 여성적인 것인지에 대한 개념은 수많은 자극을 통해 형성된다. 주로 가족들, 선생님, 그리고 친구들과 각종 문화에 영향을 받아 이루어지는 것으로 일종의 학습이라고 볼 수 있다.

성 지향성(sexual orientation)은 성적 충동의 대상이 어느 쪽인지를 가리키는 말이다. 반대 성을 향한다면 이성애자, 같은 성을 향한다면 동성애자, 이성과 동성 모두를 향한다면 양성애자라고 한다. 성적 지향성이 없다며 스스로를 무성애자라고 칭하는 사

★
성 주체성
성별에 대한 내면적인 자아의식. 개인이 남성 혹은 여성 또는 그밖에 제3의 성별이라고 느끼는 내면적인 자아의식으로, 태어날 때 결정된 성과 일치하지 않는 경우가 간혹 있다. 성별 정체성, 성 동일성, 성 정체성이라고도 부른다.

람도 있지만, 이는 일종의 병적 상태라고 볼 수 있다. 바라는 것이나 욕망하는 것이 없는 사람은 도리어 건강하지 않다는 뜻이다. 동성애가 미국에서 만든 정신과적 진단 기준, 즉 '정신질환'에서 빠진 것은 1973년의 일이다. 이 과정에서 동성애사회운동가의 협박, 압력, 로비가 있었다.

동성애와 성 불쾌감은 종종 연관성을 보인다. 성 불쾌감이란 자기가 태어난 성에 대한 불편함을 느끼는 증상이다. 사춘기가 되어서 2차 성징(性徵)이 나타나기 시작할 때부터 성 불쾌감 장애를 가진 사람은 생각과 다른 자신의 성에 대해 불안을 느끼기 시작한다. 이 경우 우울이나 불안, 충동조절장애를 진단받는 경우가 많다. 그렇다고 해서 성 불쾌감을 경험했던 어린이들이 모두 동성애자, 양성애자, 혹은 트랜스젠더로 자라나는 것은 아니다.

이렇게 다양한 성에 대한 생각들이 존재하는 가운데 성에 있어서 소수자로 분류된 사람은 매우 심한 스트레스를 받는다. 여성스러운 행동을 하는 남성이나, 동성에게 이끌리는 사람은 따가운 눈총을 받는다. 특별한 성적 지향을 가진 사람은 차별을 받고 놀림감이 되고 학대를 당하기가 쉽다. 그 결과 이들에게 정신적인 문제가 많이 생겨서 우울장애, 불안장애, 자살 가능성과 자해 및 약물중독 등이 빈번하게 나타난다. 성적 소수자 성인의 경우에는 거의 40%가 자살을 시도한다는 통계도 있다. 동성애로 인한 AIDS 등의 성매개질환이 확산되는 것과 동성애자의 정신적 육체적 질병이 늘어가는 것도 간과할 수 없다. 독특한 성적 지향을 가진 사람의 취약성을 논하는 만큼 중요한 것은 소수자를 바라보는 시선이다. 그들의 상황을 이해하고 적절한 도움을 줄 수 있어야 한다. 정신분석적으로 볼 때 동성애자에 대한 극한 거부감을 갖는 것을 동성애공포증(homophobia)이라고 한다. 이는 자기 내면에 인정할 수 없는 충동, 즉 동성애에 대한 끌림이 존재할 때 나타날 수 있다. 무조건 동성애를 추종하고 있는지, 아니면 과도하게 비판하며 열을 올리고 있는지 스스로를 돌아보자. 그리고 성 소수자를 역겨운 표정이 아닌 한 인간으로 대하도록 노력해 보자.

 나를 알아가는 질문

1. 동성 결혼에 대해서 나는 어떤 입장인가? 찬성 혹은 반대의 이유는 무엇인가?

2. 내가 만약 형우의 입장이라면 어떻게 민수를 설득해 균형 잡힌 시선을 갖게 할 것인가?

선과 악은
무엇인가?

착할 선(善)이라는 한자의 설명을 보면, '착하고 정당하여 도덕적 기준에 맞다', '착하고 올바름, 어질고 좋음', '도덕적 생활의 최고 이상'이라고 해석된다. 반대말은 악(惡)이다. 악의 의미는 '추하다, 불길하다', '올바르지 않고, 양심을 좇지 않으며 도덕률을 어기는 것'이라고 해석된다. 선과 악은 일상생활의 문제일 뿐 아니라 종교와 철학의 주제이기도 하다. 과연 무엇이 선이고, 무엇이 악일까? 왜 모두가 "착하게 살자"는 말을 하는데, 착한 사람은 이렇게 드문 것일까?

용서받지 못한 자

● 범죄와 처벌의 기준 ●

●●● 끔찍한 살인자를 주인공으로 하는 영화를 보며 혜수는 생각에 잠겼다. 세상에 불쌍하지 않은 사람은 드문 듯하다. 극악무도한 범죄자라 해도 그가 얼마나 불행한 환경에서 자랐고 얼마나 큰 좌절감을 겪었으며 어느 정도 심각한 우울증에 시달렸는지를 알게 되면 무조건 비난하기가 어렵다. 영화 속 주인공은 불우한 환경에서 자란 청년이었다. 별다른 죄책감 없이 누군가를 죽이고 결국엔 자신도 고통스럽게 죽었다. 그가 저지른 범죄는 과연 누구의 책임일까? 물론 일차적으로는 청년의 잘못일 것이다. 하지만 그를 이런 상태로 내몰고 방치한 사회의 책임은 없을

까? 만일 그 청년이 여러 명의 사람을 아주 잔인한 수법으로 죽이고도 아무런 죄책감을 느끼지 못한다면 또 어떻게 생각해야 할까? 여전히 그를 이해하고 용서해야 할까? 당장에라도 사형에 처해야 할까?

흉악한 범죄를 저지르는 사람에게는 사형과 같은 강한 처벌이 필요할 수 있다. 하지만 선진국에서는 사형제를 폐지하고 있고 우리나라도 현재는 실질적 사형폐지국이다. 1997년 12월 30일에 사형수 23명에게 사형이 집행된 이래 더 이상 사형 집행이 이루어지지 않고 있으니까 말이다. 국제사면위원회는 10년 이

상 사형을 집행하지 않으면 '실질적 사형폐지국'으로 분류한다. 2007년 10월 10일, 세계사형폐지의 날을 맞아 대한민국의 일부 단체는 사형폐지국가선포식을 가졌다. 국제앰네스티에서는 2007년 12월에 한국을 '실질적인 사형폐지국'으로 분류했다. 사형제 폐지에 반대하는 입장도 있다. 이들은 사형제 존속은 당연하다고 보고 집행마저 속히 해서 세금 낭비를 없애야 한다고 주장한다. 어떤 인식이 바람직한 것일까? 영화 한 편 때문에 혜수의 머리가 점점 더 복잡해졌다.

처음부터 착한 사람과 악한 사람이 있을까? 최근에는 통계나 과학적 연구로 범죄자의 성향을 분석하기도 한다. 그 결과 화를 잘 내는 사람은 갸름한 얼굴형보다 넓적한 얼굴형이 많고 과격한 범죄자는 체내에 남성호르몬인 테스토스테론의 수치가 높다는 보고가 나오기도 했다. 기독교에서는 아담의 타락 이후 인간은 죄의 본성을 지니게 되었다고 설명한다. 개인적으로 착하고 악하고를 떠나 인간이라면 누구나 죄를 갖고 태어난다는 것이다.

동양에서는 성선설과 성악설로 선과 악에 대해서 설명한다. **맹자**(孟子)*는 인간의 타고난 성(性)이 선한 행위를 할 수 있다면서 성선설을

> ★
> **맹자**
> (BC 372~BC 289)
> 맹자는 공자가 죽고 100년 뒤쯤에 태어난 것으로 추정된다. 그는 인의(仁義)의 덕을 바탕으로 하는 왕도정치가 당시의 정치적 분열 상태를 극복할 유일한 길이라고 믿고, 왕도정치를 시행하라고 제후들에게 유세를 하고 다녔다.

주장했다. 반면에 순자(荀子)*는 성이란 본능적 욕구와 같은 자연적 성향이라고 봤다. 그렇기 때문에 조절하거나 제어하지 않으면 자신의 마음대로 행동해서 악한 결과가 생길 수 있다고 주장했다. 누구의 말이 옳을까? 얼핏 보면 한 사람은 성이 선하고 다른 사람은 성이 악하다고 주장한 것 같다. 하지만 맹자는 성이 선행을 할 수 있음에 주목했고, 순자는 성이 악행을 할 수 있음에 주목했다.

혜수는 영화를 보면서 인간이 악해지는 데에는 환경의 영향이 크다고 생각했다. 좋은 환경에서 자라면 인간이 그렇게 악해질 리 없다고 본 것이다. 환경을 바꾸고 행동을 교정해서 선한 사람으로 만들 수 있지 않을까 하는 희망도 품었다. 《성경》에는 예수님이 죄인을 용서한 일화가 등장한다. 예수님은 간음하다 현장에서 잡혀 온 여자에게 돌을 던지지 않고 그 여자를 용서했다. 인간이 타락하고 죄를 지었음에도 회개하여 새로운 사람이 되도록 기회를 준 것이다.

그렇다면 사회제도와 법은 어떨까? 개인적 차원에서 이해를 하고 용서를 한다 해도, 죄에 대한 벌은 정해져 있다. 한 사회의 구성원으로 사는 한 죄를 지었을 때 처벌을 피하긴 어렵다. 선처해 달라고 탄원할 수 있지만 무조건 무죄가 되는 것도 쉽사리

감형이 되는 것도 아니다. 법은 그 사회의 상황과 문화, 정서 등 여러 가지 맥락을 고려해서 정해진 것이다. 설사 법률이 개정된다 하더라도 사회적 현실을 벗어난 개정이 이루어질 수는 없다. 처벌보다는 교정, 사형보다는 갱생의 길을 찾도록 돕는 것이 이상적이다. 하지만 현실적으로 강한 처벌이 필요하고 사형까지 집행해야 하는 경우가 생길 수 있다. 혜수처럼 사형수를 생각하면 안타까운 마음이 들 수 있다. 하지만 사형수의 인권과 더불어 피해자의 고통도 함께 헤아릴 수 있어야 한다. 따뜻하고 정의로운 사회를 만들기 위해 지혜를 모아, 이와 같은 문제에 대해 적절한 해법을 마련해야 한다.

다음과 같은 경우도 한번 생각해 보자. 어떤 사람이 끔찍한 범죄를 저질렀는데 그 사람이 정신적으로 온전하지 못하다면 어떻게 해야 할까? 누군가가 자기를 죽이려 한다는 피해망상 때문에 정당방위라고 생각하고 상대방을 공격했다면? '반사회성 인격장애'라는 병을 앓는 사람의 경우도 있다. 이들은 다른 사람의 권리를 무시하고 침해하는 양상을 보인다. 법적으로 문제가 되는 행위를 계속 반복한다거나, 거짓말을 하고 충동성과 공격성을 보인다. 이들은 자신이 한 잘못들에 대해 후회를 하지 않고 나 몰라라 한다.

이런 사람의 옆에 있는 가족과 친구들은 얼마나 괴롭겠는가. 그런데 이유가 정신적으로 아파서 그런 것이라고 하니, 대체 이

걸 어떻게 이해하고 받아들여야 하나 고민스럽다. 철학자도, 사회학자도, 법을 다루는 이들도, 심지어는 정신과 의사들도 자기 자리에서 치열한 고민을 하고 있는 중이다. '판단의 기준을 정하기가 그렇게 쉬운 것이 절대로 아니다'는 점을 기억해야 한다. 극악무도한 범죄자는 무조건 사형에 처해야 한다고 주장하거나 흉악범이라도 불쌍하니까 그냥 용서하고 더불어 살자며 넘어가는 것, 둘 다 속단일 수 있다. 이 문제에 대해서는 전문가들의 토의와 시간에 걸친 사회적 합의가 있어야 한다는 것을 기억해야 한다.

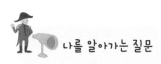 나를 알아가는 질문

1. 나는 사형제도 폐지에 찬성하는가, 반대하는가? 그 이유는 무엇인가?

2. 성선설과 성악설 중에 어느 것이 더 설득력이 있다고 보는가? 이유에 대해서도 구체적으로 서술해 보자.

나만 좋으면 그만일까?

● 이기심과 공익성 ●

●●● 인호: 나 공돈 생겼다. 맛있는 거 사줄게. 뭐 먹고 싶니?

민아: 웬 돈?

인호: 휴대전화 주웠거든.

민아: 어디서?

인호: 누가 버스 의자에 흘렸더라고.

민아: 근데 그게 공돈이랑 무슨 상관이야?

인호: 인터넷에 올려서 팔았지. 그래서 공돈이 생긴 거고.

민아: 뭐? 주인 안 찾아주고?

인호: 주운 사람이 임자지.

민아: 무슨 소리야, 주인을 찾아서 돌려줘야지.

인호: 자기 물건은 자기가 관리해야지. 흘린 걸 주운 게 죄냐?

민아: 난 네가 그런 앤지 진짜 몰랐다.

인호: 뭐, 그런 애? 인터넷 뒤져봐. 이런 거래하는 사람 수두룩
하다고.

민아: 그러냐? 그래도 이제 너랑 말하기도 겁난다.

인호: 그러는 너는 얼마나 도덕적인데? 저번에 사회시험 때 책
보다가 딱 걸린 주제에.

민아: 야, 너 죽을래? 그 얘기 한 번만 더 하면 절교한다.

서로의 잘못을 지적하면서 싸우는 인호와 민아. 그런데 두 사람 다 잘못을 저지른 적이 있다. 인호는 남이 잃어버린 휴대전화를 팔아서 돈을 챙기고 민아는 시험 때 부정행위를 했다. 둘 다 잘못을 했지만 차이가 있다. 인호는 아직 들키지 않았지만 학생 신분으로는 꽤 큰 범행을 저질렀다. 민아는 현장에서 들켰지만 학창 시절에 한 번쯤 저지를 수 있을 잘못을 한 것이다. 그런데 이 둘의 잘못을 비교하면서 뭐가 더 나쁜 일이고 덜 나쁜 일인지 가리는 게 의미가 있을까?

이 상황을 제대로 이해하기 위해서 존 스튜어트 밀(John Stuart Mill)★의 이야기를 한번 들어보면 어떨까 싶다. 밀은 쾌락의 양에 주목하는 벤담과는 달리 쾌락에도 질적 차이가 있다고 봤다. 고귀한 감정을 가진 사람은 열등한 사람보다 고통을 받는 일이 더 많다. 하지만 그렇다고 해서 굳이 열등한 사람이 되려고 하지는 않을 것이다. "만족하는 돼지보다 불만을 가진 인간인 것이 낫고, 만족한 바보보다 불만을 가진 소크라테스가 되는 게 낫다"는 말도 여기에서 유래된 것이다.

밀은 개인의 행복보다는 전체의 행복을 생각하고, 자신의 희생을 통해서라도 타인의 행복을 도모하는 태도를 높이 평가했다. 왜냐하면 타인의 행복을 도모할 때 그것이 자신의 행복과도 연관된다고 보았기 때문이다. 그래서 밀은 개인의 행복과 전체의 선이 조화를 이루도록 장려해야 한다고 주장했다.

인호와 민아가 잘못을 저지른 데는 여러 이유가 있겠지만 아마 가장 큰 이유는 이기심일 것이다. 인호는 자기희생은커녕 휴대전화를 찾으며 발을 동동 구를 주인을 희생시켰다. 거저 생긴 돈이라 여기고 마음대로 쓰고 싶은 욕심 때문이다. 민아는 다른 사람에게 불이익을 줄 수 있어도 부정행위를 했다. 노력하지 않고 점수를 올리고 싶은 이기심 때문이었다. 이기적인 만족을 추구하며 전체를 위한 선을 고려하지 않을 때 사람은 죄를 짓거나 도덕적으로 탈선한다. 그런 행위는 일순간 도움이 되고 약간의 즐거움도 가져올 수 있다. 그렇지만 그것이 도덕성을 희생할 만큼 가치가 있는 것일까?

사회 전체를 생각해도 마찬가지이다. 다른 누군가의 이기심으로 내가 피해를 보게 된다면 얼마나 억울하고 속상할까? 내가 남에게 피해를 입힐 땐 언젠가 나 자신도 희생자가 될 수 있음을 생각해야 한다. 그런 면에서 본다면 타인의 행복을 위해 나를 희생하는 것은 타인뿐 아니라 나와 사회 전체의 행복을 위한 길이라고 할 수 있다.

이기심의 문제와 함께 생각해 보아야 할 것은 감정이입(感情移入, empathy)이다. 이 단어는 19세기 독일의 철학자 **로베르트 피셔**(Robert Vischer)*가 자신의 박사논문에서 처음 사용한 말이다. 그때는 이

말이 인간 이외의 대상에 인간의 감정을 투사
한다는 의미로 쓰였다. 사전적인 의미에서의
감정이입은 어떤 감정이든지 함께 공유하며
대상의 감정을 이해하고자 하는 시도이다. 즉,
자신의 감정을 대상으로 이입시키거나 대상의
감정을 자신에게 이입시키는 것을 뜻한다. 감
정이입이 되지 않으면 다른 사람들과 잘 어울
려 지내는데 실패하게 된다. 자기 행동이 가져
올 부정적인 결과에 대해 무관심하고 다른 사
람을 다치게 하거나 규율을 어겨놓고도 신경
을 쓰지 않는다. 다른 사람들의 감정에 대해
무신경한 것이 감정이입을 잘 못하는 사람들

★
**로베르트 피셔
(1847~1933)**
독일 철학자. 그리스어
'empatheia(들어가서
느끼다)'를 근거로 '감
정이입'이라는 단어를
만들어 자신의 박사학
위 논문에서 최초로
사용했다. 감정이입은
관찰자가 흠모하거나
관조하는 물체에 자신
의 감성을 투사하는
방법을 설명하는 용어
로, 본래는 예술작품을
감상하고 즐기는 원리
를 밝히기 위해 만들
어진 것이었다.

의 특징이다. 감정이입은 다른 사람을 위해서도 필요하지만, 결
국은 나 자신을 위해 가장 필요하다. 왜냐하면 우리는 인간이라
는 유한한 존재로서 반드시 아프고 힘든 경험을 하게 되어 있기
때문이다.

삶의 골짜기에서 발이 걸려 넘어졌다고 생각해 보자. 나의 감
정을 이해해주는 사람은 쓰러진 내 손을 잡아 일으켜줄 것이다.
다른 사람의 손을 잡고 일어나 본 경험이 있는 사람은 그 이후의
삶이 달라진다. 그때부터는 넘어진 사람들이 눈에 들어오기 시
작하는 것이다. 유한한 존재로서 도움을 필요로 하는 인간이 감

정이입을 해야 하는 이유를 알겠는가? 감정이입의 가치를 자기가 넘어지고 도움을 받은 뒤에야 배우기보다는, 넘어지기 전에 미리 배울 수 있다면 좋겠다. 그럴 때 여러분의 삶이 더욱 선하고 가치 있어 질 테니까 말이다.

 나를 알아가는 질문

1. 내가 만약에 인호와 민아의 친구라면 두 사람에게 어떤 조언을 해주겠는가?

2. 힘들고 아파하는 사람에게 감정이입을 한 다음에는 어떤 행동을 해야 하는 것일까? 예를 들어 서술해 보자.

악을 어떻게 다룰 것인가?
● 악을 통제하고 교정하는 법 ●

●●● 악마가 있다면 그 녀석이 바로 악마일 것이다. 집요하고 잔인하고 더럽고 치사하다. 나만 물고 늘어진다. 어르고 달래고 화내고 경고해도 소용없다. 왜 하필 나일까? 덩치가 작아서? 공부를 못해서? 편모 슬하라 만만해 보여서? 생각해 보니 이유는 수도 없이 많았다. 말하자면 그 악마 같은 놈에게 나는 만만한 먹잇감인 셈이다. 그놈은 언제부터 그랬을까? 태어날 때부터 악마는 아닐 텐데. 유치원 때도 성질이 더러웠다는 소문을 들은 적이 있긴 하지만 왜 그렇게 된 걸까? 아빠가 폭력적이라서? 선생님이 구박해서? 이유야 많겠지. 하지만 그런 상황에 있다고 해

서 누구나 그 인간처럼 악한 놈이 되는 건 아니다. 체육 시간이 되면 그놈은 운동 못하는 나를 비웃는다. 하굣길에는 신발주머니를 빙빙 돌리다 내 뒤통수를 겨냥해 세게 내리치기도 한다. 화를 내며 쳐다보면 되레 어이없다는 표정을 짓다가 낄낄거린다. 얼마 전에는 집 근처까지 따라와 돈을 뜯어갔다. 그놈의 악행을 막을 방법은 없을까. 어떻게 해야 그놈에게서 벗어날 수 있을까. 할 수만 있다면 그놈을 죽이고 싶다.

이 글은 자신을 괴롭히는 친구 때문에 힘들어하는 진영이의

일기이다. 어떤 사람은 나쁜 일을 한 뒤 "뭐에 씌어서 그랬던 것 같다"고 말한다. 악령 같은 존재의 꼬임에 넘어가 자기도 모르게 그런 잘못을 저질렀다는 말이다. 어떤 사람은 "내가 원래 나쁜 놈이지, 죽어도 싸" 하면서 자책한다. 스스로 악인인 것을 받아들이면서 자포자기한다. 또 어떤 사람은 '그럴 리가 없어. 난 그런 사람이 아냐, 말도 안 돼!'라고 생각한다. 현실을 부정하고 악행과 자신을 분리해서 생각하는 것이다. 여러분은 어떻게 생각하는가? 악인이 악을 저지르는 걸까, 아니면 악을 저질러 악인이 되는 걸까. 그것도 아니라면 원래는 다 착한 사람인데 악마가 꾀어서 나쁜 일을 하는 것일까?

선과 악의 문제는 철학에서 자주 다루어져왔다. 철학이 곧 신학이었던 시대는 물론이고 오늘날에도 마찬가지이다. 선은 진리나 아름다움과 더불어 철학적 탐구의 핵심 과제였다. 선과 악의 개념을 얘기할 때 여러 가지 상반되는 주장이 있다. 예를 들면 원래 선만 있고 악은 없었으며, 악은 선의 결핍 상태라는 주장이 있다. 반면에 선과 악이 원래부터 존재해 왔고 끊임없이 대립하며 투쟁한다는 주장도 있다.

독일의 수학자이자 철학자인 **라이프니츠**(Gott-fried Wilhelm Leibniz)*는 선과 악에 대해 흥미로운

★
라이프니츠
(1646~1716)
독일의 철학자, 법학자, 언어학자이자 역사가이다. 수학에서는 미적분법을 창시했고 미분기호, 적분 기호를 창안하는 등 해석학 발달에 많은 공헌을 했다. 역학에서는 '활력'의 개념을 도입했다.

단자론

라이프니츠의 단자(모나드)에 대한 형이상학설을 지칭한다. 그에게 있어서 모나드는 넓이를 갖고 있지 않고 형태도 없으며 분할할수 없는 단순한 실체이다. 이것이 무수하게 모여 세계를 이루고있다는 것이다. 라이프니츠는 동명의 저서에서 모든 존재의 단순실체인 단자 개념을 기초로 존재론과 인식론 및 신학과 우주론을 서술한다.

개념을 제시했다. 그의 사상에 중심이 되는 개념은 **단자론**(單子論, monadology)★인데, 단자(monad)는 원자와 비슷한 개념이다. 원자가 물질이고 분해될 수 있는 것과 달리 단자는 비물질이라 분해될 수 없다. 단자는 무수히 많고 우주만물은 단자로 구성되어 있다는 것이 라이프니츠의 단자론의 근간이다.

그는 단자군을 크게 물질, 동물, 인간으로 나누었다. 그리고 각각의 단자군이 고립된 것이 아니라 연속적인 단계를 이룬다고 보았다. 라이프니츠는 단자를 시계의 부품에 비유해 설명했다. 각각 따로 발전하지만 신이 미리 정해둔 조화 안에서 작용한다는 것이다. 라이프니츠에게 현실은 신의 의지에 따라 선택되고 조화를 이루는 최선의 상태이다. 그의 이론에 따르면 고통과 악 역시 나쁜 것만은 아니다. 불협화음이 전체 곡의 음악적 아름다움에 기여하는 것처럼 고통과 악 역시 전체의 완전성에 기여한다고 본 것이다.

그 나쁜 친구가 진영이 삶의 완전성에 기여한다고 하면 아마 진영이는 불같이 화를 낼 것이다. 게다가 현실이 신이 선택하고 조화를 이루게 한 최선의 상태라고 하면 더욱 기막혀할지 모른다. 하지만 진영이가 명심해야 할 한 가지 사실이 있다. 이 세상에는 악과 악인이 계속 존재해 왔지만 인간은 여전히 행복과 선을 찾으며 살아왔다는 점이다. 나쁘고 밉다고 세상의 악을 모두 뿌리 뽑을 수 있을까? 그것은 불가능하다. 지금 진영이는 극도로 화가 나서 친구를 죽이고 싶다는 생각까지 한다. 이것은 악이 아닐까? 과연 나의 악으로 다른 악을 없애는 것이 정당한가?

악이 악을 제거하는 것이 최선의 방법이 아니라면, 우리가 행할 수 있는 지혜로운 방법은 무엇일까? 우리는 악이나 악한 존재를 인식하고 해석하고 다룰 줄 알아야 한다. 말하자면 악에게 당하고만 있는 것이 아니라, 악을 교정하고 통제해야 하는 것이다. 그래야 악으로부터의 피해를 막을 수 있다. 진영이 혼자만의 힘으로 악을 다루기는 힘들 수 있다. 이럴 때는 학교폭력신고센터가 도움이 된다. 만약에 전화를 해서 생각했던 만큼 도움을 받지 못해도 실망하거나 포기하지 말고 다른 곳을 찾아 도움을 청해 보라. 아직 미성숙한 청소년일수록 어려움에 처했을 때 어른들의 도움을 적극적으로 구해야 한다. 그래야 자신도 정신적으로 건강하고 사회적으로도 건전한 성인으로 자라날 수 있다.

미국의 경우, 범죄의 책임을 묻기 전에 범인이 자신의 행동이 나쁜 일이라는 것을 알고 있는지 알아본다. 법 정신의학에서도 해로운 행동을 했다고 해서 다 범죄라고 할 수는 없다고 명시되어 있다. 자발적인 행동(voluntary conduct, actus reus)과 악한 의도(evil intent, mens rea)가 있어야 범죄라고 보는 것이다. 만일 어떤 사람이 정신 상태에 심각한 이상이 있거나, 이성적이고 합리적인 판단을 할 수 없는 상태에서 죄를 지었다면 어떨까? 이런 경우에는 범죄의 구성요소를 채우지 못한다고 판단한다. 그러나 흔히 사이코패스로 분류되는 사람은 이와 다른 경우이다. 연쇄범죄를 저지르거나 반사회적 성격으로 문제를 일으키는 것만으로는 심각한 이상이라고 말할 수 없기 때문이다. 다시 말해, 사이코패스는 범죄의 구성요소를 채우지 못할 만큼 심각한 이상 상태에 있는 것이 아니므로 법적인 책임을 지는 것이 일반적이다.

범죄자를 처벌하는 방법에 대해서는 의견이 분분하다. 술에 취해 범행을 했다면 감형을 해야 하는 게 옳을까, 아니면 가중처벌을 해야 할까? 우리나라는 음주 상태에서 저지른 범죄에 대개 감형을 해준다. 그러나 미국에서는 이런 경우에 오히려 가중처벌을 한다.

경우의 수가 다양하고 상황도 각기 달라, 죄를 미워하되 사람을 미워해서는 안 된다는 말만큼 현실적으로 적용하기 어려운 이야기도 없다. 명심해야 할 것은 범죄로 인한 문제를 개인이 혼자 해결하려고 해서는 안 된다는 점이다. 죄인을 통제하고 처벌하는 기관이 있고 범죄 피해자를 보호하고 돕는 기구도 있다. 법적, 사회적 제도를 통해 억울함을 해결하려고 노력해야지, 사적인 복수나 처벌을 하는 것은 그 역시 범죄에 해당하는 그릇된 일임을 알아야 할 것이다.

나를 알아가는 질문

1. 악한 사람을 미워한 경험이 있는가? 그때의 자신의 마음이 어떠했는지 자세하게 서술해 보자.

2. 내가 만약에 진영이라면 악을 통제하고 다루기 위해 어떻게 할 것인가?

인간은 왜 신을 믿는가?

● 유신론과 무신론 ●

예성이는 절친한 친구 지호에게 신앙을 전하려 했다. 하지만 지호는 예성이의 말을 들으려 하지 않았다.

●●● 지호: 죽으면 다 끝이고 허무한데, 뭐하러 고생을 해? 굳이 착하게 살 이유가 있냐고?

예성: 죽으면 다 끝인 게 아니니까 그렇지. 그리고 나한테는 네가 소중한 친구니까 이러는 거고.

지호: 끝인지 아닌지는 죽어봐야 알지, 지금 어떻게 아니?

예성: 많은 사람이 그렇게 말하지만 무신론자가 죽을 때와 신앙

인이 죽을 때 다르대.

지호: 난 안 죽어봐서 모르겠고 그것도 다 편견이고 과장이라고
생각해.

예성: 과장이라고? 난 네가 걱정돼서 이러는 거야. 네가 지옥에
가서 나중에 다시 못 만날까봐.

지호: 야, 왜 울먹거려? 걱정해주는 건 고마운데, 이런 얘기는
너무 불편하다. 네가 정말 내 친구라면 내 맘 좀 편하게 해
주라.

예성: 그냥 내 말 좀 듣지. 내가 나쁜 걸 권하겠니? 마약도 아니

고 다단계도 아닌데.

지호: 종교는 마약이라잖아. 종교 내의 조직도 다단계랑 비슷하고.

예성: 너 진짜 너무하다!

지호: 그러니까 나한테는 그런 말 하지 말라니까.

★

무신론

신과 같은 초인적이고 초자연적인 힘의 개입을 부정하는 세계관을 말한다. 신의 존재를 부정하는 철학상, 종교상의 관점이라고 할 수 있다.

★★

이어령

(1934~)

한국의 작가, 문학평론가, 교육자. 1956년 〈한국일보〉에 평론 《우상의 파괴》를 발표하여 주목을 받았다. 그는 한국을 대표하는 여러 작가에게 신랄한 평가를 내린 것으로 유명하다. '이 시대 최고의 지성'으로 불린다.

무신론(無神論, atheism)*을 이야기하면 떠오르는 철학자가 있을 것이다. "신은 죽었다"고 말한 니체 말이다. 그는 대표적인 무신론자로 간주된다. 그런데 니체가 정말 무신론자일까?

이어령** 박사가 2014년 9월 18일에 양화진 문화원에서 강연한 바에 따르면 그렇지 않다고 보는 게 타당하다. 니체는 무신론자라기보다는 예수님을 존경한 인물에 가깝다. 니체가 말한 "신은 죽었다"는 정확히는 "Gott ist tot"인데 이것은 과거형이 아니라 현재형이다. 그러니 '죽었다'가 아니라 '죽어 있다'는 뜻이다. 이 말은 번역도 잘못되었을 뿐 아니라 맥락도 고려되지 않은 채 사용되면서 많은 오해를 일으켰다. 기독교를 전면적으로 부정하는 말로 사용되었지만 사실 니체는 신이란 인간이 만들어낸 최고의 가치라고 보았다. 신, 즉 최고의 가치를 상실한 채 살아가는 사람들이 허무한 상태에 처해 있음을 지적하며 한 말이 "신은 죽어 있다"였다. 말하자면 신의 죽음이라는 말은 인간의 허무함을 지적하기 위한 표현이라고 볼 수 있다.

니체는 삶의 최고 가치를 상실한 개인이 어떻게 살아야 할 것인가를 고민했다. 그리고 허무를 극복할 수 있는 존재로 '초인(超人)'을 떠올렸다. 여러분은 초인이라고 하면 어떤 사람이 생각나는가? 슈퍼맨? 아니면 어벤저스 군단? 놀랍게도 니체는 초인을 어린아이의 모습으로 묘사했다. 신에게 복종하고 순종하는 '낙타'에서 환경을 지배하고 싸우는 '사자'를 거쳐, 절망도 이기심도 없는 '어린아이'를 통해 새로운 시작과 희망이 가능하다고 본 것이다. 이어령 박사는 이것이 "천국은 어린아이들의 것"이라는 하나님의 말씀과 맥을 같이한다고 설명한다. 그러니까 니체는 신을 부정한 게 아니라, 제도화되고 도덕화된 기독교를 비판하고, 신 없이 살아가는 인간의 상태를 안타까워한 것이다. 니체의 유고집만 봐도 그가 예수를 존경했음을 알 수 있다고 이어령 박사는 말한다. 니체에게 예수는 자기가 꿈꾸는 초인의 모델이고, 모순투성이인 세상에 용감하게 맞서 싸운 존재라는 것이다.

여러분은 무신론자인가? 아니면 신은 믿지만 기독교의 신이 아니라 불교나 이슬람, 혹은 다른 종교의 신을 믿는가? 신에 대한 생각은 각기 다를 수 있다. 그러나 신앙이 삶에 어떤 영향을 미치는 것이 바람직한가에 대해서는 합의가 필요하다. 신앙은 삶의 허무를 극복하는 역할을 해야 하고 더 의미 있고 선한 삶을 살도록 하는 원동력이 되어야 한다. 물론 종교인이라면 내세를 생각할 것이다. 그리고 지금의 내 삶이 신앙이 약속하는 행복한 내세에 합당한지 반성할 것이다.

다른 종교나 신앙관을 가진 사람과의 관계는 어때야 할까? '한 손엔 코란, 한 손엔 칼'이라는 식으로 협박해야 할까? 아니면 나의 행복과 미덕이 타인에게 전달될 수 있도록 기도하며 노력해야 할까? 신앙에 관한 생각이 다른 사람과의 관계도 돈독히 만들 수 있도록 지혜와 사랑을 발휘해야 할 것이다.

종교가 인간의 행복에 미치는 영향은 매우 크다. 흔히 행복과 관련이 높은 것으로 알려진 조건으로 젊음이나 교육, 재산, 돈을 생각하는 사람이 많은데 정말 그럴까? 놀랍게도, 나이나 성별, 교육 정도, 사회적 지위나 수입, 지능이나 외모의 매력도는 행복과 상관관계가 별로 없었다고 한다. 오히려 친구의 수, 결혼 유무, 외향성, 감사, 여가 활동, 취업 상태 등이 행복과 상관관계가 높았다. 종교에 독실한 정도, 즉 종교성이 높은 것도 행복과 연관되어 있었다. 예전 심리학이나 정신과학에서는 종교를 잘 믿지 않는 경향이 있었다. 그런데 최근 연구 결과에 따르면 종교적 믿음은 사람들이 문제에 잘 적응할 수 있게 돕고, 심지어는 신체적인 질병도 피할 수 있게 해준다고 한다. 종교를 가진 사람들이 그렇지 않은 사람들보다 더 오래 산다는 통계도 있다. 그렇게 생각하면 지호처럼 종교를 가지면 착하게 사느라 고생해야 한다는 게 틀린 생각일 수도 있다. 종교를 가진 사람들이 이 땅 위에서의 삶도 더 행복하고 더 건강하게 더 오래 누린다고 하니 말이다.

그러면 내세는 어떻게 되는 것일까? 누군가가 "당첨 확률 50%짜리 복권이 있다면 사겠다"고 말했다. 그런데 그게 자신에게는 종교라고 한다. 죽은 뒤의 세상이 없다 해도 종교를 믿는 동안 행복하게 이 땅 위에서 산다면 좋을 것이다. 또 죽은 뒤의 세상이 정말 존재한다면 50% 복권에 당첨되어 내세를 누리니까 더 좋을 것이다. 어떤가, 한번 생각해 볼만한 이야기 아닌가?

 나를 알아가는 질문

1. 나는 신을 믿는가? 만약 신이 있다고 믿는다면 어떤 점에서 신앙의 도움을 받는가?

2. 다른 신을 믿는 사람을 어떻게 생각하는가? 만약에 그들과 종교에 관한 논쟁을 벌이게 된다면 어떻게 대처할 것인가?

착한 사람은 행복할까?

● 마음을 지키는 방법 ●

●●● 세인이는 친구들 사이에서 '양보왕'으로 통한다. 세인이의 학생기록부에는 '그간에 교사로서 지도해왔던 모든 학생 중에 인성이 가장 훌륭한 학생'이라는 기록까지 있다. 세인이는 왕따의 벗이요, 문제아의 짝이다. 선생님의 심부름꾼이자 교실의 미화원이기도 하다. 자신이 공부할 시간까지 뺏겨가며 봉사하고 본인이 하고 싶은 일보다 다른 사람의 필요를 먼저 생각한다.

집에서도 세인이는 착한 딸이다. 사춘기도 순탄하게 넘어갔는데 엄마는 그런 세인이가 오히려 안쓰럽다. 조금 덜 착하면 딸이 더 행복하지 않을까 하는 생각마저 든다. 하지만 차마 그 말을 할 수 없다. 그동안 세인이가 인정받고 칭찬받았던 것을 놓칠까봐 불안하기 때문이다. 요즘 세인이는 몸과 마음이 지칠 때가 많다. 주는 것이 받는 것보다 행복하고 봉사의 기쁨이 크기는 말한다. 하지만 가끔은 세인이가 정말 행복한지 세인이 자신도 세인이의 엄마도 헷갈릴 때가 있다.

인
공자의 중심 사상. 인은 '어질다'는 뜻으로, 선(善)의 근원이 되고 행(行)의 기본이 되는 것을 말한다.

흔히 착하다고 하면 선을 생각한다. 동양철학에서 선만큼 중요하게 다뤄지는 개념 있는데 바로 인(仁)*이다. 공자(孔子) 사상의

핵심인 인을 한마디로 정의하기는 어렵다. 하지만 어떤 것이 인과 관련이 있고 무엇이 인을 형성하며, 인이 있으면 어떻게 되는지를 생각해 볼 수는 있다. 이런 생각을 통해서 인의 의미를 유추해 보자.

우선 인은 인(忍)과 통한다. 그러니까 인을 이루려면 참을성이 있어야 한다. 인은 극기(克己)를 통해서 얻어진다. 왜냐하면 이기심을 억제해야 남을 배려하는 마음을 품을 수 있기 때문이다. 인은 남을 사랑하는 마음으로 설명되기도 한다. 측은지심(惻隱之心), 즉 불쌍히 여기는 마음이기도 하다. 인은 남을 위해 성의를 다하고, 다른 사람을 이해하고 용서하는 태도이다. 따라서 인은 내가 원하는 것을 남이 하게 해주고 내가 하기 싫은 것을 남에게 시키지 않는다. 그렇게 보면 《성경》에서 나오는 황금률, "그러므로 무엇이든지 남에게 대접을 받고자 하는 대로 너희도 남을 대접하라 이것이 율법이요 선지자니라"와도 일맥상통한다.

공자가 말한 인은 마음가짐뿐 아니라 다른 사람과의 관계에서도 나타난다. 그것은 나와 가까운 사람 사이에서부터 이루어진다. 공자가 남긴 유명한 말 중 "수신제가치국평천하(修身齊家治國平天下)"라는 말이 있다. 나의 발전은 내 몸을 가다듬는 것에서부터 시작해서 온 세상을 다스리는 것까지 단계적으로 나아간다는 의미가 담긴 명언이다.

세인이의 경우, 다른 사람에게 친절한 행동을 하느라 정작 자신은 힘들고 삶이 관리가 안 될 수 있다. 남에게 선을 베풀고 도움을 주는 것은 좋은 일이다. 하지만 나를 지나치게 힘들게 하고 가족들에게도 나쁜 영향을 준다면 행동을 조절할 필요가 있다. 그렇다고 지금 당장 이기적인 사람이 되라는 것은 아니다. 열 번 나서서 도울 일을 다섯 번이나 일곱 번 정도로 줄인다든지, 내가 힘든 상황일 때는 부탁을 정중하게 거절할 수도 있어야 한다는 뜻이다. 냉정한 거절이 아니라 친절한 대응이 되면 상대도 받아들일 수 있을 것이다. 혹시나 선생님이나 친구가 서운해하더라도 너무 상심할 필요는 없다. 세인이가 자기 자신을 먼저 지키며 노력하는 한, 그들도 시간이 지나면 세인이를 이해하고 응원할 것이기 때문이다.

우리 마음이 어떻게 움직이는지 설명하려는 시도는 많다. 하지만 아직 누구도 명확한 설명을 제시하지 못했다. 그래도 꽤 그럴듯하고 귀 기울여 볼 만한 주장이 있는데 그 가운데 하나가 **방어기전**(防禦機轉, defense mechanism)*이다. 방어기전은 우리 마음이 스스로를 지키기 위해, 마치 자동으로 움직이는 방어시스템처럼 작동하는 과정을 뜻한다. 축구 같은 운동 경기를 할 때에도 방어를 멋지게 잘해낼 때가 있고 치사하고 지저분하게 할 때가 있다. 우리 마음도

★
방어기전
자신을 위협으로부터 방어하기 위해 무의식적으로 스스로를 달래며 심리적 상처를 회피하려는 것을 말한다. 이것은 1894년 프로이트가 처음 만든 말로 이성적이고 자의적인 방법으로 자아가 겪는 갈등을 통제할 수 없을 때, 심리적 상처를 막기 위해 무의식적으로 작동하는 마음의 행위를 가리키는 말이다.

마찬가지이다. 억압과 반동형성은 방어기전 가운데 원시적이고 불안정한 것으로 꼽힌다. 둘 다 자아가 받아들일 수 없는 충동이나 욕구들을 다루는 방법이다. 우선 억압(抑壓, repression)은 내 마음에 그런 생각이 없다고 여기고 꾹 눌러버리는 것이다. 반동형성(反動形成, reaction formation)은 공격하고 비난하고 싶은 마음을 칭찬하거나 추켜세우는 식으로 반대로 표현하는 것을 말한다.

이와는 전혀 다르게, 성숙하고 멋진 방어기전도 있다. 대표적인 예가 억제(抑制, suppression)이다. 억제는 자기 마음의 욕구들을 억누른다는 면에서는 억압과 똑같다. 하지만 자기가 누르고 있는 것을 스스로가 모르고 누르는 게 아니다. '이런 행동을 하면 안 되니까 나는 참을 거야'라고 본인이 다짐을 한다는 점에서 차이가 있다. '승화(昇華, sublimation)' 역시 성숙하고 멋진 방어기전이다. 승화란 '마음의 연금술'이라고도 불리는데 무의식적 갈등이나 충동을 사회적으로 용납되는 방법으로 풀어내는 방어기전이다. 이물질을 품어서 진주를 만드는 진주조개와 같다고 할 수 있다.

이타주의는 내가 받고 싶은 그대로 다른 사람에게 해줌으로써 기쁨을 누리는 방어기전이다. 겉으로 보기에는 미성숙한 방어기전을 쓰는 사람과 성숙한 방어기전을 쓰고 있는 사람 사이에 큰 차이가 없어 보일 수 있다. 그렇지만 시간이 지나면서 그들의 삶은 달라질 수밖에 없다. 전자의 삶은 점점 지치고 힘들어진다. 반면에 후자의 삶은 점점 기운이 나고 더욱 아름다워진다. 성숙한 방어기전은 자신과 다른 사람 모두에게 결실을 맺는다는 특징이 있다. 얼핏 보면 다 진주처럼 보여도 진짜 진주와 가짜 진주는 반드시 구별된다. 내가 오늘 품고 있는 내 마음의 진주는 과연 어떤 결과로 나타날까?

 나를 알아가는 질문

1. 내가 만약 세인이의 엄마라면 세인이에게 어떤 조언을 하겠는가?

2. 냉정하게 보일까봐 거절을 못한 경험이 있는가? 거절을 잘하기 위해서는 어떤 노력이 필요할까?

진리란
무엇인가?

《성경》에 나오는 유명한 말씀이자, 우리나라에서 손꼽히는 명문대의 교훈이기도 한 말이 있다. 바로 "진리가 너희를 자유롭게 하리라"(요한복음 8장 32절)는 말씀이다. 본래 《성경》에는 이 문장 앞에 '진리를 알지니'라는 구절이 하나 더 있다. 진리란 '참된 도리, 보편타당한 인식'을 가리키는 말이다. 《성경》에서 이 말의 의미는 예수님이 하나님의 뜻을 따르듯 사람들이 예수님의 말씀 안에서 살아야 자유로워진다는 것이다. 그러면 진리에 대한 철학적 입장은 어떤 것일까? 무엇이 진리이고, 진리는 어떻게 깨닫는 것이며, 인생에서 그 진리가 갖는 가치는 무엇인지 생각해 보자.

지혜로운 사람이 되려면
● 논리와 진리 ●

●●● 은혁: 우택이 진짜 말발 세더라.

건호: 그래? 얼마나 센데?

은혁: 뻥을 쳐도 진짜 같아.

건호: 그건 뻥이 센 거 아냐?

은혁: 아냐, 그게 아니라 어찌나 말발이 센지 듣고 있으면 이건
아니다 싶어도 다 넘어간다니까.

건호: 그래? 토론이나 논술 잘하겠는데?

은혁: 그렇지. 근데 듣고 있으면 이건 아니다 싶다니까.

건호: 그래도 반박은 못 하겠고?

은혁: 그러니까 문제지. 게다가 내가 반박해도 그놈이 재반박을
　　　하면 할 말이 없어.

건호: 대단하네.

은혁: 그래, 그렇지. 근데 그놈하고 말만 하고 나면 뭔가 억울해.

건호: 그렇겠네. 아무리 논리가 있어도 아닌 건 아니니까.

아니라고 생각하면서도 당할 수밖에 없다니, 우택이는 대단한
말재주를 가진 것 같다. 이런 사람들이 고대 그리스에도 있었는
데 바로 소피스트들이다. 그리고 이런 소피스트와 대조되는 인물

이 소크라테스이다. 소크라테스는 스스로가 지혜로운 사람이라고 말하지 않고 다른 사람들에게 지혜를 사랑할 것을 강조했다. 지혜를 사랑하려면 먼저 스스로가 지혜 없는 존재라는 것을 자각해야 한다. 자신의 무지를 깨달아야 지혜의 소중함과 필요성을 알 수 있으니 말이다. 철학은 그리스어로 필로소피아(philosophia)이다. 이 말은 그 자체로 지혜(sophia)에 대한 사랑(philos)을 의미한다. 소크라테스와는 달리 소피스트는 스스로를 지혜로운 자(sophistai)라고 했다.

프로타고라스(Protagoras)*는 소피스트들 중에서도 대표적인 인물로 꼽힌다. 그는 "인간은 만물의 척도"라는 유명한 말을 남겼다. 이 말의 의미는 인간은 각자가 다르게 사물을 인식하기 때문에 상대적으로 사물을 본다는 것이다. 인간의 지식은 인식에 기초하는 데 이 인식은 감각에 기반을 둔다. 그런데 감각기관에 의한 인식은 사람에 따라 다르므로 지식 또한 사람마다 다르다는 것이다. 말하자면 프로타고라스는 상대주의(相對主義, relativism)**적 진리론을 역설했다.

그의 말을 따라가다 보면 크게 틀린 말은 없는 것 같다. 그런데 진리가 상대적이라니, 그

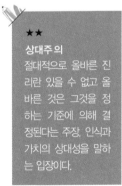

★
프로타고라스
(BC 485?~BC 410?)
기원전 5세기경 활동한 고대 그리스 철학자. 최초의 소피스트라 불리는 인물로 "인간은 만물의 척도다"라는 말로 진리의 주관성과 상대성을 설파했다.

★★
상대주의
절대적으로 올바른 진리란 있을 수 없고 올바른 것은 그것을 정하는 기준에 의해 결정된다는 주장. 인식과 가치의 상대성을 말하는 입장이다.

말이 과연 옳은 것일까? 상대적인 걸 진리라고 할 수 있을까? 프로타고라스 자신도 이런 논리로 인해 스스로 궁지에 몰리기도 했다. 프로타고라스와 그의 제자 사이에서 일어난 '프로타고라스의 재판'이라는 유명한 일화가 있다. 이야기는 프로타고라스가 한 청년을 외상으로 가르쳐주면서 시작된다. 고대 그리스의 소피스트는 돈을 받고 지식이나 기술을 가르쳐주는 철학자였다. 이들에게 교육받은 젊은이들은 법정에서 변론을 하거나 정계에 진출했다. 프로타고라스는 청년에게 공부를 마친 뒤 첫 재판에서 이기면 그 돈으로 수업료를 지불하라고 했다. 청년은 수업을 마쳤지만 약속과는 달리 재판을 하지 않고 빈둥댔다. 프로타고라스는 수업료를 받기 위해 제자를 고소했다. 그는 재판정에서 청년에게 말했다.

"어차피 너는 수업료를 물게 되어 있다. 재판에서 이기면 나와의 계약에 의해서, 지면 재판장의 판결에 따라 수업료를 물어야 한다."

그러나 청년은 오히려 스승에게 대들었다.

"저는 수업료를 물 필요가 없습니다. 이기면 수업료를 안 내도 된다는 판결에 의해서, 지면 스승님과의 계약에 따라 물지 않아도 되지요."

이로 인해 프로타고라스는 큰 곤욕을 치러야 했다. 자신의 논법에 논리적인 오류가 있음을 인정하지 않을 수 없게 된 것이다.

상대적 가치를 주장하는 그의 논법이 해석에 따라 정반대의 결과를 낳고 만 것이다.

논리가 아무리 강하다고 할지라도 그것이 엉뚱하고 이기적인 주장을 하기 위한 것이라면 스스로 그 논리에 의해 무너질 수가 있다. 설사 요행히 그런 위기를 모면한다고 해도 그 사람을 정말 지혜롭고 정직하다며 신뢰할 사람은 없다. 은혁이와 건호는 말발 센 우택이를 부러워하기보다 진리를 추구하고 지혜를 사랑하는 일에 집중하는 것이 바람직하다.

말을 잘하는 건 여러모로 도움이 되는 기술 중에 하나이다. 논리적으로 말을 한다면 글을 쓰거나 말할 때 설득력을 지닌다. 반면 비논리적인 생각을 하면 엉뚱한 결론으로 치닫거나, 모순과 자가당착에 이를 수 있다. 비논리적인 생각을 가지고 의사소통을 하면 이야기가 연결되지 않는다. 말의 앞뒤가 맞지 않아 스스로는 이해를 한다 해도 다른 사람은 이해하기 어렵다.

"정신적으로 문제가 있는 사람 중에는 자기한테 문제가 있다고 말하는 사람이 없다"는 얘기를 들어본 적이 있는가? 병식(病識, insight)은 '자신에게 병(정신적 문제)이 있다는 것을 인식하는 능력'으로 정의된다. 자기한테 전혀 문제가 없다고 생각한다면 병식이 전혀 없는 것이다. 그러나 치료가 필요하다는 걸 이해하고 받아들이면 병식이 있는 것이다. 많이 아픈 사람일수록 자기가 아프다는 사실을 모르기 쉽다. 마치 중환자실에 의식을 잃은 채 누워 있는 사람이 자기가 아프다는 걸 잘 모르는 것과 마찬가지이다. 특히 청소년들의 우울증은 증상이 잘 나타나지 않는 경우가 많다. 불쾌한 감정과 이해할 수 없는 짜증이 어쩌면 우울증 때문일 수도 있다고 생각하는 사람은 병을 치료할 수 있다. 자신이 정말 아픈 것인지 스스로 점검에 들어가기 때문이다.

정신적으로 건강한 사람은 논리적으로 생각하고 말하는 것이 가능하다. 하지만 논리를 내세워서 이기적인 목표를 달성하려 하거나 궤변으로 상대방을 당황하게 하는 것은 바람직한 태도가 아니다. 그것은 결국 스스로를 옭아매는 올무가 될 수 있음을 기억해야 한다.

나를 알아가는 질문

1. 내가 생각하는 진정으로 지혜로운 사람은 어떤 사람인가?

2. 만약에 지금 내 앞에 궤변을 늘어놓거나 논리적으로 그럴듯하지만 어딘가 엉뚱한 말을 하는 사람이 있다면 그에게 무슨 말을 해주겠는가?

회피하지 않고 맞서는 법
● 자기인식과 일상생활 ●

●●● 수찬이는 부모님을 따라 전라도로 여행을 떠났다. 호남의 넓은 평야와 아늑하게 두른 산은 정말 아름다웠다. 그러다 유서 깊은 고장이라는 영암에 도착했다. 왕인박사의 생가가 있고 도선국사가 활약했다는 곳이다. 역사책에서 보던 인물들이 실제로 살았다는 고장에 다다르니 감회가 새로웠다. 불교 신자인 부모님을 따라 수찬이는 '도갑사'라는 절에 들어섰다. 처음에는 절의 분위기가 낯설었다. 하지만 차분히 둘러보니 웅장한 불당과 늠름한 소나무, 조용하게 움직이는 승려들이 엄숙하고 정갈해 보였다. 약수를 마시며 수찬이는 생각했다.

'이런 아름답고 한적한 곳에서 평생 수도하며 살면 얼마나 행복할까.'

영원불변의 진리가 있다면 그런 것을 추구하며 일생을 바쳐도 아까울 것 같지 않았다. 수찬이는 불쑥 부모님께 말했다.

"저, 머리 깎고 스님이 되어 여기서 살고 싶어요. 그래도 되나요?"

부모님은 깜짝 놀라는 표정을 하다가 이내 웃음을 터뜨리며 수찬이 머리를 쥐어박았다.

"이놈아, 공부하기 싫다고 별소리를 다 하네! 너 같은 놈이 스님

되면 절이 망해요."

수찬이는 억울했다. 진리를 한번 추구해 보겠다는데 다른 사람

도 아닌 부모님이 이렇게 몰라주시다니.

사찰의 고즈넉한 분위기가 수찬이를 구도 희망생으로 바꾸어

놓았나 보다. 불교의 철학사상은 매우 복잡하고 다채롭다. 원시불

교*, 소승불교, 대승불교, 밀교 등이 인도에서 성립되고 전개되

었다. 이러한 분파는 각 나라에 전파된 후 발전되어 서로 다른 특

색을 가졌다. 이 중에 가장 기본이 되는 것은 석가모니(釋迦牟尼)

의 이론을 중심으로 한 원시불교이다.

학자들은 원시불교가 발생한 시기를 대략 기원전 600년에서

300년 사이로 본다. 이 무렵의 인도는 정치, 경

제, 사회, 사상적으로 심한 변화가 있었다. 문

화의 중심이 인더스 강 상류의 펀자브 지방에

서 갠지스 강 중부로 이동한 때였다. 정치적으

로는 통일국가를 이루지 못한 군소국가가 서

로 세력을 다투었다. 국가들 사이에 전쟁도 많

았다. 석가모니가 살던 사카야는 작은 나라로

종종 인접한 국가의 공격대상이 되었다. 이 시

기는 농업과 상공업이 발달한 때이기도 하다.

★
원시불교
석가시대부터 아소카
왕시대까지의 불교. 초
기불교라고도 한다. 일
반적으로 고타마 붓다
가 도를 깨닫고 전도
를 한 뒤부터 그의 사
망 후 제자들이 가르
침을 정리하여 성립된
것까지의 불교를 의미
한다.

★
브라만교
고대 인도에서 《베다》
경전을 근거로 성립된
종교. '바라문교(婆羅門
敎)'라고 한역하며 브
라만계급을 중심으로
전개됐다.

그래서 정치는 왕족이 하지만 경제적 실권은 부유한 상인이 차지했다. 제정일치(祭政一致) 아래 권력을 독점하던 브라만은 정치와 경제에서 실권을 잃고 무력해졌다. 그로 인해 카스트 제도도 붕괴됐다.

혼란스러운 사회 분위기에서 도덕적 타락이 심해졌고 여러 신흥 사상가들이 나타났다. 쾌락주의(快樂主義)가 있는가 하면 고행주의(苦行主義), 운명론(運命論), 유물론(唯物論) 심지어 도덕부정론(道德否定論)도 있었다. 전통신앙인 브라만교(婆羅門敎, Brahmanism)★는 형식만능주의에 빠지고 미신적 요소도 많아져 대중의 관심을 잃어갔다. 그때 석가모니가 등장해서 고통과 고뇌를 극복할 수 있고 그것을 극복하면 환희가 온다고 설파했다.

불교 철학의 핵심을 좀 더 살펴보자. 불교는 크게 사성제(四聖諦)와 사법인설(四法印說)을 바탕으로 한다. 먼저 사성제를 살펴보면 고성제(苦聖諦), 집성제(集聖諦), 멸성제(滅聖諦), 도성제(道聖諦)가 있다. 고성제는 인간의 삶에 가득한 고통의 문제를 인식하는 것이다. 집성제는 고통의 원인을 깨닫는 것이고, 멸성제는 고통이 사라지고 열반의 경지에 도달할 수 있다는 것이다. 마지막으로 도성제는 고통을 제거하는 방법을 알고 실천하는 것이다. 기뻐하지도 슬퍼하지도 않으며 정견(正見), 정사(正思), 정언(正言), 정업

(正業), 정명(正命), 정정진(正精進), 정념(正念), 정정(正定)하는 팔정도를 지켜야 고통을 이겨낼 수 있다. 사법인설은 제행무상(諸行無常), 제법무아(諸法無我), 일체개고(一切皆苦), 열반숙정(涅槃寂靜)으로 정리된다. 제행무상은 모든 현상은 끊임없이 변한다는 것이고, 제법무아는 고정불변의 자아란 존재하지 않는다는 것을 의미한다. 일체개고는 인간의 삶 전체가 고통의 번뇌를 일으킴을 가리킨다. 끝으로 열반숙정은 고통의 원인을 깨달아 평안을 얻어 최고의 행복에 도달한 상태를 지칭한다.

부모님은 수찬이가 공부하기 싫어서 꾀를 부린 것이라고 보았다. 수찬이 입장에서는 억울하겠지만 이 말이 정곡을 찌르는 면이 있다. 아주 특수한 소수를 제외하면 공부가 재미있어서 하는 사람은 드물다. 더 나은 삶을 위해서 혹은 강요에 의하여, 힘들지만 억지로 공부한다. 그런데 학생(學生)이란 바로 공부가 직업인 사람이니, 학생에게 있어 고통의 원인은 공부가 될 수밖에 없다. 수찬이가 절에 머물 생각을 말하는 그 '찰나'에 부모님은 수찬이의 고성제, 멸성제, 일체개고를 파악한 셈이다. 공부가 힘들어 속세의 삶을 떠나 산사에서 수양하며 살고 싶다는 마음 말이다. 지금 당장은 부모님의 강경한 저지로 인해 수찬이가 열반숙정에 도달하기는 어려울 것 같다.

아름다운 절을 보면 그곳에서 평화롭게 살고 싶은 충동을 느낄 수 있다. 특히 현실의 삶이 힘들 때면 더욱 그러하다. 그러나 수도승의 길이 편안하고 쉬울 수 있을까? 당장 부모님과 학교를 떠나면 모든 문제가 해결될 것 같지만, 구도의 길은 더욱 험난한 고행길일 가능성이 크다.

회피는 위험한 상황이나 대상으로부터 안전한 거리를 유지하려는 마음의 방어기전이다. 회피는 의식적으로 또는 무의식적으로 작동할 수도 있다. 동생과 대판 싸운 뒤 마주치기 싫어서 일부러 일찍 학교로 가버린다면 의식적인 회피이다. 시험이 다가오니까 공부를 하기는 해야겠는데 자꾸 더하고 싶은 것들이 생각난다면? 이것은 공부를 하는 게 싫은 나머지 무의식적으로 회피하는 것이다. 스님들은 경건하고 엄숙한 삶을 유지하기 위해서 엄청난 노력을 기울인다. 지금 수찬이는 스님들의 노력과 고생을 인식하고 수도자의 길을 꿈꾸는 것일까?

회피를 하는 건 회피의 대상이 여러모로 불편하고 고통스럽게 느껴지기 때문이다. 직면해서 감당할 용기가 없거나, 그렇게 할 수 있는 힘이 없다고 느끼니까 피하고 싶어진다. 그렇지만 회피는 반드시 값을 치르게 되어 있다. 상담하다가 회피하는 친구들을 볼 때 꼭 해주는 이야기가 있다. 쓰레기는 회피해도 아무 소용 없다. 쓰레기가 싫으면 갖다 버려야 한다. 갈등도 마찬가지이다. 동생과 싸운 뒤 제대로 화해를 하거나 잘잘못을 짚고 넘어가는 과정이 필요하다. 그렇지 않으면 서로에게 상처를 남길 수 있다. 공부를 하기 싫어서 회피하다 보면 부진한 성적과 맞닥뜨리게 될 것이다. 회피에서 직면으로 돌아서는 것이 사성제의 첫 번째 과정인 고성제에 해당된다. 이 단계에 도달하는 것만으로는 불교 철학을 통달했다고 말하기 어렵다. 하지만 시작이 반이라고 하니 시도해 볼 만하지 않는가?

 나를 알아가는 질문

1. 지금 가장 하기 싫은 것이 있다면 무엇인가? 왜 그것을 피하고 싶은가?

2. 피해버리고 싶은 것을 직면하기 위해서 어떤 노력을 기울일 것인가? 구체적으로 서술해 보자.

진선미 중 무엇이 가장 좋을까?
● 이데아와 선택의 기준 ●

●●● 인혜는 고민에 빠졌다. 공부 잘하는 재원이, 매너 좋은 혁재, 잘
생긴 우영이를 놓고 누구를 택해야 할지 모르겠다. 인혜는 말을
재미있고 상냥하게 하는 재주가 있다. 얼굴도 예쁘고 공부도 잘
한다. 그런 인혜에게 여러 남학생이 관심을 보이는 건 당연한
일이다. 하지만 불행히도 인혜에게 접근한 남학생 셋은 각각 한
가지 장점만 두드러진다. 공부를 잘하면 인물이 좀 빠지고 매너
가 좋으면 성적이 떨어지며 잘생기면 약간의 왕자병이 있다. 인
혜는 어떤 가치가 가장 중요한가를 따져보았다. 머리인가, 성격
인가, 외모인가? 머리가 좋으면 대화가 잘될 것 같고 마음이 착

하면 편하게 만날 수 있을 것 같다. 잘생기면 같이 다니기에 좋다. 인혜는 고민 끝에 우영이를 선택했다. '요즘은 외모가 최고지' 하면서 말이다.

예전에는 미스코리아 선발대회를 5월의 주요행사로 방송사에서 다루었다. 이 방송을 지켜보며 사람들은 누가 1등이 될지 기대하며 지켜봤다. 미스코리아는 한국의 미혼 미녀를 뽑는 행사인데 진선미로 1, 2, 3등을 나누었다. 아름다움보다 착함을, 착함보다 참됨을 더 높이 평가하는 인식이 반영된 것이다.

철학은 진, 선, 미를 탐구하는 학문이라고 한다. 그렇다면 철학적 개념에 대해서 순위를 논하는 것은 어떤가? 등위를 매기는 게 바람직할까, 아니면 모두가 동등하게 가치 있다고 생각해야 할까. 이런 개념에 대해 생각하는 것 자체가 고리타분한 것일까.

이데아를 탐구했던 철학자 플라톤의 이야기를 들어보자. 왜 플라톤인가 하면 그가 탐구했던 것이 "참된 것은 무엇인가", "아름다움과 선은 무엇인가" 하는 것이었기 때문이다. 다시 말하면 플라톤은 진선미라는 개념을 집중적으로 논한 철학자라고 할 수 있다. 그는 소크라테스의 제자였고 아리스토텔레스의 스승이었다. 서양의 다양한 학문에 영향을 끼친 고대 그리스의 대표적인 철학자로 오늘날 대학의 원형이라고 할 수 있는 아카데미아(academia)*의 창시자였다. 철학적 사고의 체계를 세우고 진리를 탐구할 전당을 마련한 인물이다.

플라톤이 중요하게 생각한 개념은 이데아이다. 플라톤에 따르면 사물의 종류에 따라 그 이데아도 달라진다고 한다. 현실에서 경험하는 수많은 것은 하나뿐이고 변하지 않는 각각의 이데아를 갖고 있다는 것이다. 미의 이데아나 선의 이데아가 있는가 하면 사람의 이데아나 책상의 이데아도 있다. 플라톤은 이런 이데아를 아는 것이 참된 앎, 즉 진리를 깨닫는 것이라고 봤다.

이데아에 이르는 과정은 감각을 벗어나 순수한 사고를 할 때 가능하다. 경험을 분석하고 종합하여 앎에 이르고 그 앎을 다시 분석하고 종합해야 한다. 그래야 더 높은 앎에 이르러 궁극적으로는 이데아를 깨닫는다는 것이다. 이데아는 감각으로 경험되는 사물 그 자체로서가 아니라 그 사물에 공통된 본질이자 유일하고 불변하는 특질이다. 다시 말해 아름다운 꽃이나 빼어난 미인, 잘생긴 남자는 그 자체로는 미의 이데아가 아니다. 하지만 그들 안에는 변하지 않고 하나인 본질적인 미의 이데아가 있다. 선의 이데아는 어떨까? 플라톤은 선의 이데아를 태양에 비유했다. 태양이 사물을 비추듯 선의 이데아는 모든 이데아를 비추어 존재하게 하고 그것을 알게 한다.

절대적인 앎이 진이라면 진선미 중 최고를 진이라고 할 수 있을까, 아니면 모든 이데아를 존재하게 하는 선을 높이는 게 나을까? 여전히 진선미에 순위를 매기는 것이 불편한가? 그렇다면 간단히 재원이, 혁재, 우영이만 놓고 생각해 보자. 이데아는 변하지 않고 본질적인 것이라고 했다. 그러면 무엇이 가장 변하지 않고 이데아에 가까울까? 무엇을 골라야 할지 마땅치 않다면 내가 가장 중요하게 여기는 가치로 생각해 보자. 인혜는 함께 다니면 으쓱해지고 설명이 필요 없는 외모를 최고로 꼽았다. 인혜에게 감각이 중요하고 그중에서도 즉각적이고 지배적인 감각인 시각이 최고라면 우영이가 답이다. 이 경우 인혜의 선택은 플라톤이나 이데아와 거리가 먼 것 같다. 하지만 우영이랑 다닐 때 인혜가 쾌락을 느낀다니 어쩔 수 없다. 모든 것을 다 가질 수도 없고 모든 걸 다 갖출 수도 없어서 아쉬운 것, 그게 우리가 사는 세상이니 말이다.

정신분석학의 기초를 닦은 프로이트는 '약간의 히스테리(hysteria), 약간의 편집증(偏執症, paranoia)★, 약간의 강박(compulsion)을 가진 게 정상인'이라고 말했다. 히스테리도, 편집증도, 강박도 모두 정신적으로 문제가 있는 사람에게 붙는 용어이다. 그런데 이런 증상을 조금씩 보이는 사람이 정상이라고 하니 이상하게 들린다. 히스테리는 네이버 국어사전에 따르면 '정신 신경증의 한 유형. 정신적 원인으로 운동 마비, 실성(失性), 경련 따위의 신체 증상'이라고 한다. 마음이 안 좋은 상태인데 몸이 안 좋은 것처럼 나타나는 현상이 히스테리이다. 편집증은 의심하면서 사서 걱정하는 것을 말하고, 강박은 어떤 생각이나 감정에 끊임없이 사로잡히는 것을 의미한다.

이 개념을 이용하며 진선미를 점검해 보자. 참된 것이 그토록 중요하지만 막상 기분이 나빠서 머리가 아플 때 '뇌에 문제가 생겼나?'라는 생각을 하기 쉽다(히스테리). 착하고 선한 것

★
편집증
망상에 사로잡혀 있는 정신이상 증세의 한가지. 심각한 우려나 과도한 두려움 등의 특징이 나타나는 이상심리학적 증상. 대개 비이성적 사고나 착각의 상태에 이른다.

을 중요하게 생각하면서도 유난히 착한 행동을 하는 사람에게는 뭔가 꿍꿍이가 있는 건 아닌지 의심하기 쉽다(편집증). 아름다움이야말로 우리들 모두가 추구하는 바이다. 하지만 자신의 외모 가운데 부족한 점을 보면서 끊임없이 걱정한다면 강박이 된다.

이렇게 생각해 보면 우리 모두 진선미의 이데아로부터 참으로 멀리 떨어져 있는 초라한 존재 같다. 그렇지만 프로이트는 이런 사람이 오히려 정상이라고 한다. 조금이나마 마음이 놓이지 않는가? 이데아라는 기준점을 놓고 자신을 바라보는 건 북극성을 기준으로 방향을 잡는 것과 같다. 우리가 북극성에 도달하기는 어렵고 실제로 가야할 마땅한 이유도 없다. 다만 북극성을 기준 삼아 걸어야 길을 잃지 않으니 이데아를 마음에 품고 살아가는 건 필요하다.

 나를 알아가는 질문

1. 진선미 중에서 자신에게 부족한 것은 무엇이라고 생각하는가? 이러한 단점을 극복하기 위해서 어떤 노력을 할 것인가?

2. 진선미의 이데아를 모두 추구할 수 없다면 나에게 가장 중요한 것은 무엇이며 그 이유는 무엇인가?

똘레랑스의 참의미

● 타인을 대하는 올바른 자세 ●

성우는 외할아버지와 엄마의 논쟁 때문에 잠에서 깼다. 가족 여행 중에 차 안에서 종교에 대한 논쟁이 벌어질 줄은 아무도 몰랐다. 엄마는 차분했지만 외할아버지는 꽤 격앙되어 있었다.

●●● 외할아버지: 기독교든 이슬람이든 뿌리는 하나야. 불교를 열심히 믿으면 극락을 가는 거고. 극락이랑 천국이랑 뭐가 다른데?

　　엄마: 기독교는 유일신이에요. 이슬람이나 불교와 같을 수가 없어요.

외할아버지: 그러니까 교회 다니는 사람이 욕을 먹는 거야. 자기네 종교만 옳다고 하잖아.

엄마: 이것도 되고 저것도 된다면 더 이상 진리가 아니죠. 유일신이 아닌데 절대자로 굳이 믿을 필요도 없고요.

외할아버지: 넌 교회 다니더니 버릇이 없어졌구나. 부모님께 그렇게 대들라고 목사가 가르치던?

엄마: 대드는 게 아니라 아버지가 자꾸 비판을 하시니 설명해 드리는 거예요.

외할아버지: 그게 대드는 거야. 부모님이 말하면 조용히 듣고 있어야지. 뭐가 이러쿵저러쿵 말이 많아?

엄마는 조용해졌지만 성우는 심란했다. 여행을 와서까지 굳이 종교 이야기를 꺼내는 외할아버지가 원망스러웠다. 외할아버지 성격을 잘 알면서도 끝까지 대답을 하는 엄마도 답답했다. 종교가 뭐고 진리가 뭐라고 이렇게 싸우는지, 알다가도 모를 일이다.

종교에 유일신(唯一神)과 다신교(多神敎)가 있다면 철학에도 대립되는 개념들이 있다. 바로 절대주의(絶對主義, absolutism)와 상대주의(相對主義, relativism), 유일론과 다원론(다원주의)이다. 이러한 개념은 서로의 약점을 보완하기도 하고 충돌하고 갈등하기도 한다.

현대사회는 복잡하여 대립의 요소가 자꾸만 증폭된다. 그러면서 '똘레랑스(tolérance)'*라는 개념이 중요하게 대두된다. 사전을 찾아보면 똘레랑스는 '자기로서는 찬성하기 어려우나 남의 권리로서 인정하기. 남의 사상·의견 따위에 대해서 쓰이는 일이 많음'이라고 설명된다. 남의 사상이나 의견에 내가 동의하지 않더라도 그것을 허용하고 이해하는 것이다. 똘레랑스는 상대주의와 다원론을 옹호하고, 유일신, 절대주의, 유일론 등을 비판하는 근거로 종종 활용된다.

근대에 들어서면서 신의 존재에 대한 인간의 회의가 증폭됐다. 그래서 철학의 중심 역시 신에게서 인간으로 옮겨졌다. 절대자의 전능함보다 인간의 이성이, 신의 섭리보다 인간의 회의가 관심사가 된 것이다. 그러면 이쯤에서 근대 철학의 아버지이자 회의주의자로 불리는 데카르트(René Descartes)**에 대해서 알아보자. 그는 존재하는 모든 것에 대해 회의를 품고 유명한 말을 남겼다. "나는 생각한다, 그러므로 나는 존재한다(Cogito ergo sum)"라는 더 이상 부정할 수 없는 하나의 명제에 도달한 것이다. 얼핏 보면 이 명제는 인간의 정신을 절대화하고 신을 부정하는 것처럼 보인다. 그러나 데카르트는 명석하고 분명하여 더 이상 의심할 수 없는 것을 진리의 기준으로 삼았다. 그런 다음에 신의 존재를 논증하려 했다. 과정이 매우 재미있으니 간단히 인용해 보겠다.

"나는 내 속에 무한하고 전지전능한 존재인 신의 관념을 가지고 있다. 그 관념은 감각에 의해 외부에서 온 관념이 아니다. 왜냐하면 외부지각은 언제나 유한한 자연물만 알려주기 때문이다. 그것은 또한 스스로 만들어낸 관념도 아니다. 왜냐하면 유한하고 불완전한 존재인 내가 무한하고 완전한 존재의 관념을 형성한다는 것은 불가능하기 때문이다. 신에 대한 관념은 나의 자각과 더불어 주어지는 관념, 즉 타고난 관념이다."

데카르트는 절대자에 대한 관념을 근거로 신의 존재를 증명하려 했다. 데카르트의 회의를 방법적 회의라고 부른다. 의심할 수 없는 절대적 진리에 도달하기 위해 의심이라는 수단을 사용했기 때문이다. 그렇게 본다면 데카르트는 신의 존재를 의심한 것이 아니다. 그는 오히려 의심을 통해 신의 존재를 증명한 사람이다.

앞서 말한 상대주의와 다원론(多元論, pluralism)에 대해 다시 한 번 생각해 보자. 사전적 의미의 상대주의는 '모든 가치의 절대적 타당성을 부인하고 모든 것이 상대적이라는 입장'이다. 절대주의를 반박하는 개념인 것이다. 절대주의는 '절대자를 인정하고 그 추구를 철학의 근본 문제로 하는 입장'이다. 여기서 한 가지 주의할 점이 있다. 상대주의와 다원주의는 흔히 동의어처럼 사용되지만 이 둘의 뜻은 상당히 다르다. 상대주의가 절대적 진리를 부정하며 가치의 상대성을 강조한 것이라면 다원주의는 다양성을 인정한다. 다원주의를 사전에서 찾아보면 '다른 계층, 종교, 인종 등에 속한 사람들이 하나의 사회에서 공존하며 서로 다른 전통과 신념을 갖는 상태'로 정의된다. 그래서 다원주의는 민주주의의 주요 개념으로 꼽히기도 한다.

오늘날의 민주주의 사회에는 상대주의가 팽배하고 다원주의가 미덕으로 여겨진다. 그렇기 때문에 유일신, 절대주의, 유일론

등을 주장하는 입장은 비난을 받기 쉽다. 유일신을 믿으며 절대적인 믿음을 전파하려는 기독교인들은 비판과 조롱의 대상이 되기도 한다. 이는 상대주의와 다원주의의 영향이다. 성우의 외할아버지가 성우 엄마를 비난하는 것도 맥락이 비슷하다. 할아버지처럼 상대주의와 다원론을 옹호하는 사람은 성우 엄마의 태도를 부담스럽게 생각한다. 가족, 국가, 인종, 종교나 군사 집단 간에도 이런 문제로 인한 갈등이 야기된다.

그렇다면 우리가 취해야 할 바람직한 태도는 무엇일까? 극과 극은 서로 통한다는 말이 있다. 상대주의를 지나치게 강조하다 보면 상대주의라는 인식 혹은 주장 자체가 하나의 절대적 관념이 될 수 있다. 다시 말해 상대주의가 옳기 때문에 절대주의는 틀렸다는 주장을 펼치는 것이다. 이는 가치의 상대성을 내세우던 스스로가 논리적 오류에 빠지는 셈이다. 다원주의도 마찬가지이다. 다양한 전통과 신념의 공존을 주장하며 자신이 속한 집단의 가치만 추구하다 다수를 불편하게 한다면, 그게 진정한 의미의 다원주의라고 할 수 있을까? 서로 다른 가치나 신념을 가진 사람이 공존하기 위해서는 상대를 배려하는 마음가짐이 필요하다. '~주의'를 앞세우기 전에 사랑과 이해로 타인에게 다가가야 하고 폭력을 자제해야 한다. 똘레랑스가 타인에게 무언가를 강요하는 근거가 되면 그것은 더 이상 똘레랑스가 아니다. 상대주의나 다원론을 절대시하는 것도 마찬가지이다. 그것만이 세련된 사상인 것처럼 이상화하는 것은 절대주의로 빠져드는 오류임을 명심해야 한다.

똘레랑스가 필요한 건 성우네 가족만이 아니다. 모두 다르게 생긴 사람들이 모여 사는 세상에서 사람들의 생각은 생김새보다도 훨씬 더 다양하다. 진정한 상대주의자라면 절대주의를 믿는 사람의 마음을 헤아려 보고자 노력해야 한다. 반대로 유일신을 믿는 사람이라면 다원주의나 상대주의를 지지하는 사람의 사고가 어떨지 생각해 봐야 한다. 그래야만 서로 다른 생각을 가진 사람들끼리 겪는 갈등을 해결하고 조화롭게 살아갈 수 있다.

 나를 알아가는 질문

1. 만약에 내가 성우라면 엄마와 외할아버지를 어떻게 화해시키겠는가? 구체적으로 서술해 보자.

2. 다원주의가 지나쳐서 갈등을 겪었던 경험이 있는가? 갈등을 어떻게 해결해야 할지에 대해 생각해 보자.

철학이 필요한 이유
● 철학적 진리의 가치와 효용 ●

●●● 가영이는 복잡한 것이 싫다. 두 단계 이상 거쳐야 하는 수학 문제는 손도 대지 않는다. 그런 가영이에게 괴로운 숙제가 떨어졌다. 선생님께서 준 철학자 리스트 중 한 명을 정해서 그의 책을 읽고 발표하는 것이다. 이름을 들어본 철학자가 있긴 했지만 가영이는 그들의 사상을 구체적으로 알지 못한다. 게다가 그다지 관심도 없다. 철학이 왜 필요한지도 모르겠다. 가영이가 생각하는 철학은 나와는 거리가 먼, 그저 어려운 주장이나 학설일 뿐이다.

"진리가 밥 먹여주나? 철학이 생활에 무슨 도움이 되나?"

도서관으로 간 가영이는 투덜대며 까치발로 칸트의 책《순수이 성비판》을 서가에서 꺼내려 했다. 그러다 그만 책을 떨어뜨려 발등이 찍히고 말았다. 가영이는 아픈 만큼 짜증이 확 치밀어 올랐다.

'철학이 대체 뭔데!'

가영이는 속으로 부르짖었다.

발이 아픈 가영이에게는 미안하지만 철학이 뭔지 설명하려면 칸트 이야기를 하지 않을 수가 없다. 칸트라는 인물 자체가 철학 사에서 너무나 중요하고 위대한 인물이라 철학을 논하는 데에 빼

놓을 수 없기 때문이다. 칸트는 근대 **계몽주의**(啓蒙主義, enlightenment)★를 정점에 올려놓은 인물이자 독일 관념철학의 기초를 놓은 철학자이다. 그의 철학은 합리론과 경험론의 대립을 넘어선 포괄적 입장이라고 한다. 가영이가 고른 《순수이성비판》은 이성의 구조와 한계를 연구한 책이다. "나는 무엇을 알 수 있는가?"라는 물음에 대한 해답서라고 할 수 있다. 이 책에서 칸트는 전통적인 **형이상학**(形而上學, metaphysics)★★과 인식론(認識論, epistemology)을 공격한다. 경험으로부터 독립하거나 초월해서 존재하는 이성이 과연 존재하는가에 대한 회의를 품었기 때문이다.

칸트는 감각에 속하는 감성과 사고에 속하는 오성을 구분한다. 그리고 고립적이고 개인적이며 상대적인 감각을 통일해서 판단하는 사유의 형식인 '범주'라는 개념을 제시했다. 그는 감성과 오성의 조화를 강조하며, "내용이 없는 사상은 공허하고, 개념이 없는 직관은 맹목이다"는 유명한 말을 남겼다. 칸트의 인식론은 객관이 주관에 그대로 반영된다고 보지 않는다. 대신에 주관이 대상을 적극적으로 구성한다고 주장했다. 인간을 인식의 주체이자 자연의 입법자로 보았기 때문이다.

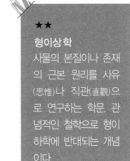

★
계몽주의
이성의 힘과 인류의 무한한 진보를 믿으며 현재의 질서를 타파하고 사회를 개혁하는 데에 목적을 두었던 철학 사조. 합리주의와 로크의 철학 및 정치사상, 자연법, 그리고 뉴턴의 기계론적 우주관을 기반으로 한다.

★★
형이상학
사물의 본질이나 존재의 근본 원리를 사유(思惟)나 직관(直觀)으로 연구하는 학문. 관념적인 철학으로 형이하학에 반대되는 개념이다.

그러면 칸트의 사상이 왜 그렇게 중요하게 평가받는 것일까? 칸트는 형이상학적이고 초월적인 가치만을 추구하거나, 감각적으로 경험하는 현실세계에만 집착하지 않았다. 고도의 균형감각을 지녔던 것이다. 칸트의 사상은 플라톤이 감각을 부정하고 순수한 사유로 도달할 수 있는 이데아를 추구한 것과 다르다. 칸트는 '물자체(物自體, Das Ding an sich)'라는 개념을 내세워 경험을 초월하는 본체로서의 대상을 정의한다. 물자체란 감각이나 개념화에 의한 인식을 통해 사유되지 않는 사물 그 자체이다. 이것이 현상의 존재 근거가 된다면, 현상은 물자체의 인식 근거가 되는 것이다. 이 개념으로 칸트는 형이상학과 유물론 사이에 일종의 절충안을 마련한 셈이다.

이런 철학적 개념이 가영이의 삶에 무슨 소용이 있을까? 이 개념을 잘 이해하고 응용하면 현실을 인식하는 데 있어 균형을 얻을 수 있을 것이다. 철학의 유용성은 생각보다 크다. 논리적으로 사고하는 기술을 알려줘서 논술에 고득점을 얻게 해주기 때문만이 아니다. 수많은 천재와 현자와 석학이 고민 끝에 전개한 이론을 듣고 배우며 삶의 지혜를 얻을 수 있기 때문에 더욱 그 가치가 있다. 철학은 나와 타인, 세계와 자연, 신과 진리를 바라보는 자기 나름의 시각을 갖는 데 도움을 주는 학문이다. 가영이도 여러분도 지혜를 사랑하는 마음으로 철학적 훈련을 할 수 있다.

철학이라고 하면 어쩐지 머리가 아픈 것 같은 사람이 있을 것이다. 그렇다면 우리는 왜 철학을 공부해야 하는 걸까? '철학'이라는 단어를 사전에서 찾아보면 '인간과 세계에 대한 궁극의 근본 원리를 추구하는 학문'으로 정의된다. 앞에서도 이야기한바 있었지만 철학의 영어 명칭인 '필로소피(philosophy)'는 지혜에 대한 사랑이라는 뜻이다. 위키피디아에서는 이렇게 설명된다.

"앎, 즉 배움과 깨달음을 두려워하지 않고 사랑하는 것은 모든 학문의 출발점이라서 지식과 지혜를 사랑하는 삶의 태도로 철학을 정의한다면 철학은 특정한 학문 일종이라기보다는 학문 일반에서 요구되는 기본자세이면서 실천하는 방법이라고 해야 한다."

우리 모두가 철학자가 될 필요는 없다. 모두가 학문에 매진하는 삶을 택할 이유도 없다. 그러나 자신의 삶을 바라보면서 철학적 자세를 갖추는 것은 필요하다. 왜냐하면 생각을 하면서 사는 삶과 그렇지 않는 삶은 질과 방향에서 큰 차이가 나기 때문이다. 그러니 철학은 학문의 자세일 뿐 아니라 삶의 자세이기도 한 것이다. 철학의 '철(哲)'은 '밝다, 총명하다, 알다, 분명히 하다'와 같은 뜻이다. 밝고 총명하게 분명히 알아가는 삶이 어둡고 둔하게 살아가는 인생보다 더 가치 있고 만족스럽지 않을까?

지금 우리는 삶의 많은 부분을 선택할 수 없다. 부모님, 가정환경, 경제 사정, 외모도 그렇다. 그러나 내가 바랐던 것이 아니라고 해서 무르거나 바꾸기는 어렵다. 이럴 때 좌절하거나 불평만 늘어놓아야 할까? 그보다는 주변 사람들과 나의 환경을 좋은 방향으로 인식하고 바람직하게 재창조하는 것이 훨씬 현명하다.

일례로 엄마를 바꾸기는 어렵다. 그렇지만 우리 엄마를 바라보는 나의 시각은 바꿀 수 있다. 내 시각이 바뀌면 엄마는 전혀 다른 사람으로 보인다. 세상을 바꾸어서 바라볼 수 있는 힘을 우리는 이미 갖고 있다. 이러한 사실을 깨닫게 하는 것이 철학이다. 철학은 내가 이미 갖고 있는 힘을 발견하고 키우도록 도와준다. 이 책을 통해 철학에 더 깊은 관심을 갖고 공부해 가며 지혜롭고 선하며 아름답게 살아가길 바란다.

 나를 알아가는 질문

1. 철학이 생활의 문제를 해결해준 경험이 있는가? 있다면 구체적으로 서술해 보자.

2. 앞으로 철학하는 자세를 어떻게 실천할 수 있을까? 철학을 통해 내가 하고 싶은 일은 무엇인가?

나의 미래는 내가 오늘 무엇을 하느냐에 달려 있다.
The future depends on what we do in the present.

마하트마 간디|Mahatma Gandhi

나오는
말

〈라쇼몽〉이라는 일본 영화가 있다. 1950년에 만들어진 이 영화는 영화사에 길이 남는 걸작이다. 이 영화는 사무라이와 그의 아내가 산적의 습격을 받아 사무라이가 살해당한 사건을 다룬다. 산적은 붙잡혀 살인죄로 조사를 받았다. 그런데 사무라이의 아내가 하는 이야기와 산적이 하는 말이 달라도 너무 달랐다. 무당을 통해 살해당한 사무라이의 영혼을 불러들여 스스로 증언하도록 하지만 그의 이야기 역시 달랐다. 모든 사건을 지켜본 나무꾼이 등장하여 증언을 하지만 그마저도 의심스러웠다. 소재는 산적의 등장, 부인의 죽음, 사무라이의 죽음으로 같지만, 누가 이야기를 하느냐에 따라 그려지는 그림은 모두 달랐다.

이 영화에 대해서 이야기를 한 까닭은 바로 '시각'에 대한 이야기를 하기 위해서이다. 같은 소재를 담고 있어도 어떻게 바라보느냐에 따라, 즉 어떻게 풀어 가느냐에 따라 전혀 다른 이야기가 될 수 있다. 철학으로 세상을 바라보는 것도 마찬가지이다. 같은 사상가의 동일한 저서를 읽어도 해석하고 받아들이고 적용하는 것은 제각각 달라질 수 있다.

지금까지 여러분은 존재와 의미, 공동체와 관계, 규범과 가치에 대해 철학적인 탐색을 함께했다. 이는 일상에서 겪는 문제들을 철학적으로 고민해 보고 자신의 마음을 들여다보는 심리적인 방법을 통해 길을 찾는 과정이었다. 어제와 달라진 것 하나 없는 듯한 오늘을 살면서도 전혀 다른 눈으로 세상을 바라볼 수 있도록 연습한 것이다. 서문에서도 미리 일러두었지만 저자 두 사람은 철학 전공자도, 철학자도 아닌지라 철학에 관한 지식이 일천하다. 그래서 개론적 지식, 백과사전적 자료들을 가지고 문학과 정신의학, 그리고 일상에 접목해 철학을 설명했다. 개론적 지식을 얻는 데는 고려대학교 출판부에서 발간된 《철학개론》(최동희, 김영철, 신일철, 윤사순 공저)과 도널드 팔머 저, 남경태 역의《참을 수 없이 무거운 철학 가볍게 하기》가 큰 도움이 되었다. 철학을 이해하기 쉽고 재미있게 풀어쓴 유익한 책이었다. 백과사전은 인터넷 백과사전인 위키피디아를 주로 활용했다.

필자는 이 책을 쓰고 '과연 철학이 모든 지식의 시작이자 끝이며 방법이자 결말'임을 느꼈다. 직업군별로 뛰어난 인물을 골라 평균 지능을 비교했을 때 가장 지능이 높은 직업군이 철학자라는 것도 납득이 되었다. 철학책은 무조건 어렵고 따분하다는 생각에 피하지 않기를 바란다. 집중력을 갖고 적극적으로 뇌 활동을 하며 읽다보면 철학책 역시 재미있다는 걸 알게 될 것이다. 이렇게 철학하는 자세를 갖게 되면 공부뿐 아니라 일상생활에도 도움을 받을 수 있다. 마치 어떤 시각으로 사건을 바라보느냐에 따라 이야기가 달라졌던 영화 〈라쇼몽〉처럼, 철학을 통해 똑같은 현실도 새롭게 해석하고 받아들이며 어려움을 극복하는 힘을 얻을 수 있기 때문이다.

경쟁과 스트레스로 버티기 힘들거나 여러 어려운 일들이 닥쳐 고민이 커질 때가 있다. 견딜 수 없는 고통이나 갈등으로 살아가는 것조차 힘겨울 때가 찾아올 수도 있다. 그럴 때도 포기하지 않고 지혜로운 판단과 해결책을 찾을 수 있기를 바란다. 이 책이 작은 도움이 되어 그 길을 함께 찾는 지침이자 동반자가 되기를 염원한다.

도서

- 《긍정심리학 프라이머》, 크리스토퍼 피터슨 지음, 문용린 · 김인자 · 백수현 옮김, 물푸레, 2010.
- 《기독교 철학》, J. P. 모어랜드 · W. L. 크레이그 지음, 이경직 · 이성흠 옮김, CLC, 2013.
- 《내 감정 사용법》, 프랑수아 를로르 · 크리스토프 앙드레 지음, 배영란 옮김, 위즈덤하우스, 2008.
- 《단재 신채호 전집(상)》, 단재신채호선생기념사업회 지음, 형설출판사, 1995.
- 《동성애 is》, 백상현 지음, 미래사, 2015.
- 《방법서설/성찰/철학의 원리/정념론》, 르네 데카르트 지음, 소두영 옮김, 동서문화사, 2007.
- 《실천이성비판》, 임마누엘 칸트 지음, 백종현 옮김, 아카넷, 2009.
- 《심리학이 연애를 말하다》, 이철우 지음, 북로드, 2008.
- 《알고 싶은 철학, 쉽게 읽는 철학》, 마커스 윅스 지음, 박유진 · 이시은 · 최윤희 옮김, 지식갤러리, 2014.
- 《에티카/정치론》, 스피노자 지음, 추영현 옮김, 동서문화사, 2008.
- 《역사철학강의》, G. W. F. 헤겔 지음, 권기철 옮김, 동서문화사, 2008.
- 《임상행동과학》, 조두영 지음, 일조각, 1997.
- 《자존감》, 알리스터 맥그래스 · 조애나 맥그래스 지음, 윤종석 옮김, IVP, 2003.

- 《정신현상학》, 헤겔 지음, 김양순 옮김, 동서문화사, 2011.
- 《조선상고사》, 신채호 지음, 김종성 옮김, 역사의아침, 2014.
- 《참을 수 없이 무거운 철학 가볍게 하기》, 1권, 도널드 팔머 지음, 남경 태 옮김, 현실과과학, 2005.
- 《철학개론》, 최동희·김영철·신일철·윤사순 지음, 고려대학교출판 부, 1990.
- 《철학, 인간을 사유하다》, 이명곤 지음, 세창미디어, 2014.
- 《철학이 필요한 시간》, 강신주 지음, 사계절, 2011.
- 《한국철학사》, 전호근 지음, 메멘토, 2015.
- 《Kaplan and Sadock's Synopsis of Psychiatry》, Benjamin James Sadock · Virginia Alcott Sadock · Pedro Ruiz, 10th edition, LWW, 2007.

논문

- 〈시간과 영원 사이의 진리〉, 〈아리스토텔레스의 우정론〉, 박병준 지음, 한국그리스도사상연구소, 1998.

디지털 문헌

- 〈변화는 세계 원리인가?〉, 정재영 지음, 네이버캐스트, 2010.
- 〈이어령 박사, '인문학으로 찾는 신(1): 니체, 신은 죽었다' 강연〉, 크리 스천투데이 온라인, 2014년 9월 19일.

내 마음 누가 이해해줄까?

문지현(정신건강의학과 전문의), 박현경(문학박사) 지음

발 행 일 초판 1쇄 2016년 6월 25일
발 행 처 도서출판 평단
발 행 인 최석두

등록번호 제2015-000132호
등 록 일 1988년 7월 6일
주   소 경기도 고양시 덕양구 통일로 140 삼송테크노밸리 A동 351호
전화번호 (02)325-8144(代) FAX (02)325-8143
이 메 일 pyongdan@hanmail.net
I S B N 978-89-7343-442-8 (43100)

ⓒ 문지현 · 박현경, 2016

이 도서의 국립중앙도서관 출판시도서목록(CIP)은 서지정보유통지원시스템 홈페이지
(http://seoji.nl.go.kr)와 국가자료공동목록시스템(http://www.nl.go.kr/kolisnet)에서
이용하실 수 있습니다.
(CIP제어번호: CIP2016013598)

저희는 수익금의 1%를 어려운 이웃돕기에 사용하고 있습니다.